浙江省普通高校“十三五”新形态教材
21世纪高等学校国际经济与贸易系列规划教材

报关与检验检疫业务实训

主　编　蓝振峰　曲国明

ZHEJIANG UNIVERSITY PRESS
浙江大学出版社

图书在版编目(CIP)数据

报关与检验检疫业务实训 / 蓝振峰，曲国明主编. —杭州：浙江大学出版社，2018.12
ISBN 978-7-308-18746-6

Ⅰ.①报…　Ⅱ.①蓝…　②曲…　Ⅲ.①进出口贸易—海关手续—中国　②国境检疫—卫生检疫—中国　Ⅳ.①F752.5　②R185.3

中国版本图书馆 CIP 数据核字（2018）第 261050 号

报关与检验检疫业务实训
蓝振峰　曲国明　主编

责任编辑　朱　辉
责任校对　高士吟　汪　潇
封面设计　春天书装
出版发行　浙江大学出版社
（杭州市天目山路 148 号　邮政编码 310007）
（网址：http://www.zjupress.com）
排　　版　杭州隆盛图文制作有限公司
印　　刷　杭州钱江彩色印务有限公司
开　　本　787mm×1092mm　1/16
印　　张　14.75
字　　数　322 千
版 印 次　2018 年 12 月第 1 版　2018 年 12 月第 1 次印刷
书　　号　ISBN 978-7-308-18746-6
定　　价　45.00 元

FOREWORD

前　言

本书根据国家应用型本科的教育要求，以报关、检验检疫行业的需求为导向，体现理论和实践并重的原则，以职业能力和职业道德素质的培养为本位，注重理论知识传授与职业能力培养的相互协调，既注重学科理论体系的完整，注意理论前沿的介绍，又注重学生实践能力的培养。

在整体内容和方向上，本书把准当代经济社会发展的脉搏，紧扣国家最新对外贸易政策和法律法规，既符合应用型本科人才培养目标，又符合报关检验从业人员的职业岗位技能要求；在注重对学生专业能力、创新能力培养的同时，也注重培养学生认识事物的能力、自我学习能力、合作共处能力、人际交流能力等职业核心能力。

在内容编排上，以能力为目标、以学生为主体、以教师为主导，淡化了学科性，克服传统的理论偏多、偏深的弊端，注重理论在具体运用中的要点、方法和技术操作。从内容的角度分为两个部分：报关和检验检疫。第一部分是报关，内容包括海关以及监管、进口税费缴纳和计算、报关单据的编制、一般进出口货物报关、保税区货物报关和其他货物的报关操作；第二部分是检验检疫，内容包括出口检验检疫、进口检验检疫和各类具体货物出入境检验检疫操作。每章又分为两个部分，第一部分是基础知识；第二部分是实训习题，以操作题为主，让学生通过完成实训习题操作来掌握和运用相关理论知识。

本书突出以下几个特点：

第一，体现报关与报检实务最新发展动态和理论研究动态。本书在传统报关和报检的基础上，增加自贸区报关和原产地原则最新的运用、落实等新内容。这些内容在其他教材中被忽略或只是点到为止，但是在报关和报检实践中却非常重要，本书增添并丰富了这些方面的知识，从而保证了教学内容与时俱进，反映行业最新发展动态。

第二，充分体现理论和实践相结合的教学理念，理论和实训并重。已有的教材大多介绍流程性和基础报关报检制度，一般仅做理论介绍，基本不提供操作实例，没有实训内容或实训内容贫乏，导致学生虽然学习过相关知识，但是学习过后没有什么印象，不能有效地达到教学的目标。本书的每一章由基础知识和实训习题两部分构成，基础知识精简扼要，每个重要知识点都配了相应的实训内容，实训材料基本是操作题，以案例分析来表现，适合于教学，尤其适合应用型本科院校的经贸类学生，让学生通过学习熟悉有关理论，再通过实训环节让学生看得懂、学会做、记得住。

第三，满足课堂教学和实验教学双重需要。本书理论体系完整精简，理论和实训并重，配有丰富、有针对性且具有很强操作性的系列习题，不仅适合于学生课堂学习，还可以作为补充材料，提高学生的动手能力和创新能力，从而达到推动教学质量提高的目的。

本书的编写和出版得到了浙江省高等教育学会和宁波大学科技学院的大力支持。本书的编写同时得到了中国海关总署、国家检验检疫局、宁波海关、宁波检验检疫局等有关部门业务人员的悉心指导，得到了有关专家、学者以及相关业务人员的大力支持，在此深表谢意。本书参考了近年来国内外出版的多种有关著作、教材、数据等，恕不能详尽说明，仅在参考资料中列出，在此对相关作者一并致以诚挚的谢意。

参加本书编写的人员有：蓝振峰（第一章至第六章），曲国明（第七章至第十章）。全书由蓝振峰总纂、修改并定稿。

由于编者水平有限，书中有疏漏、错误和不妥之处在所难免，恳请专家和读者批评指正。

0-1 报关报检单据样本

0-2 报检空白单据

蓝振峰

2018 年 6 月

CONTENTS

目　录

第一章
报关基础知识

1-1 报关常识视频

知识要求 理解报关的含义；掌握报关内容、报关单位的分类、海关的权力与性质、我国对外贸易管制制度、海关监管货物的主要内容。

技能要求 了解贸易管制的主要管理措施；了解报关员的权责；了解海关管理基本权限；了解报关企业登记注册或变更的操作流程；熟悉禁止和限制进出口的商品；掌握报关的基本流程。学生通过完成实训习题来掌握以上技能和操作方法。

关键术语 报关；海关；报关单位；对外贸易管理；报关程序

1-2 报关和海关常识课件

第一部分 基础知识

一、报关

(一)报关的含义

报关是指进出口货物的收发货人、进出境运输工具负责人、进出境物品的所有人或者他们的代理人向海关办理货物、物品、运输工具进出境手续及相关海关事务的全过程。

(二)报关的分类

1. 按报关对象分

可以分为运输工具报关、货物报关、物品报关。

2. 按报关的目的分

可以分为进境报关、出境报关。

3.按报关的行为性质分

(1)自理报关:进出口货物收发货人自行办理报关业务。

(2)代理报关:接受进出口货物收发货人的委托,代理其办理报关业务。

①直接代理:以委托人的名义进行报关。

②间接代理:代理报关企业在进行报关的时候,以自己的名义进行报关。间接代理只适用于经营快件业务的国际货物运输代理业务。

(三)报关的基本内容

报关的基本内容包括进出境运输工具、货物、物品三个方面。

1.进出境运输工具报关的基本内容

根据海关要求,进出境运输工具负责人或其代理人在运输工具进入或驶离我国关境时均应如实向海关申报运输工具所载旅客人数、进出口货物数量、装卸时间等基本情况。

(1)运输工具申报的基本内容

进出境运输工具负责人或其代理人就以上情况向海关申报后,有时还要应海关的要求配合其检查,经海关审核确认符合其监管要求的,可以上下旅客、装卸货物。

(2)运输工具舱单申报

进出境运输工具舱单(简称舱单):反映进出境运输工具所载货物、物品及旅客信息的载体,包括原始舱单、预配舱单、装(乘)载舱单。进出境运输工具负责人应当按照海关备案的范围在规定时限内向海关传输舱单电子数据。

2.进出境货物报关的基本内容

进出境货物的报关业务包括:按照规定填制报关单,如实申报进出口货物的商品编码、实际成交价格、原产地及相应的优惠贸易协定代码,并办理提交报关单证等与申报有关的事宜;申请办理缴纳税费和退税、补税等事宜;申请办理加工贸易合同备案、变更和核销及保税监管等事宜;申请办理进出口货物减税、免税等事宜;办理进出口货物的查验、结关等事宜;办理应当由报关单位办理的其他事宜。

海关对不同性质的进出境货物规定了不同的报关程序和要求。一般来说,进出境货物报关时,报关单位及报关人员要做好以下几个方面的工作:

(1)进出口货物收发货人接到运输公司或邮递公司寄交的提货通知单,或根据合同规定备齐出口货物后,应当做好向海关办理货物报关的准备工作,或者签署委托代理协议,委托报关企业向海关报关。

(2)准备好报关单证,在海关规定的报关地点和报关时限内以书面和电子数据方式向海关申报。进出口货物报关单或海关规定的其他报关单(证)是报关单位向海关申报货物情况的法律文书,报关员必须认真、规范、如实填写,并对其所填内容的真实性和合法性负责,承担相应的法律责任。除此之外,还应准备与进出口货物直接相关的商业和货运单证,如发票、装箱单、提单等;对属于国家限制性的进出口货物,应准备国家有关法律、法规规定的许可证件,如进出口货物许可证等;还要准备好海关可能需要查阅或收取的其他资料、证件,如贸易合同、原产地证明等。报关单证准备完毕后,报关人员要把报关单上的数据以电子方式传送给海关,并在海关规定的时间、地点向其递交书面报关单证。

(3)报关电子数据和书面报关单证经海关审核后,在海关认为必要时,报关人员要配合海关进行货物的查验。

(4)属于应纳税、应缴费范围内的进出口货物,报关单位应在海关规定的期限内缴纳进出口税费。

(5)进出口货物经海关放行后,报关单位可以安排提取或装运货物。

除了以上工作外,对于保税加工货物、减免税进口货物等,在进出境前还需办理备案申请等手续,进出境后还需在规定的时间、以规定的方式向海关办理核销、结案等手续。

3.进出境物品报关的基本内容

海关对进出境物品监管的基本原则是:自用合理数量原则。

对于通过随身携带或邮政渠道进出境的货物要按货物办理进出境报关手续。

(1)进出境行李物品的报关

世界上大多数国家都规定旅客进出境采用“红绿通道制度”,我国也采用“红绿通道制度”。

①“绿色通道”(无申报通道)是指带有绿色标志的通道,适用于携运物品在数量上和价值上均不超过免税限额,且无国家限制或禁止进出境物品的旅客。

②“红色通道”(申报通道)适用于携运有应向海关申报物品的旅客。选择红色通道的旅客,必须填写申报单。

③海关在对外开放口岸实行新的进出境旅客申报制度:进出境旅客没有携带应向海关申报物品的,无须填写申报单,选择“无申报通道”通关;除海关免于监管的人员以及随同成人旅行的16周岁以下的旅客外,进出境旅客携带有应向海关申报物品的,须填写申报单。

(2)进出境邮递物品的报关

寄件人填写报税单(小包邮件填写绿色标签),报税单和绿色标签随同物品通过邮政企业或快递公司呈递给海关。

(3)暂时免税进出境物品

个人携带进出境的暂时免税进出境物品,须由携带者向海关做出书面申报,经海关批准登记,方可免税携带进出境,并应由本人复带出境或者复带进境。

4.海关对进出境运输工具、货物、物品管理的基本原则

(1)依法如实申报的原则。即任何进出境的运输工具、货物、物品在进出境时,都必须向海关进行真实、准确、完整的申报,海关接受申报后,方可进行进出境活动。

(2)接受海关监管的原则。在海关未放行之前,一切活动均在海关监管之下,有关货物

的各项活动应经过海关的准许,必要时应接受海关查验。

(3)海关放行后提取的原则。只有在海关按国家各项规定对申报情况和货物情况进行审核、查验,并征收相应税费后办理放行手续的情况下,货物所有人、运输工具负责人方可对其采取下一步处置措施。

二、报关单位

(一)报关单位的概念

报关单位是指依法在海关注册登记的进出口货物收发货人和报关企业。《中华人民共和国海关法》(以下简称《海关法》)明确规定了对向海关办理进出口货物报关手续的进出口货物收发货人、报关企业实行注册登记管理制度。

依法向海关注册登记是法人、其他组织或者个人成为报关单位的法定要求。

(二)报关单位的类型

《海关法》将报关单位划分为两种类型,即进出口货物收发货人和报关企业,其中报关企业又可分为专业报关企业和代理报关企业,见图 1-1。

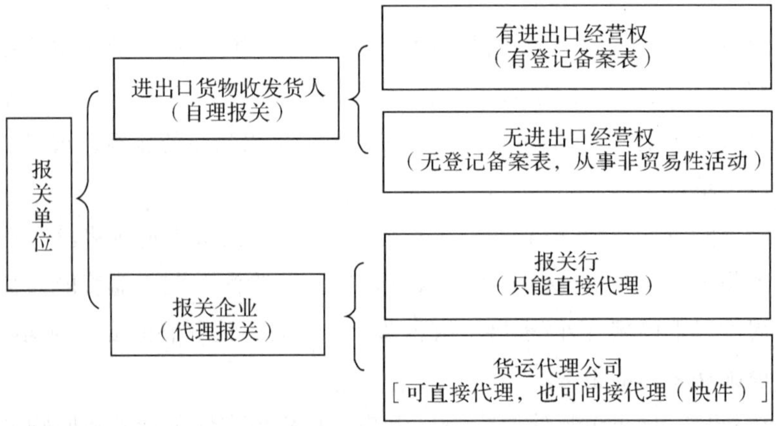

图 1-1　报关单位的类型示意

(三)报关单位的注册登记

报关注册登记制度是指进出口货物收发货人、报关企业向海关提供规定的注册登记申请材料,经注册地海关依法对申请注册登记材料进行审核,准予其办理报关业务的管理制度。

1. 报关企业

报关企业必须具备规定的设立条件，向海关申请办理报关企业注册登记许可,然后到工商行政管理部门办理许可经营项目登记，最后到所在地海关办理注册登记手续。报关企业登记证书有效期为2年。

2.进出口货物收发货人

进出口货物收发货人实行备案制，不需要经过申请办理注册登记许可的程序，直接向海关申请办理报关单位注册登记手续。收发货人登记证书有效期为3年。其中无进出口经营权(无登记备案表，从事非贸易性活动)的收货人包括国家机关、科研院所、境外企业或国际船舶代理企业等。

(四)报关单位的报关行为规则

1.进出口货物收发货人的报关行为规则

(1)地域范围：中华人民共和国关境内的各个口岸或者海关监管业务集中的地点。

(2)只能办理本单位的报关业务，不能代理其他单位报关。

(3)可以委托海关准予注册登记的报关企业，由报关企业所属的报关员代为办理报关业务。

(4)办理报关业务时，向海关递交的纸质进出口货物报关单必须加盖本单位在海关备案的报关专用章。

(5)对其所属报关员的报关行为承担相应的法律责任。

2.报关企业的报关行为规则

(1)报关企业报关服务的地域范围：在依法取得注册登记许可的直属海关关区内各口岸或者海关监管业务集中的地点从事报关服务。

①在同一直属海关关区，从一个隶属海关到另一个隶属海关办理业务，应在拟从事报关服务的口岸或者海关监管业务集中的地点依法设立分支机构，并且在开展报关服务前按规定向直属海关备案。

②跨关区(在不同直属海关关区办理业务)应当依法设立分支机构，并且向拟注册登记地海关申请报关企业分支机构注册登记许可。获得注册登记许可，才能办理注册登记，才能设立分支机构。

(2)报关企业从事报关服务应当履行的义务：

①遵守法律、行政法规、海关规章的各项规定，依法履行代理人职责，配合海关监管工作，不得违法滥用报关权。

②依法建立账簿和营业记录。真实、正确、完整地记录受委托办理报关业务的所有活动，详细记录进出口时间、收发货单位、报关单号、货值、代理费等内容，完整保留委托单位提供的各种单证、票据、函电，接受海关稽查。

③报关企业应当与委托方签订书面的委托协议，委托协议应当载明受托报关企业名称与地址、委托事项、双方责任、期限、委托人的名称与地址等内容，由双方签章确认。

④不得以任何形式出让名义，供他人办理报关业务。

⑤对于代理报关的货物涉及走私违规情事的，应当接受或者协助海关进行调查。

三、海关

(一)海关的性质与任务

《海关法》第二条规定："中华人民共和国海关是国家的进出关境监督管理机关。海关依照本法和其他有关法律、行政法规，监管进出境的运输工具、货物、行李物品、邮递物品和其他物品，征收关税和其他税、费，查缉走私，并编制海关统计和办理其他海关业务。"此条法规是对海关的基本性质做出法律上的界定，同时根据海关的性质表明了海关的法律地位。

1.海关的性质

(1)海关是国家设立的进出关境的监督管理机关，是代表国家依法行使主权的机关。

(2)海关作为国家机关是以监督管理进出境为己任的，这就明确地界定了海关的基本特点，也就是与其他机关的不同之处。

(3)海关是行政管理机关，也可以说是国家行政机关，由于其行政执法职能明显，所以又称之为行政执法机关。

(4)海关的监督管理是对其他进出口行政管理的再管理，是对其他行政管理的最后审查管理。

2.海关的任务

(1)监管：不是海关监督管理的简称，是海关全部行政执法活动的统称。

(2)征税：征税工作包括征收关税和进口环节海关代征税(代征税包括增值税和消费税)。

(3)查缉走私：我国实行联合缉私，统一处理，综合治理的缉私体制。海关是打击走私的主管机关。除海关以外，公安、工商、税务、烟草专卖等相关部门也有查缉走私的权力，但这些部门查获的走私案件，必须按法律规定统一处理。

(4)编制海关统计：海关统计是以实际进出口货物作为统计和分析的对象，进出境物品超过自用、合理数量的，列入海关统计。

(二)海关的权力

根据《海关法》及有关法律、行政法规的规定，海关权力主要有5项20多种。

1.行政许可权

包括对企业报关权以及从事海关监管货物的仓储，转关运输货物的境内运输，保税货物的加工、装配等业务的许可；对报关员的报关从业许可。

2.税费征收权

包括代表国家依法对进出口货物、物品征收关税和其他税费；根据法律、行政法规及有关规定，依法对特定的进出口货物、物品减征或免征关税；对海关放行后的有关进出口货物、物品，发现少征或者漏征税款的，依法补征、追征税款。

3.行政监督检查权

这是海关履行其行政监督管理职能的基本权力。主要包括：

①检查权：检查进出境运输工具；检查有走私嫌疑的运输工具和有藏匿走私货物、物品嫌疑的场所；检查走私嫌疑人的身体。

海关对进出境运输工具的检查不受海关监管区域的限制；对走私嫌疑人身体的检查，应在海关监管区和海关附近沿海沿边规定地区内进行，并应得到海关关长的批准；对于有走私嫌疑的运输工具和有藏匿走私货物、物品嫌疑的场所，在海关监管区和海关附近沿海沿边规定地区内，海关人员可直接进行检查，超过这个范围，在调查走私案件时，应经海关关长批准才能进行检查，但不能检查公民住宅。

②查验权：是指对进出口货物、物品海关有查验权。

③查阅、复制权：包括查阅进出境人员的证件，查阅、复制与进出境运输工具、货物、物品有关的合同、发票、账册、单据、记录、文件、业务函电、录音录像制品和其他有关资料。

④查问权：海关根据法律、行政法规的规定，对违反海关规定的当事人进行查问，调查其违法行为。

⑤查询权：海关在调查走私违法案件时，经海关关长批准，可以查询当事人在金融机构、邮政企业的存款、汇款。

⑥稽查权：海关根据《海关法》、《中华人民共和国海关稽查条例》的有关规定，自进出口货物放行之日起 3 年内或者保税货物、特定减免税货物的海关监管年限内及海关监管年限期满的次日起 3 年内，对有关企业进行稽查。

4.海关行政强制权

①扣留权：海关对违反《海关法》或者其他有关法律、行政法规的进出境运输工具、货物、物品以及有关的合同、发票、账册、单据、记录、文件、业务函电、录音录像制品和其他有关资料，可以扣留。

在海关监管区和海关附近沿海沿边规定地区，对有走私嫌疑的运输工具、货物、物品和走私嫌疑人，经海关关长批准，可以扣留；对走私犯罪嫌疑人的扣留时间不得超过 24 小时，在特殊情况下可以延长至 48 小时。

在海关监管区和海关附近沿海沿边规定地区以外，对有证据证明有走私嫌疑的运输工具、货物和物品，可以扣留。

海关对查获的走私嫌疑案件、应扣留的走私犯罪嫌疑人，移送海关缉私局调查和处理。

②滞报金、滞纳金征收权：海关对超过规定时限申报的货物，征收滞报金；对逾期缴纳进

出口税费的纳税人，征收滞纳金。

③提取货样、施加封志权：根据《海关法》规定，海关认为必要时可以提取货样；海关对未办结海关手续、处于海关监管状态的运输工具、货物、物品有权施加封志，任何人不得擅自损毁封志和擅自提取、转移、动用在封的货物、物品和运输工具。

④提取货物变卖、先行变卖权：进口货物自进境之日起超过3个月未向海关申报的，海关可以提取依法变卖；进口货物收货人或其所有人声明放弃的货物、物品，海关有权提取依法变卖；海关依法扣留的货物、物品不宜长期保存的，经海关关长批准，可以先行变卖。

⑤强制扣缴和变卖抵缴税款权：海关对超过规定期限未缴纳税款的纳税人或其担保人，经海关关长批准，可以书面通知其开户银行或者其他金融机构在其存款内扣缴税款；或者将应税货物依法变卖，以变卖所得抵缴税款；或者扣留并依法变卖其价值相当于应纳税款的货物或其他财产，以变卖所得抵缴税款。

⑥税收保全措施：海关责令纳税义务人提供纳税担保，而纳税义务人不能提供担保的，经海关关长批准，可以采取下列税收保全措施：书面通知纳税义务人的开户银行或其他金融机构暂停支付纳税义务人相当于税款的存款；或者扣留纳税义务人价值相当于应纳税款的货物或其他财产。

5. 海关行政处罚权

海关对尚未构成走私罪的走私行为以及尚未构成走私的违反海关法规的行为，有权按照《海关法》、《中华人民共和国海关行政处罚实施条例》及有关的海关规章进行处罚。

除上述权力外，海关还有佩带和使用武器权、连续追缉权、行政裁定权、行政奖励权等；海关缉私局有对走私案件的调查权、侦查权，对走私犯罪嫌疑人的逮捕权、预审权等。

（三）海关的管理体制与机构

我国《海关法》第三条规定，国务院设立海关总署，统一管理全国海关；国家在对外开放的口岸和海关监管业务集中的地点设立海关；海关的隶属关系，不受行政区划的限制；海关依法独立行使职权，向海关总署负责。

该条文就是对海关的体制、海关的设置、海关执法的独立性做出规定。这一条规定以法律的形式确立了中国海关集中统一的管理体制，建立垂直的领导关系，这是符合海关基本性质的，也能适应海关实现其基本职能在组织体系上的要求。

第一，《海关法》规定国务院设立海关总署，作为中国政府的一个法定机构，统一管理全国海关，也就是海关总署为中国海关的最高管理机关，是中国海关的首脑机关。这样在《海关法》中确定了海关总署的法律地位，明确了中国海关所实行的垂直领导体制，建立了海关总署与全国海关的领导与被领导、管理与被管理的关系，这种管理是统一的、指挥是统一的，适应了由海关代表国家行使主权，维护国家利益的需要。海关在组织机构上分为三个层次：第一层次是海关总署；第二层次是广东分署，天津、上海2个特派员办事处，41个直属海关和

2 所海关学校；第三层次是各直属海关下辖的 562 个隶属海关机构。此外，在布鲁塞尔、莫斯科、华盛顿以及我国香港等地设有派驻机构。

第二，海关的设置。在《海关法》中确定设立海关的原则：一是在国家对外开放的口岸设立海关，适应了对外开放的需要，对外开放的口岸包括沿海港口、与海洋相通的江河港口、与邻国交界或者相通的江河港口、边境火车站和国际联通火车站、航空港、陆地边境上的公路车站或其他国界孔道等；二是在海关监管业务集中的地点设立海关，这是根据海关监管业务的状况来决定的，不是对外开放的口岸而海关监管业务集中的城市、地区也可设立海关。在过去，曾一度将在沿海口岸设立的海关称为"海关"，而将在内陆地区设立的海关称为"关"，现在已不这样区分，一律称为"海关"。

第三，海关的隶属关系不受行政区划的限制。这是海关设置的一条重要原则，也是确立海关的垂直领导关系的一项重要法律原则。它表明海关的设立是根据海关对进出关境实施监督管理的需要决定的，不是按某一级的行政区划逐个地设立，也就是将设不设海关与行政区划分开，这是符合海关的性质和职能需要的。海关的隶属关系是垂直的，自成系统，并不是按属地原则，由所在的地区来领导，这也是由法律所确定的，有助于海关自身形成法定的隶属关系，也有助于正确处理海关与所在地方的关系，因为有法可依，避免在隶属关系方面的混乱。

第四，海关依法独立行使职权，向海关总署负责。这项规定中最重要的内容是，海关执法具有独立性，目的是让海关不受干扰地公正执法，同时这也对海关提出了严肃要求，就是必须依法办事，履行职责，独立地承担责任。独立行使职权，有两个前提条件：一是依法行使职权，严格地执行法律，不能怠于职守，也不得滥用职权；二是独立行使职权，有执法的独立性，独立地对法律负责，独立地、不受牵制地完成海关监管任务。海关依法独立行使职权，与依法建立的垂直领导体制、依法接受领导与监督、依法服从海关总署的管理并不矛盾，正是为了保障海关执法的独立性，《海关法》明确规定海关行使职权向海关总署负责，接受海关总署的领导，同时由海关总署监督和保障海关依法独立行使职权。

四、中国对外贸易管制

(一)对外贸易管制的含义

对外贸易管制是政府的一种强制性行政管理行为，是指一国政府为了国家的宏观经济利益、国内外政策需要以及履行所缔结或加入国际条约的义务，确立实行各种制度、设立相应管理机构和规范对外贸易活动的总称。

对外贸易管制是国家为保护和促进国内产业发展，增加出口、限制进口而采取的鼓励与限制措施，或为政治、外交或其他目的，对进出口采取鼓励或限制的措施。

(二)我国对外贸易管制的基本框架和法律体系(见表1-1)

实行对外贸易管制是由我国社会制度和经济发展需要所决定的,几十年的实践证明,实行对外贸易管制对我国的经济建设和对外贸易发展起到了极其重要的作用。

表1-1 我国对外贸易管制的基本框架和法律体系的主要内容

	分类	内容
基本框架	关税制度	中华人民共和国为征收关税颁布的海关法、关税条例、进出口税则等规定的总称,是关税征收管理工作的准则和法律表现形式
	对外贸易经营者管理制度	我国对对外贸易经营者的管理,实行备案登记制。也就是法人、其他组织或者个人在从事对外贸易经营活动前,必须按照国家的有关规定,依法定程序在国务院商务主管部门备案登记,取得对外贸易经营资格后,方可在国家允许的范围内从事对外贸易经营活动。国务院商务主管部门可以对部分进出口商品实施国营贸易管理
	进出口许可制度	进出口许可是国家对进出口的一种行政管理制度,既包括准许进出口的有关证件的审批和管理制度本身的程序,也包括以国家各类许可为条件的其他行政管理手续,这种行政管理制度称为进出口许可管理制度
	出入境检验检疫制度	出入境检验检疫制度是指由国家出入境检验检疫部门依据我国有关法律和行政法规以及我国政府所缔结或者参加的国际条约、协定,对出入境的货物、物品及其包装物,交通运输工具,运输设备和出入境人员实施检验检疫监督管理的法律依据和行政手段的总和。其国家主管部门是海关总署
	进出口货物收付汇管理制度	即国家外汇管理局、中国人民银行及国务院其他有关部门,依据国务院《中华人民共和国外汇管理条例》及其他有关规定,对包括经常项目外汇业务、资本项目外汇业务、金融机构外汇业务、人民币汇率的生成机制和外汇市场等领域实施的监督管理。进出口货物收付汇管理是我国实施外汇管理的主要手段,也是我国外汇管理制度的重要组成部分
	贸易救济制度	世界贸易组织允许成员方在进口产品倾销、补贴和过激增长等给其国内产业造成损害的情况下,使用反倾销、反补贴和保障措施手段来保护国内产业不受损害。反补贴、反倾销和保障措施都属于贸易救济措施。反补贴和反倾销措施针对的是价格歧视这种不公平贸易行为,保障措施针对的则是进口产品激增的情况
法律体系	法律	我国现行的与对外贸易管制有关的法律主要有《中华人民共和国对外贸易法》、《中华人民共和国海关法》、《中华人民共和国进出口商品检验法》、《中华人民共和国进出境动植物检疫法》、《中华人民共和国固体废物污染环境防治法》、《中华人民共和国国境卫生检疫法》、《中华人民共和国野生动物保护法》、《中华人民共和国药品管理法》、《中华人民共和国文物保护法》、《中华人民共和国食品安全法》等
	行政法规	我国现行的与对外贸易管制有关的行政法规主要有《中华人民共和国货物进出口管理条例》、《中华人民共和国技术进出口管理条例》、《中华人民共和国进出口关税条例》、《中华人民共和国知识产权海关保护条例》、《中华人民共和国野生植物保护条例》、《中华人民共和国外汇管理条例》、《中华人民共和国反补贴条例》、《中华人民共和国反倾销条例》、《中华人民共和国保障措施条例》等
	部门规章	我国现行的与对外贸易管制有关的部门规章很多,例如《货物进口许可证管理办法》、《货物出口许可证管理办法》、《货物自动进口许可管理办法》、《出口收汇核销管理办法》、《进口药品管理办法》、《放射性药品管理办法》、《两用物项和技术进出口许可证管理办法》等

续表

	分类	内容
法律体系	国际公约	我国目前所缔结或者参加的各类国际条约、协定，虽然不属于我国国内法的范畴，但就其效力而言可视为我国的法律渊源之一。主要有：加入世界贸易组织(WTO)所签订的有关双边或多边的各类贸易协定、《关于简化和协调海关业务制度的国际公约》(亦称《京都公约》)、《濒危野生动植物种国际贸易公约》(亦称《华盛顿公约》)、《关于消耗臭氧层物质的蒙特利尔议定书》、《联合国禁止非法贩运麻醉药品和精神药物公约》、《关于化学品国际贸易资料交换的伦敦准则》、《关于在国际贸易中对某些危险化学品和农药采用事先知情同意程序的鹿特丹公约》、《控制危险废物越境转移及其处置巴塞尔公约》、《建立世界知识产权组织公约》等

(三)我国货物、技术进出口许可管理制度

进出口许可管理制度作为一项非关税措施，是世界各国管理进出口贸易的一种常见手段，在国际贸易中长期存在，并广泛运用。

货物、技术进出口许可管理制度是我国进出口许可管理制度的主体，是国家对外贸易管制中极其重要的管理制度。其管理范围包括禁止进出口的货物和技术、限制进出口的货物和技术、自由进出口的技术以及自由进出口中部分实行自动许可管理的货物。

1. 禁止进出口管理

对列入国家公布的禁止进(出)口货物目录以及国家法律法规明令禁止或停止进口的货物、技术，任何对外贸易经营者不得经营进(出)口。见表1-2、表1-3。

表1-2　列入禁止进(出)口货物目录的商品

禁止进口货物	禁止出口货物
第一批，为保护我国自然生态环境和生态资源，禁止进口破坏臭氧层物质的四氯化碳及世界濒危物种的犀牛角、麝香、虎骨等	第一批，为保护我国自然生态环境和生态资源，禁止出口四氯化碳，犀牛角、虎骨、麝香，有防风固沙作用的发菜和麻黄草等植物
第二批，均为旧机电产品类，涉及生产安全(压力容器类)、人身安全(电器、医疗设备类)和环境保护(汽车、工程及车船机械类)的旧机电产品	第二批，为保护我国匮乏的森林资源，防止乱砍滥伐，禁止出口木炭
第三、四、五批，禁止进口对环境有污染的固体废物类，包括废动物产品、废药物、杂项化学品废物、废纺织原料、玻璃废物等	第三批，为保护人的健康，维护环境安全，淘汰落后产品，禁止出口长纤维青石棉、二恶英等
第六批，为了保护人的健康，维护环境安全，淘汰落后产品，如长纤维青石棉、二恶英等	第四批，主要包括硅砂、石英砂及其他天然砂
	第五批，包括未经化学处理及经化学处理的森林凋落物和泥炭(草炭)

表 1-3　法律法规明令禁止的进出口货物

明令禁止进口货物	明令禁止出口货物
来自动植物疫情流行的国家和地区的有关动植物及其产品和其他检疫物	未定名的或者新发现并有重要价值的野生植物
动植物病源(包括菌种、毒种等)及其他有害生物、动物尸体、土壤	原料血浆
带有违反“一个中国”原则内容的货物及其包装	商业性出口的野生红豆杉及其部分产品
以氯氟烃物质为制冷剂、发泡剂的家用电器产品和以氯氟烃物质为制冷工质的家用电器用压缩机	劳改产品
滴滴涕、氯丹等	以氯氟烃物质为制冷剂、发泡剂的家用电器产品和以氯氟烃物质为制冷工质的家用电器用压缩机
莱克多巴胺和盐酸莱克多巴胺	滴滴涕、氯丹等
列入《废弃电器电子产品处理目录(2014 年版)》的产品	莱克多巴胺和盐酸莱克多巴胺

因其他各种原因停止进口的商品包括:以氟利昂为空调制冷工质的汽车及以氟利昂为制冷工质的汽车空调压缩机(含汽车空调器);旧服装;Ⅷ因子制剂等血液制品;氯酸钾,硝酸铵。

2.限制进出口管理

(1)限制进口管理。

①限制进口货物管理,按照管理方式划分为许可证件管理和关税配额管理。

许可证件管理包括:进口许可证;两用物项和技术进口许可证;濒危物种进口;限制类可利用固体废物进口;药品进口;音像制品进口;黄金及其制品进口。

关税配额管理,指一定时期内国家对部分商品的进口制定关税配额税率并规定该商品的进口数量总额。在限额内,经国家批准后允许按照关税配额税率征税进口;如超出限额,则按照配额外税率征税进口。关税配额管理是一种相对数量的限制。

②限制进口技术管理,实行目录管理。属于目录范围内的限制进口技术,实行许可证管理,未经国家许可,不得进口。经营限制进口技术的经营者在向海关申报进口手续时,必须主动递交由国务院商务主管部门颁发的技术进口许可证,凭此向海关办理进口通关手续。

(2)限制出口管理。

①限制出口货物管理。国家规定有数量限制的出口货物,实行配额管理;其他限制出口货物,实行许可证件管理。申请者取得配额证明后,凭配额证明到国务院商务主管部门或其授权发证机关申领出口许可证。

②限制出口技术管理。出口列入限制出口技术目录的技术,经营者应当向商务主管部门提出技术出口申请,获得审核批准后取得技术出口许可证,凭此向海关办理通关手续。

(3)自由进出口管理。

除国家禁止、限制进口货物、技术外的其他货物、技术,均属于自由进出口范围。国家对部分属于自由进口的货物实行自动进口许可管理,对自由进出口的技术实行技术进出口合同登记管理。

货物自动进口许可管理。自动进口许可管理是在任何情况下对进口申请一律予以批准的进口许可制度。经营者在进口前向有关主管部门提交自动进口许可申请,凭相关部门发放的自动进口许可证向海关办理报关手续。

技术进出口合同登记管理。属于自由进出口的技术,应当向国务院外经贸主管部门办理合同备案登记。国务院外经贸主管部门自收到规定的文件之日起3个工作日内对技术进出口合同进行登记,颁发技术进出口合同登记证,申请人凭技术进出口合同登记证办理外汇、银行、税务、海关等相关的手续。

五、海关监管货物以及报关流程

(一)含义

海关监管货物是指自进境起到办结海关手续止的进口货物,自向海关申报起到出境止的出口货物,以及自进境起到出境止的过境、转运、通运货物等应当接受海关监管的货物,包括一般进出口货物,保税货物,特定减免税货物,暂准进出境货物,过境、转运、通运货物以及其他尚未办结海关手续的进出境货物。

(二)分类

根据货物进出境目的的不同,海关监管货物可以分成六大类。

1.一般进出口货物

包括一般进口货物和一般出口货物。一般进口货物是指办结海关手续进入国内生产、消费领域流通的进口货物;一般出口货物是指办结海关手续到境外生产、消费领域流通的出口货物。

2.保税货物

是指经海关批准未办理纳税手续进境,在境内储存、加工、装配后复运出境的货物。保税货物又分为保税加工货物和保税物流货物两大类。

3.特定减免税货物

是指经海关依法准予免税进口的用于特定地区、特定企业,有特定用途的货物。

4.暂准进出境货物

包括暂准进境货物和暂准出境货物。暂准进境货物是指经海关批准凭担保进境,在境内使用后原状复运出境的货物;暂准出境货物是指经海关批准凭担保出境,在境外使用后原状复运进境的货物。

5. 过境、转运、通运货物

是指由境外起运，通过中国境内继续运往境外的货物。

6. 其他进出境货物

是指上述货物以外尚未办结海关手续的其他进出境货物。

海关按照对各种监管货物的不同要求，分别建立相应的海关监管制度。

（三）报关程序

报关程序是指进出口货物收发货人、运输工具负责人、物品所有人或其代理人按照海关的规定，办理货物、物品、运输工具进出境及相关海关事务的手续和步骤。（见表 1-4）

表 1-4　报关基本程序

货物类别	前期阶段 （货物在进境前办理）	进出口阶段 （货物在进出境时办理的 4 个环节）	后续阶段 （进出关境后需要办理才能结关）
一般进出口货物	不需要办理	申报（海关审单） ↓ 配合查验（查验） ↓ 缴纳税费（征税） ↓ 提取、装运货物（放行）	不需要办理
保税货物	备案、申请登记手册		办理申请核销手续
特定减免税货物	特定减免税申请和申领免税证明		办理解除海关监管手续
暂准进出境货物	展览品备案申请		办理销案手续
其他进出境货物	出料加工货物的备案 加工贸易不作价设备备案		办理销案手续

知识点归纳

1. 报关的含义、分类、基本内容
2. 报关单位类型、登记注册、行为规范
3. 海关性质、任务、权力、管理体系
4. 中国对外贸易管制体制、许可证制度、禁止进口货物、限制进口制度
5. 海关监管货物分类、报关程序

1-3 实训习题参考答案

第二部分　实训习题

实训习题 1　海关对进出境运输工具、货物、物品管理的基本原则。

原则	含义
依法如实申报原则	
接受海关监管原则	
海关放行后提取原则	

实训习题 2 简述自己报关和代理报关的差别。

实训习题 3 XX 报关行接受 YY 企业的委托，负责以 XX 的名义办理 YY 从国外进口一批原材料的报关事宜。海关发现该批货物是从日本装船运进的通信产品，确定为走私案件。报关公司的报关员小丽认为货物是 YY 所有，报关公司 XX 无责任核实进口货物，故不承担任何责任；另外一名报关员小王认为报关公司 XX 对进口货物的报关行为仅因为 YY 公司委托而产生，因此报关公司 XX 的报关行为失误较小，责任较小。你认为两位报关员的观点正确吗？为什么？

实训习题 4 山东威海大力有限公司是新成立的从事机器人生产的企业，由于日本和威海较近，所以日本市场成为大力公司的重要目标市场，并获得了日本方面的订单。12 月公司就要从青岛出口机器人到日本名古屋，大力公司尚未获得报关权，该如何办理相关手续？如果你是报关员，大力公司向你进行咨询，你该如何办理此事？

实训习题 5 2016 年 6 月 1 日龙华公司被批准经营进出口业务，第二天即成交一笔出口业务。为提高办事效率，公司当天就派小李去海关申报出口手续，结果被海关拒绝。这是什么原因？

实训习题 6 中同报关公司是一家专业报关行，在接受当地一家机械企业委托报关业务时，没有察觉该企业有瞒报情况，在向海关办理报关手续时被海关发现。海关追究中同报关公司的经济责任，该公司以不知情为由不服处罚。你认为对吗？理由是什么？

实训习题7 宁波金顺物流公司代理报关服务部小李现在要处理如下事项和货物的报关:(1)加工贸易合同申请备案;(2)加工贸易合同申请核销;(3)暂进口货物申请销案;(4)特定减免税货物申请签发免税证明;(5)无代价抵偿货物;(6)出料加工货物;(7)一次性按货物实际价格缴纳税款的租赁进口货物;(8)进出境修理货物。

上述哪些货物属于小李需要向海关办理前期管理阶段的报关事务?需要办理后续管理阶段报关事务的货物有哪几项?

实训习题8 宁波中同报关公司是一家专业报关行,是经宁波海关报关注册登记的一家代理报关企业,该公司主要在宁波机场办理报关业务。2017年该公司报关业务扩大,拟在厦门设立分支机构,该公司应该向谁办理注册登记手续?

实训习题9 宁波某电子公司于2017年10月在宁波市高新园区新建外商投资企业,安排了小蓝去办理企业登记备案手续。根据业务背景资料,小蓝应携带哪些材料(即证件)到哪里办理手续?

第二章 商品归类

知识要求 理解商品归类制度；掌握商品归类规则和我国海关税则中的商品分类。

技能要求 了解HS编码的结构；熟悉查询商品HS编码的方法，能够查询各国进口关税、查询联合国贸易数据库；熟练商品归类方法和程序。学生通过完成实训习题来掌握以上技能和操作方法。

关键术语 商品归类；HS；归类总规划

第一部分 基础知识

一、税则归类制度

2-1 协调制度课件

(一)税则归类制度的主要内容

税则归类是指按货物的商品属性确定该货物在海关税则中的税则号列并确定其税率。税则归类直接影响到适用税率的高低，影响到纳税人利益和国家关税政策的贯彻执行。

商品归类是指海关在管理过程中，按照进出口商品的性质、用途、功能或加工程度等将其归入某一类别。海关进出口商品归类是海关监管、征税及海关统计的基础，归类正确与否直接影响到进出口货物能否顺利通关，与报关人的切身利益也密切相关。因此，进出口商品归类是报关员必须掌握的基本技能之一。

《商品名称及编码协调制度》(简称《协调制度》，又称《HS制度》)，是在原海关合作理事会商品分类目录和国际贸易标准分类目录的基础上，协调国际上多种商品分类目录制定的一部多用途国际贸易分类目录。其最大特点是通过协调适合国际贸易有关各个方面的需要，成为国际贸易商品分类的一种"标准语言"。《协调制度》总体结构分为三个部分：归类总规则、商品编码表、注释。

1. 归类总规则

归类总规则位于《协调制度》的卷首，共有 6 条，是将涉及《协调制度》各类、章商品归类的普遍规律加以归纳总结，作为规则列出的。它是指导整个《协调制度》商品归类的总规则，是具有法律效力的归类依据。

2. 商品编码表

商品编码表是《协调制度》商品分类目录的主体，共 21 类、97 章。它由商品编码和商品名称两部分组成，不同商品名称对应不同的商品编码。如："改良种用马"对应的商品编码是 0101.1010；"改良种用牛"对应的商品编码是 0102.1000；"改良种用猪"对应的商品编码是 0103.1000。

3. 注释

注释是为限定协调制度中各类、章、项目和子目所属商品的准确范围，杜绝商品分类交叉，保证准确归类而设定的。注释是具有法律效力的商品归类依据。《协调制度》的注释有三种：类注释、章注释和子目注释。位于类标题下的文字说明称为类注释，简称类注；位于章标题下的文字说明称为章注释，简称章注；位于类注、章注或章标题下的文字说明称为子目注释。运用注释解决商品归类问题时的顺序是：子目注释在先，其次章注，再次类注。

(二)《协调制度》归类总规则

1. 归类总规则一

2-2 协调制度归类规则课件

原文：类、章及分章的标题，仅为查找方便而设；具有法律效力的归类，应按税目①条文和有关类注或章注确定；如税目、类注或章注无其他规定，按以下规则确定。

具体包括三层含义：

(1)"类、章及分章的标题，仅为查找方便而设"，也就是说，类、章及分章的标题对商品归类不具备法律效力，仅为查找方便而设。要将数以万计的商品归入《协调制度》几千个子目中实非易事，为便于查找税号，将一类或一章商品加以概括，冠以标题。

例如，第 1 类，"活动物；动物产品"，按标题它应该包括所有的活动物和动物产品，但根据章注就可以知道流动马戏团、动物园或其他类似巡回展出用的活动物不包括在第 1 类里面。所以说"类、章及分章的标题，仅为查找方便而设"。

(2)"具有法律效力的归类，应按税目条文和有关类注或章注确定"，这句话包括两层意思：第一，具有法律效力的商品归类，是按税目的商品名称和有关类注或章注确定的；第二，许多商品可直接按《协调制度》具体税目的商品名称进行归类，如家禽归入 01.05，冷冻蔬菜归入 07.10，计算机归入 84.71。税目条文是《协调制度》中具有法律效力的归类依据。类、

① 在《中华人民共和国海关进出口税则》中，税目亦称品目。

章注释是指为使各个税目之间的商品范围明确,界限分明,不发生交叉归类而制定的专门针对某类、章的规定。

在第1章章注中有规定,本章不包括税目95.08的动物,不包括税目30.02的培养微生物及其他产品。那么95.08的动物、30.02的培养微生物,就不能归入本章。所以说,具有法律效力的归类应按项目条文和有关类注或章注确定。

常用的方法有:

①定义法。以定义形式来界定类、章或税目的商品范围及对某些商品的定义做出解释。例如,第11类、第15类的类注、章注多是定义法,第72章章注(五)对"不锈钢"的定义为"按重量计含碳量在1.2%及以下,含铬量在10.5%及以上的合金钢,不论是否含有其他元素",凡符合以上定义的商品就归入不锈钢。

②列举法。列举典型例子的方法,即列举出有代表性的商品来说明类、章或税目的范围,多用"主要包括……"来描述。例如,第12章章注一:"税目12.07主要包括油棕果及油棕仁、棉籽、蓖麻子、芝麻、芥子、红花子、罂粟子、牛油树果。"

③详列法。详列具体商品名称来定义税目的商品范围,多用"仅适用于……"来描述。例如,第30章章注(四):"税目30.06仅适用于下列物品(这些物品只能归入税目30.06而不得归入本目录其他税目)。"

④排他法。用排除条款列举若干不能归入某一类、章或税目的商品,多用"本章不包括……"来描述。例如,第1章章注:"本章包括所有活动物,但下列各项除外:一、税目03.01、03.06、03.07或03.08的鱼、甲壳动物、软体动物及其他水生无脊椎动物;二、税目30.02的培养微生物及其他产品;三、税目95.08的动物。"

某些类注、章注同时采用上述几种注释方法,综合运用。

(3)"如税目、类注或章注无其他规定,按以下规则确定",这句话明确税目条文及与其相关的类、章注释是最重要的,它们在确定归类时应首先考虑自定。也就是说,明确商品归类时,税目条文及任何相关的类、章注释是最重要的,是须首先遵循的规定,只有在税目和类、章注释无其他规定的条件下,方可根据总规则二、三、四、五的规定办理。

解决商品归类的具有法律效力的依据,它们的优先顺序为:税目条文—子目注释—章注—类注—归类总规则。

2.归类总规则二

原文:(一)税目所列货品,应视为包括该项货品的不完整品或未制成品,只要在进口或出口时该项不完整品或未制成品具有完整品或制成品的基本特征;还应视为包括该项货品的完整品或制成品(或按本款可作为完整品或制成品归类的货品)在进口或出口时的未组装件或拆散件。(二)税目中所列材料或物质,应视为包括该种材料或物质与其他材料或物质混合或组合的物品。税目所列某种材料或物质构成的货品,应视为包括全部或部分由该种材料或物质构成的货品。由一种以上材料或物质构成的货品,应按规则三归类。

具体应做如下理解：

(1)解释规则二(一)。

规则二(一)规定税目条文不仅仅限于税目条文本身，还应扩大到：

①不完整品(缺少非关键部分，不完整)。例如：缺少门、未安装座位等的汽车仍然按汽车归类；缺少电池的便携式计算机按便携式计算机归类。

②未制成品(尚未完全制成，需进一步加工才成为制成品)。例如：做手套用已剪成手套形状的针织棉布；需经进一步完善方可作为零件使用的齿轮的毛坯。

③未组装件或拆散件(尚未组装或已拆散)。例如：实际业务中庞大的或易碎的货物，如多功位组合机床、桥架、灯具、照明设备等通常都是未组装或拆散开的，通过简单组装即可装配起来。

只要具有完整品或制成品的基本特征，就应按制成品归类。

(2)解释规则二(二)。

规则二(二)是关于混合及组合材料或物质，以及由两种材料或物质构成的货品的归类，规定税目所列材料或物质还应该扩大到该材料或物质中可以加入其他材料或物质，但条件是加入材料或物质并不改变原来材料或物质或其所构成货品的基本特征。

例如：天然软木制成、外层包纱布的热水瓶塞子。热水瓶塞子虽然包了纱布，但是并没有改变这个瓶塞是软木的基本特征，因此还是归入4503.1000的税目。

规则二(二)还有一个含义即：如果由一种以上材料或物质构成的货品，或者看起来可归入两个或两个以上税目的，应按规则三归类。

3.归类总规则三

原文：当货品按规则二(二)或由于其他原因看起来可归入两个或两个以上税目时，应按以下规则归类：(一)列名比较具体的税目，优先于列名一般的税目。但是，如果两个或两个以上税目都仅述及混合或组合货品所含的某部分材料或物质，或零售的成套货品中的某些货品，即使其中某个税目对该货品描述得更为全面、详细，这些货品在有关税目的列名应视为同样具体。(二)混合物、不同材料构成或不同部件组成的组合物以及零售的成套货品，如果不能按照规则三(一)归类时，在本款可适用的条件下，应按构成货品基本特征的材料或部件归类。(三)货品不能按照规则三(一)或(二)归类时，应按号列顺序归入其可归入的最末一个税目。

规则三的基本精神和主要内容是提出了规则三运用的前提与三条归类规定：首先，规则三第一部分，“当货品按规则二(二)或由于其他原因看起来可归入两个或两个以上税目时，应按以下规则归类”，这是规则三运用的前提；其次，规则三有三条归类规定，可概括为具体列名、基本特征、从后归类，这三条规定应按照先后次序加以运用。

(1)具体列名。

规则三(一)讲的是列名比较具体的税目，优先于列名一般的税目。区分一般列名、具体列名，应遵循的一般原则是：

①同类商品名称的比较，即商品的具体名称与商品的类别名称相比，商品的具体名称较为具体。比如，紧身胸衣是一种女式内衣，有两个税号可归，一个是68.02女式内衣，一个是62.12妇女紧身胸衣，前一个是类名称，后一个是具体商品名称，故应归入6212.3000。对于两个税号属于同一类的商品，可比较它的内涵和外延，一般来说内涵越大，外延越小，也越具体。

②不同类商品名称的比较，即一个税目所列名称更为明确地包括某一货品，则该税目要比所列名称不完全包括该货品的其他税目更为具体。比如，“用于小汽车的簇绒地毯”，看起来两个税目号都涉及，一个税目号是87.08机动车辆的零件、附件，另一个税目号是57.03簇绒地毯。相对来说，税目号57.03簇绒地毯更为具体，因此不应作为汽车配件归入87.08，而应归入57.03簇绒地毯。但是，如果两个或两个以上税目都仅述及混合或组合货品所含的某部分材料或物质，或零售成套货品中的某些货品，即使其中某个税目比其他税目对该货品描述更为全面、详细，这些货品在有关税目的列名也应视为同样具体。在这种情况下，货品应按规则三(二)或规则三(三)的规定进行归类。

(2)基本特征。

规则三(一)讲的是不能按以上规则归类的混合物、不同材料构成或不同部件组成的组合物以及零售的成套货品，如能确定构成其主要特征的材料和部件，则应按这种材料或部件归类。具体规定有两个：首先，不同货品确定其基本特征的因素有所不同，一般来说，货品的主要特征可根据商品的外观形态、使用方式、主要用途、购买目的、价值比例、贸易习惯、商业习惯、生活习惯等诸因素进行综合考虑分析来确定；其次，本款所称“零售的成套货品”指同时符合以下三个条件的货品：至少由两种看起来可归入不同税目的不同物品构成；零售包装；用途上相互补充、配合使用。

(3)从后归类。

规则三(三)的规定是，如果不能按规则三(一)或(二)归类的货品，则应按归入税目中的顺序列入最后的税目归类，即从后归类的原则。即将某个商品可以归入的所有税目进行比较，并安排在最后的税目归类。比如，关于汽车用雨刮器(具体列名)的归类：可能归入两个税目，一个是87.08汽车零件，另一个是第85章的电动工具；查阅第16、17类及第85、87章注释，并无具体规定，按规则一和规则三(一)，应选列名最明确的税目；85.12是风挡刮水器，比87.08的汽车零件更为具体，应归入8512.4000。

4.归类总规则四

原文：根据上述规则无法归类的货品，应归入与其最相类似的货品的税目。

如今科学技术的发展日新月异，新产品层出不穷，任何商品都会因形势的发展出现不适应的情况。因此，当一个新商品出现时，很可能未包括在《协调制度》中。为解决这类归类疑难问题，规则四规定了对新商品按最相类似的货品的税目归类的原则。规则四所述的“最相类似”是指名称、功能、用途或结构上的相似，实际操作中往往难以统一认识。一般来说，规则四不常使用。

5.归类总规则五

原文：除上述规则外，本规则适用于下列货品的归类：(一)制成特殊形状，适用于盛装某个或某套物品并适合长期使用的照相机套、乐器盒、枪套、绘图仪器盒、项链盒及类似容器，如果与所装物品同时进口或出口，并通常与所装物品一同出售的，应与所装物品一并归类。但本款不适用于本身构成整个货品基本特征的容器。(二)除规则五(一)规定的以外，与所装货品同时进口或出口的包装材料或包装容器，如果通常是用来包装这类货品的，应与所装货品一并归类。但明显可重复使用的包装材料和包装容器可不受本款限制。

(1)解释规则五(一)。

规则五(一)解决的是某包装材料或包装容器在什么情况下单独归类，在什么情况下与所装的物品一并归类的问题。

符合5个方面的条件则与所装物品一并归类：

①特殊形状专用(照相机套、乐器盒)。

②适合长期使用。

③与所装物品一同进口或出口(例如装香水的瓶子)。

④与所装物品一同出售。

⑤本身不构成货物的基本特征，包装物属于从属物品。

“不适用于本身构成整个货品基本特征的容器。”例如：银制的茶叶罐装入茶叶，这个茶叶罐相对于茶叶来说比较贵重，那么就构成了这个货品的基本特征，因此应按照银制品归类入7114.1100，而不是按茶叶来归类。

(2)解释规则五(二)

规则五(二)说明的是明显可重复使用的包装材料和包装容器可以单独归类，不需要与其所装的物品一并归类。

例如：装液化石油气用的煤气罐，煤气罐是可以重复使用的，所以归类的时候应该要与液化石油气分开。

6.归类总规则六

原文：货品在某一税目项下各子目的法定归类，应按子目条文或有关的子目注释以及以上各条规则来确定，但子目的比较只能在同一数级上进行。除本税则目录条文另有规定的以外，有关的类注、章注也适用于本规则。

规则六主要是解决如何确定商品的子目的归类原则。按先确定一级子目，再确定二级子目，然后三级子目，最后四级子目的顺序进行。

确定子目时，应遵循“同级比较”的原则。一级子目与一级子目比较，确定一级子目后，再将二级子目与二级子目比较，确定二级子目，以此类推。

二、商品归类的操作步骤

报关员在进行海关进出口商品归类时应运用具有法律效力的归类依据，按照法定归类程序，对通关商品进行归类。正确的操作程序是准确进行商品归类的前提和保证。海关进出口商品归类(8 位数级)的具体操作步骤分两步：

2-3 品目归类方法课件

第一步，确定税目(4 位数级编码)。①明确待归类商品的特征。注意，此处是指决定商品属于不同类、章的特征。②查阅类、章标题。③列出可能归入的标题。④查阅相应章中税目条文和注释，如查到该商品则确定税目；如没有查到，则运用归类总规则二至规则五确定税目。

2-4 各类商品归类的方法和题目课件

第二步，确定子目(5—8 位数级编码)。①查阅所属税目的一杠子目条文和适用的注释。②如已查到该商品，则确定一杠子目(5 位数级)；如没有查到，则运用适当修改后的归类总规则二至规则五确定一杠子目。③依次重复前述程序，确定二、三、四杠子目即 6、7、8 位数级子目，最终完成归类。注意，同级的子目才能进行比较。

实例示范：可口可乐饮料自动灌装机的归类步骤。

饮料灌装机属于机械设备，应到第 84 章“核反应堆、锅炉、机器、机械器具及其零件”中查找；然后按容器的装填机器归入税目 84.22“瓶、罐、箱、袋或其他容器装填、封口、密封、贴标签的机器；瓶、罐、管、筒或类似容器的包封机器……”；再按子目条文的规定归入一级子目“瓶、罐、箱、袋或其他容器装填、封口、密封、贴标签的机器；瓶、罐、管、筒或类似容器的包封机器”，由于灌装机是用来灌装可口可乐饮料的，故归入三级子目“饮料及液体食品灌装设备”；最后由于灌装机是自动设备，不是“手提式”，故归入四级子目 8422.3019“其他”。所以正确的商品编码是 8422.3019。

三、约束性商品预归类

(一)约束性商品预归类的含义

在办理进出口货物通关业务中，通常都要依照《中华人民共和国海关进出口税则》(以下简称《海关进出口税则》)的规定填制商品的编码(以下简称税号)，这一过程称为商品归类。约束性商品预归类是指一般贸易的货物在实际进出口前，申请人以海关规定的书面形式向海关提出申请并提供商品归类所需的资料，必要时提供样品，海关依法做出具有法律效力的商品归类决定的行为。

(二)约束性商品预归类的好处

当前，中国海关实行的是一种约束性预归类制度。之所以称之为约束性预归类，是因为确定预归类税号是对海关和当事人具有双向约束力的归类行为，受法律保护。它可以有效地提高海关归类的准确性和时效性，加快货物通关，增强政策法规的透明度，方便合法进出口。

（三）办理约束性商品预归类的条件

办理约束性商品预归类应符合以下两个条件：①申请人是在海关注册的进出口货物的经营单位或其代理人。②申请商品为一般贸易范围进出口货物。

（四）办理约束性商品预归类手续的步骤

办理约束性商品预归类手续的步骤如下：①符合条件的申请人先向海关领取并填写海关商品预归类申请书（一种固定格式的表格），以书面形式提交进出口地直属海关（一般为关税归类部门）受理。②一份申请书只允许填写一项商品，如需对多项商品申请预归类，应逐项提出。但申请人不得就同一种商品向两个或两个以上海关提出申请。③受理海关做出预归类决定后，以海关商品预归类决定书的形式通知申请人。决定书一式两份，一份交申请人持有（可凭此办理报关归类），另一份由做出预归类决定的海关留存。

（五）办理约束性商品预归类手续的注意事项

注意事项包括：①申请人应对其所提供资料的真实性负责，不得向海关隐瞒或提供影响预归类准确性的带有倾向性的资料，可申请对其进出口货物所涉及的商业秘密进行保密。如对海关做出的预归类决定持有异议，可直接向做出决定的海关提出复核请求。②根据规定，直属海关做出的预归类决定在本关区范围内有效，中国海关总署做出的预归类决定在全国范围内有效，期限均为一年，到期可再次申请。③海关在做出预归类决定后，不得随意更改，若因海关原因需要改变已经做出的预归类决定的，需向申请人发出变更通知书，原决定书自变更通知书送达之日起失效。如因国家政策调整，法律、法规变化引起预归类决定改变的，申请人可持原决定书到原申请地海关换发新的决定书。

四、我国海关税则中的商品分类

（一）我国税则归类的原则

中国海关执行的《海关进出口税则》归类原则是依照《海关合作理事会税则商品分类目录》的归类原则所确定的，包括总则内部顺序优先原则、明确优先原则、主要特性原则、比例原则、数值原则、最相类似原则。税则归类具体原则主要有：国内不能生产或供不应求的必需品制定低税率或免税；生产原料税率低于成品、半成品税率；国内不能生产的或质量不过关的机电产品零部件进口税率低于整机进口税率；国内可以生产的非必需商品制定高税率；与世界贸易组织有关协议许可的国内幼稚工业相竞争的进口产品制定高税率；为鼓励出口，对多数出口产品不征税，只对限制出口产品、原材料适当征税。

（二）我国进出口商品分类

我国《海关进出口税则——统计目录商品及品目注释》是在《协调制度》基础上制定的。根据我国进出口商品的结构特点，为体现关税政策及海关统计的需要，同时考虑许可证商品的管理以及 H883 系统实际转换情况，1992 年 1 月 1 日我国海关正式采用 HS，并制定了以 HS 为基础的《中华人民共和国海关进出口税则》。我国海关全部采用 HS 的归类总规则和类、章、项、子目的注释，没有更改其分类范围，并遵守 HS 的编码顺序。按照海关合作理事会的规定，在 6 位数编码不变的情况下，各国可加设适合本国国情的更加具体的细目。在 HS 的基础上，我国增加了第 22 类“特殊交易品及未分类商品”（内分第 98 章和第 99 章），并加列第 7 位数细目 1794 个、第 8 位数细目 320 个。22 类的“类”，基本上是按社会生产的分工来分，将属于同一生产部类的产品归在同一类里。98 章的“章”，基本上是按商品的属性或用途来分。其中，第 1 章至第 83 章（第 64 章至第 66 章除外），基本上是按商品的自然属性来分，而章的前后顺序则是按照动物、植物、矿物来排列；第 64 章至第 66 章和第 84 章至第 97 章是按商品的功能或用途来分。为满足海关监管工作的要求，1997 年后我国在原有的 8 位数分类编码的基础上，根据实际工作需要对部分税号又进一步分出了第 9、10 位数编码。因此，目前我国有一小部分商品税则号列为 10 位数编码。

知识点归纳

1. HS 制度，商品归类的规则，商品归类的步骤
2. 约束性预归类的含义、步骤和注意事项
3. 我国商品分类的方法和原则

2-5 实训习题参考答案

第二部分　实训习题

实训习题 1　列举我国进出口商品进行归类的依据。

实训习题 2　HS 编码制度的分类原则。

分类层次	分类依据
类的分类	
类次或同类次内的顺序	
同一章内的排序	

实训习题 3 说明 HS 编码的位数含义。

序号	名称	备注	含义
1	章号	税目条文	
2			
3	顺序号		
4			
5	一级子目	子目条文	
6	二级子目		
7	中国子目		
8			
9	监管或暂定税率		
10			

实训习题 4 说明 HS 编码制度特点的含义。

特点	含义
完整	
系统	
通用	
准确	

实训习题 5 根据商品归类总规则，填写有关技巧和申报要点。

	规则内容	操作技巧与要点
规则一	类、章及分章的标题，仅为查找方便而设；具有法律效力的归类，应按税目条文和有关类注或章注确定；如税目、类注或章注无其他规定，按以下规则确定	
规则二	(一)税目所列货品，应视为包括该项货品的不完整品或未制成品，只要在进口或出口时该项不完整品或未制成品具有完整品或制成品的基本特征；还应视为包括该项货品的完整品或制成品在进口或出口时的未组装件或拆散件。(二)税目中所列材料或物质，应视为包括该种材料或物质与其他材料或物质混合或组合的物品。税目所列某种材料或物质构成的货品，应视为包括全部或部分由该种材料或物质构成的货品。由一种以上材料或物质构成的货品，应按规则三归类	
规则三	(一)列名比较具体的税目，优先于列名一般的税目。但是，如果两个或两个以上税目都仅述及混合或组合货品所含的某部分材料或物质，或零售的成套货品中的某些货品，即使其中某个税目对该货品描述得更为全面、详细，这些货品在有关税目的列名应视为同样具体。(二)混合物、不同材料构成或不同部件组成的组合物以及零售的成套货品，如果不能按照规则三(一)归类时，在本款可适用的条件下，应按构成货品基本特征的材料或部件归类。(三)货品不能按照规则三(一)或(二)归类时，应按号列顺序归入其可归入的最末一个税目	

续表

	规则内容	操作技巧与要点
规则四	根据上述规则无法归类的货品，应归入与其最相类似的货品的税目	
规则五	(一)制成特殊形状，适用于盛装某个或某套物品并适合长期使用的照相机套、乐器盒、枪套、绘图仪器盒、项链盒及类似容器，如果与所装物品同时进口或出口，并通常与所装物品一同出售的，应与所装物品一并归类。但本款不适用于本身构成整个货品基本特征的容器。(二)除规则五(一)规定的以外，与所装货品同时进口或出口的包装材料或包装容器，如果通常是用来包装这类货品的，应与所装货品一并归类。但明显可重复使用的包装材料和包装容器可不受本款限制	
规则六	货品在某一税目项下各子目的法定归类，应按子目条文或有关的子目注释以及以上各条文规则来确定，但子目的比较只能在同一数级上进行。除本税则目录条文另有规定的以外，有关的类注、章注也适用于本规则	

实训习题 6 宁波某服装企业的报关员小丽要对"装饰有兔毛皮做袖口的男士呢大衣"与"衬里为兔毛皮的男士呢大衣"两类商品进行归类，她将两种商品都归入第 11 类纺织品，这种归类方法正确吗？

实训习题 7 2017 年 8 月，瑞安公司向 A 海关申报进口一批数控机床用刀库(注：该刀库是加工中心的自动换刀系统，有加工中心工作过程中所需的刀具，并根据加工程序对主轴刀具进行更换)，申报税号 8466.9300(关税率 0%)。A 海关审单部门审核该公司报关单证后，认为其申报的税号不正确，应当归入 8466.1000(关税率 7%)，于是要求该公司修改申报的税号。

瑞安公司认为自己申报的税号并无不当，遂就其进口的货物向 A 海关的归类办公室(以下简称归类办)申请预归类。A 海关归类办认为瑞安公司的预归类申请不是在货物进口前而是在货物进口后提出，不符合《中华人民共和国海关进出口货物商品归类管理规定》(以下简称《归类管理规定》)第 15 条在货物实际进出口的 45 日前申请的规定，故不予接受其预归类申请。

2017 年 9 月，瑞安公司按照审单部门审核确定的税号申报进口了该批刀库。随后，该公司就其将要于 2 个月后进口的一票同样商品向归类办申请预归类。归类办接受了该公司的申请并做出预归类决定，认定上述商品应当归入税号 8466.3000(关税率 7%)，该税号与审单部门审核确定的税号不一致。2017 年 11 月，瑞安公司不服 A 海关审单部门和归类部门对其进口刀库所做的归类决定，向该海关的上一级——海关总署申请行政复议。

瑞安公司在行政复议申请书中主张：第一，A 海关审单部门与归类部门对其进口的同一种商品做出不同的归类决定，两个部门自相矛盾的归类决定互相否定了对方所做归类的正确性;第二,该公司对其进口刀库的原申报税号是正确的。因此,瑞安公司请求复议机关撤销 A 海关对其进口刀库做出的归类决定,按照该公司原申报税号确定归类并退还其多缴纳的税款。

复议机关经审查认为:第一,根据《中华人民共和国进出口关税条例》和《归类管理规定》的有关规定,收发货人或者其代理人有义务对其申报进出口的货物进行商品归类并归入相应的税号;海关有权依法对其申报的商品编码进行审核,此项职责由审单部门承担。另外,根据《归类管理规定》,直属海关有权根据进出口货物经营单位的申请,对其拟进出口的货物预先进行商品归类,此项职责由直属海关归类部门承担。第二,审单部门在申报环节的归类审核和归类部门在申报前的预归类审核的法律依据是《中华人民共和国进出口税则》、《进出口税则商品及品目注释》、《中华人民共和国进出口税则本国子目注释》以及海关总署发布的关于商品归类的行政裁定、商品归类决定。第三,根据上述商品归类的法定依据进行审核,申请人瑞安公司进口的刀库应当归入税号 8466.3000。

鉴于此,2017 年 12 月,复议机关做出复议决定:A 海关对申请人拟进口的刀库所做的预归类决定正确,根据《中华人民共和国行政复议法》第 28 条第 1 款第 1 项之规定,决定予以维持;A 海关对申请人 2017 年 8 月进口刀库审核确定的归类不正确,根据《中华人民共和国行政复议法》第 28 条第 1 款第 4 项之规定,决定予以撤销,并且责令 A 海关重新做出具体行政行为。

申请人瑞安公司在法定起诉期限内没有提起行政诉讼。

根据案例回答问题:

(1)预归类是什么?

(2)向海关申请预归类应当符合什么条件?

(3) 预归类出现错误有哪些情况?

(4)海关预归类决定错误或者失效怎么办?

实训习题 8 2015 年某企业向宁波出入境检验检疫局申报一批进境集装箱,共装了 10 项商品,包括塑料颗粒、空白软性线路板、插座和磁头等商品。工作人员在审单时发现该企业在申报插座时 HS 编码为 8541100000,属于非法定检验货物,实际上正确的 HS 编码为 85366900,属于入境验证货物。这一情况引起工作人员的警觉,经询问,报检员称是因为工作疏忽错误录入 HS 编码所致。后经过宁波出入境检验检疫局工作人员进一步调查发现,自从 2014 年以来,该企业已经使用相同手段将本应该属于法检商品的 5 批货物改为非法检商品申报入境,其目的是逃避相关部门对入境商品的检验监督。结合本案阐述商品归类的作用。

实训习题 9 说明商品编码 5105.3910 中各层次的含义。

位次	含　义
51	
05	
3	
9	
1	
0	

实训习题 10 列举商品归类的基本步骤。

第三章
进出口税费的征缴和计算

知识要求 理解进出口税费的含义、种类；掌握进出口货物完税价格的审定原则；理解进出口货物原产地确定原则和方法；掌握进出口货物税费的计算方法。

技能要求 能够计算进出口税费；能够确定进出口货物的完税价格；能够处理进出口税费的退补。

关键术语 完税价格；原产地原则；进口关税；出口关税

3-1 海关税费课件

第一部分 基础知识

一、进出口税费概述

进出口税费是指在进出口环节中由海关依法征收的关税、消费税、增值税等税费。船舶吨税也由海关代征，但目前不属于进出口环节由海关依法征收的税费。

我国海关征收进出口税费的法律依据主要是《海关法》、《关税条例》、《中华人民共和国海关进出口货物征税管理办法》以及其他有关法律和行政法规。

（一）关税

关税是专以进出境的货物、物品为征收对象的一种国家税收，是一种流转税。关税的征税主体是国家，由海关代表国家向纳税义务人征收。纳税义务人在我国是指进口货物的收货人、出口货物的发货人、进出境物品的所有人。关税的征收对象是进出关境的货物和物品。目前我国的关税分为进口关税、出口关税。

1. 进口关税

(1)含义。

进口关税是指一国海关以进境货物和物品为课税对象所征收的关税。在国际贸易中，它一直被各国公认为一种重要的经济保护手段。

(2)计征方法。

进口关税计征方法包括:从价税、从量税、复合税、滑准税等。

①从价税。

以货物、物品的价格作为计税标准,以应征税额占货物价格的百分比为税率,价格和税额成正比例关系的关税。

计算公式:从价税应征税额=货物的完税价格×从价税税率

②从量税。

以货物、物品的计量单位作为计税标准,按每一计量单位的应征税额征收的关税。计量单位如重量、数量、容量等。

计算公式:从量税应征税额=货物计量单位总额×从量税税率

我国目前征收从量税的进口商品有冻鸡、石油原油、啤酒、胶卷等。

③复合税。

一个税目中的商品同时使用从价、从量两种标准计税,两种税率合并计征。

计算公式:复合税应征税额=从价部分的关税额+从量部分的关税额

=货物的完税价格×从价税税率+货物计量单位总额×从量税税率

我国目前征收复合税的进口商品有录像机、放像机、摄像机、非家用型摄录一体机、部分数字照相机等。

④滑准税。

当商品价格上涨时采用较低税率,当价格下跌时则采用较高税率。

例如,对关税配额外进口一定数量的棉花,实行5%～40%的滑准税。对滑准税率低于5%的进口棉花按0.570元/千克计征从量税。

当进口棉花完税价格高于或等于11.397元/千克时,按0.570元/千克计征从量税。

当进口棉花完税价格低于11.397元/千克时,暂定关税税率按下述公式计算:

$$R_i=8.686/P_i+2.526\%+P_i-1$$

(3)进口关税的种类。

从征税的主次程度来看,进口关税可分为:进口正税和进口附加税。

①进口正税。

进口正税是按《进出口税则》中的进口税率征收的进口税。

②进口附加税。

进口附加税是对进口货物除征收正税之外另外征收的进口税。进口附加税一般具有临时性,包括:反倾销税、反补贴税、保障措施关税、报复性关税等。

2.出口关税

出口关税是指海关以出境货物、物品为课税对象所征收的关税。征收出口关税的主要目的是限制和调控某些商品的过度、无序出口，特别是防止本国一些重要自然资源和原材料的无序出口。为鼓励出口，世界各国一般不征收出口税或仅对少数商品征收出口税。

我国出口关税主要以从价税为计征标准。

3.暂准进出境货物进出口关税

第二类暂准进出境货物（即《关税条例》第四十二条第一款所列范围以外的其他暂准进出境货物），海关按照审定进出口货物完税价格的有关规定和海关接受该货物申报进出境之日适用的计征汇率、税率，审核确定其完税价格，按月征收税款，或者在规定期限内货物复运出境或者复运进境时征收税款。暂准进出境货物在规定期限届满后不再复运出境或者复运进境的，纳税义务人应当在规定期限届满前向海关申报办理进出口及纳税手续，缴纳剩余税款。

计征税款的期限为60个月。不足1个月但超过15天的，按1个月计征；不超过15天的，免予计征。计征税款的期限自货物放行之日起计算。

按月征收税款的计算公式为：

每个月关税税额＝关税总额×(1÷60)

每个月进口环节代征税税额＝进口环节代征税总额×(1÷60)

（二）进口环节海关代征税

1.增值税

增值税是以商品的生产、流通和劳务服务各个环节所创造的新增价值为课税对象的一种流转税。进口环节的增值税由海关征收，其他环节的增值税由税务机关征收。起征额为人民币50元，低于50元的免征，基本税率为17％。

按13％征收增值税的商品有下面这些：

①粮食、食用植物油；

②自来水、暖气、冷气、热水、煤气、液化石油气、天然气、沼气、居民用煤炭制品（注意：石油、汽油、柴油不按13％进行征税）；

③图书、报纸、杂志；

④饲料、化肥、农药、农机、农膜（与农业生产有关）；

⑤国务院规定的其他货物。

2.消费税

消费税是以消费品或消费行为的流转额作为课税对象而征收的一种流转税。与增值税一样，消费税由税务机关征收，进口环节的消费税由海关征收。起征额为人民币50元，低于50元的免征。

目前，国家规定应征消费税的税目有烟，酒，高档化妆品，贵重首饰及珠宝玉石，鞭炮、焰火，成品油，小汽车，摩托车，高尔夫球及球具，高档手表，游艇，木制一次性筷子，实木地板，电池,涂料。

二、进出口货物完税价格的确定

进出口货物完税价格是海关对进出口货物征收从价税时审查估定的应税价格,是计征进出口货物关税及进口环节代征税税额的基础。

(一)进口货物完税价格的审定

1. 一般进口货物完税价格的审定

海关确定进口货物完税价格的方法包括进口货物成交价格法、相同货物成交价格法、类似货物成交价格法、倒扣价格法、计算价格法、合理方法。这六种方法必须依次采用,但如果进口货物纳税义务人提出要求,经海关同意,可以颠倒倒扣价格法和计算价格法的适用次序。

(1)进口货物成交价格法。

完税价格:由海关以该货物的成交价格为基础审查确定,并应包括货物运抵中华人民共和国境内输入地点起卸前的运输及相关费用(装运费、搬运费等)、保险费。

成交价格:是指卖方向中华人民共和国境内销售该货物时,买方为进口该货物向卖方实付、应付的,并按有关规定调整后的价款总额,包括直接支付的价款和间接支付的价款。

注意:成交价格不完全等同于贸易中实际发生的发票价格,需要按有关规定进行调整,还应考虑价格调整因素。

成交价格的调整因素,包括计入项目和扣减项目。

计入项目(计入因素)包括:

①除购货佣金以外的佣金和经纪费用。

佣金分为购货佣金和销售佣金。购货佣金也叫买方佣金,不计入完税价格;而销售佣金(卖方佣金)要计入完税价格。

②与进口货物作为一个整体的容器费。

③包装费(包括材料费、劳务费)。

④协助的价值。

⑤特许权使用费。

⑥返回给卖方的转售收益。

上述所有项目的费用或价值计入完税价格中,必须同时满足三个条件:

①由买方负担;

②未包括在进口货物的实付或应付价格中;

③有客观量化的数据资料。

扣减项目是不计入完税价格的项目(进口货物的价款中单独列明的下列费用,如果成交价格中已经包含这些项目，则将其从成交价格中扣除。如果成交价格中没有包含这些项目，则不计入该货物的完税价格)，包括：

①厂房、机械、设备等货物进口后进行建设、安装、装配、维修和技术服务的费用；

②货物运抵境内输入地点起卸后的运输及其相关费用、保险费；

③进口关税、进口环节代征税及其他国内税收；

④为在境内复制进口货物而支付的费用；

⑤境内外技术培训及境外考察费用。

成交价格必须具备以下四个条件，否则不能适用成交价格方法：

①买方对进口货物的处置和使用权不受限制；

②货物的价格不应受到导致该货物成交价格无法确定的条件或因素的影响；

③卖方不得直接或间接地从买方获得因转售、处置或使用进口货物而产生的任何收益，除非该收益有具体量化的数据；

④买卖双方之间的特殊关系不影响价格。

(2)相同及类似货物成交价格法。

不能采用成交价格方法时，则按顺序考虑采用相同或类似进口货物成交价格方法。

①相同货物和类似货物的定义。

相同货物：指与进口货物在同一国家或者地区生产的，在物理性质、质量和信誉等所有方面都相同的货物，但是表面的微小差异允许存在。

类似货物：指与进口货物在同一国家或者地区生产的，虽然不是在所有方面都相同，但是却具有相似的特征、相似的组成材料、相同的功能，并且在商业中可以互换的货物。

②相同货物和类似货物的时间要素。

时间要素：指相同货物或类似货物必须与进口货物同时或大约同时进口，是在进口货物接受申报之日的前后各 45 天以内。

③关于相同物及类似货物成交价格法的运用。

首先应使用和进口货物处于相同商业水平、大致相同数量的相同或类似货物的成交价格，应优先使用同一生产商生产的相同或类似货物的成交价格。

(3)倒扣价格法。

倒扣价格法是以进口货物、相同或类似进口货物在境内第一环节的销售价格为基础，扣除境内发生的有关费用来估定完税价格。第一环节是指有关货物进口后进行的第一次转售，且转售者与境内买方之间不能有特殊关系。

使用倒扣价格法应同时符合以下条件：

①在被估货物进口时或大约同时，将该货物、相同或类似进口货物在境内销售的价格；

②按照该货物进口时的状态销售的价格；

③在境内第一环节销售的价格；

④向境内无特殊关系方销售的价格；

⑤按照该价格销售的货物合计销售总量最大。

倒扣价格方法的核心要素：

①按进口时的状态销售；

②时间要素(进口货物接受申报之日的前后各45天以内)；

③合计的货物销售总量最大。

倒扣价格法必须倒扣的项目：

①在境内第一环节销售时通常支付的佣金或利润和一般费用；

②货物运抵境内输入地点起卸后的运保费；

③进口关税以及在境内销售有关的国内税；

④加工增值额。

(4)计算价格法。

以发生在生产国或地区的生产成本作为基础。

(5)合理方法。

运用合理方法估价时，首先应当依次使用前5种估价方法。当海关不能根据前面5种估价方法确定完税价格时，根据公平、统一、客观的估价原则，以客观量化的数据资料为基础审查确定进口货物完税价格的估价方法。

合理估价方法，实际上不是一种具体的估价方法，而是规定了使用方法的范围和原则。

2.特殊进口货物完税价格的审定

(1)加工贸易进口料件或者其制成品的估价方法。

①进口时需征税的进料加工进口料件，以该料件申报进口时的成交价格为基础审查确定完税价格。

②进料加工进口料件或者其制成品(包括残次品)内销时，以料件原进口成交价格为基础审查确定完税价格。

③来料加工进口料件或者其制成品(包括残次品)内销时，以接受内销申报的同时或者大约同时进口的与料件相同或者类似的货物的进口成交价格为基础审查确定完税价格。

④加工企业内销加工过程中产生的边角料或者副产品，以海关审查确定的内销价格作为完税价格。

(2)出口加工区内加工企业内销制成品的估价方法。

①出口加工区内的加工企业内销的制成品(包括残次品)，海关以接受内销申报的同时或者大约同时进口的相同或类似货物的进口成交价格为基础审查确定完税价格。

②出口加工区内的加工企业内销加工过程中产生的边角料或者副产品，以海关审查确定的内销价格作为完税价格。

(3)保税区内加工企业内销进口料件或者其制成品估价方法。

①保税区内的加工企业内销的进口料件或者其制成品(包括残次品),海关以接受内销申报的同时或者大约同时进口的相同或者类似货物的进口成交价格为基础审查确定完税价格。

②保税区内的加工企业内销的进料加工制成品中,如果含有从境内采购的料件,海关以制成品所含从境外购入的料件原进口成交价格为基础审查确定完税价格。

③保税区内的加工企业内销的来料加工制成品中,如果含有从境内采购的料件,海关以接受内销申报的同时或者大约同时进口的与制成品所含从境外购入的料件相同或者类似货物的进口成交价格为基础审查确定完税价格。

④保税区内的加工企业内销加工过程中产生的边角料或者副产品,以海关审查确定的内销价格作为完税价格。

⑤保税区内的加工企业内销制成品(包括残次品)、边角料或者副产品的完税价格按照上述规定仍然不能确定的,由海关按照合理的方法审查确定。

(4)从保税区、出口加工区、保税物流园区、保税物流中心等区域、场所进入境内需要征税的货物估价方法。

以从上述区域进入境内的销售价格为基础审查确定完税价格。

(5)出境修理复运进境货物的估价方法。

海关以境外修理费和料件费审查确定完税价格。

(6)出境加工复运进境货物的估价方法。

海关以境外加工费和料件费以及运输及其相关费用、保险费审查确定完税价格。

(7)暂时进境货物的估价方法。

经海关批准留购的暂时进境货物,以海关审查确定的留购价格作为完税价格。

(8)租赁进口货物的估价方法。

①以租金方式对外支付的租赁货物,在租赁期间以海关审定的该货物的租金作为完税价格,利息予以计入。

②留购的租赁货物以海关审定的留购价格作为完税价格。

③纳税义务人申请一次性缴纳税款的,可以选择申请按照规定估价方法确定完税价格,或者按照海关审查确定的租金总额作为完税价格。

(9)减免税货物的估价方法。

特定减免税货物如果有特殊情况,经过海关批准可以出售、转让、移作他用,要向海关办理补税手续,海关以审定的该货物原进口时的价格扣除折旧部分价值作为完税价格。

(二)出口货物完税价格的审定

出口货物的完税价格:由海关以该货物的成交价格为基础审查确定,包括货物运至中华人民共和国境内输出地点装载前的运输及其相关费用、保险费。

出口货物的成交价格：指该货物出口销售前，卖方为出口该货物向买方直接收取和间接收取的价款总额。

不计入出口货物完税价格的税收、费用：出口关税；输出地点装载后的运费及相关费用、保险费；在货物价款中单独列明由卖方承担的佣金。

出口货物完税价格的计算公式：

出口货物完税价格＝FOB(船上交货价格)－出口关税＝FOB/(1＋出口关税税率)

三、进出口货物原产地的确定与税率适用

原产地规则是一国(地区)为确定货物的原产地而实施的普遍适用的法律、法规和行政决定。

(一)原产地规则的类别

从适用目的的角度划分，原产地规则分为两大类：优惠原产地规则和非优惠原产地规则。

1.优惠原产地规则

优惠原产地规则是指一国(地区)为了实施优惠政策而制定的法律、法规，是以优惠贸易协定通过双边、多边协定形式或者由本国(地区)自主形式制定的一些特殊原产地认定标准，因此称为“协定原产地规则”。

2.非优惠原产地规则

非优惠原产地规则是指一国(地区)根据实施其海关税则和其他贸易措施的需要，由本国(地区)自主制定的原产地规则。也叫“自主原产地规则”。

(二)原产地认定标准

在认定货物的原产地时会出现两种情况：一种是货物完全是在一个国家(地区)获得或生产制造；另一种是货物由两个及以上的国家(地区)生产制造。

无论是优惠原产地规则还是非优惠原产地规则，都要确定这两种货物的原产地认定标准。

货物完全是在一个国家(地区)获得或生产制造，以产品的种植、开采或生产国(地区)为原产国(原产地)，这种原则叫“完全获得标准”。

当一种产品经过几个国家(地区)加工、制造，以最后完成实质性加工的国家(地区)为原产国(原产地)，这种标准成为“实质性改变标准”。

“实质性改变标准”包括：税则归类改变标准、从价百分比标准、加工工序标准、混合标准等。

1. 优惠原产地认定标准

(1)完全获得标准。

完全获得标准:即从优惠贸易协定成员国或者地区(以下简称成员国或者地区)直接运输进口的货物是完全在该成员国或者地区获得或者产生的,这些货物指:

①在该成员国或者地区境内收获、采摘或者采集的植物产品;

②在该成员国或者地区境内出生并饲养的活动物;

③在该成员国或者地区领土或者领海开采、提取的矿产品;

④其他符合相应优惠贸易协定下完全获得标准的货物。

(2)税则归类改变标准。

税则归类改变标准:是指原产于非成员国或者地区的材料在出口成员国或者地区境内进行制造、加工后,所得货物在《商品名称及编码协调制度》中税则归类发生了改变。

(3)区域价值成分标准。

区域价值成分标准:指 FOB 扣除该货物生产过程中该成员国或者地区非原产材料价格后,所余价款在 FOB 中所占的百分比。

①《亚太贸易协定》。

目前成员国包括 6 国:孟加拉国、印度、老挝、韩国、斯里兰卡、中国。

非成员国原产的材料、零件或产物的总价值不超过 55%,即成员国的材料要达 45%及以上,则认定原产国为受惠国;原产于孟加拉国的货物,非成员国的材料、零件或产物的总价值不超过 65%,即孟加拉国的材料比例达到 35%及以上,则认定原产国为孟加拉国。

②《中国—东盟合作框架协议》。

东盟成员国包括 10 国:印度尼西亚、马来西亚、菲律宾、新加坡、泰国、文莱、越南、老挝、缅甸、柬埔寨。

非中国—东盟自由贸易区原产的材料、零件或产物的总价值不超过 60%,即产品中的原产于任一成员方的成分不低于该货物 FOB 价的 40%;或者原产于东盟自由贸易区的产物的成分占 40%及以上,且最后的工序是在成员方境内完成的,则认定原产国为东盟成员国。

③内地与香港、澳门《关于建立更紧密经贸关系的安排》(港澳 CEPA)。

要求港澳产品的增值标准为 30%及以上,则原产地为香港、澳门。

④特别优惠关税的原产地规则。

受惠国对非受惠国原材料生产的货物,其增值部分不低于所得货物 FOB 价的 40%。

(4)制造加工工序标准

指赋予加工后所得货物基本特征的主要工序。

(5)其他标准

除上述标准外,成员国或地区一致同意采用的确定货物原产地的其他标准。

(6)直接运输规则

直接运输是指优惠贸易协定下进口货物从该协定成员国或者地区直接运输至中国境内，途中未经过该协定成员国或者地区以外的其他国家或者地区。

原产于优惠贸易协定成员国或者地区的货物，经过其他国家或者地区运输至中国境内，不论在运输途中是否转换运输工具或者临时储存，同时符合下列条件的视为直接运输：

①该货物在经过其他国家或者地区时，未做除使货物保持良好状态所必须处理以外的其他处理；

②该货物在其他国家或者地区停留的时间未超过相应优惠贸易协定规定的期限；

③该货物在其他国家或者地区做临时存储时，处于该国家或者地区海关监管之下。

2. 非优惠原产地认定标准。

(1)完全获得标准。

完全在一个国家(地区)获得的货物，以该国(地区)为原产地；两个以上国家(地区)参与生产的货物，以最后完成实质性改变的国家(地区)为原产地。

以下货物视为在一国(地区)完全获得：

①在该国(地区)出生并饲养的活的动物；

②在该国(地区)野外捕捉、捕捞、搜集的动物；

③从该国(地区)的活的动物获得的未经加工的物品；

④在该国(地区)收获的植物和植物产品；

⑤在该国(地区)采掘的矿物；

⑥在该国(地区)获得的上述①到⑤项范围之外的其他天然生成的物品；

⑦在该国(地区)生产过程中产生的只能弃置或者回收用作材料的废碎料；

⑧在该国(地区)收集的不能修复或者修理的物品，或者从该物品中回收的零件或者材料；

⑨由合法悬挂该国旗帜的船舶从其领海以外海域获得的海洋捕捞物和其他物品；

⑩在合法悬挂该国旗帜的加工船上加工上述第⑨项所列物品获得的产品；

⑪从该国领海以外享有专有开采权的海床或者海床底土获得的物品；

⑫在该国(地区)完全从上述①到⑧项所列物品中生产的产品。

(2)实质性改变标准。

两个及两个以上国家(地区)参与生产或制造的货物，以最后完成实质性改变的国家(地区)为原产地。

以税则归类改变为基本标准，税则归类不能反映实质性改变的，以从价百分比、制造或者加工工序等为补充标准。

①税则归类改变：指产品经加工后，在《进出口税则》中四位数一级的税则归类已经改变。

②制造或者加工工序：指在某一国家(地区)进行的赋予制造、加工后所得货物基本特征

的主要工序。

③从价百分比：是指一个国家（地区）对非该国（地区）原产材料进行制造、加工后的增值部分，不低于所得货物价值的30%。

（三）优惠原产地申报要求

1. 进口货物申报要求

有下列情形之一的，进口货物不适用协定税率或者特惠税率：

(1)进口货物收货人或其代理人在货物申报进口时没有提交符合规定的原产地证书、原产地声明，也未就进口货物是否具备原产资格进行补充申报的；

(2)进口货物收货人或其代理人未提供商业发票、运输单证等其他商业单证，也未提交其他证明符合《优惠原产地管理规定》第十四条规定的文件的；

(3)经查验或者核查，确认货物原产地与申报内容不符，或者无法确定货物真实原产地的；

(4)其他不符合《优惠原产地管理规定》及相应优惠贸易协定规定的情形。

2. 部分优惠贸易协定申报要求

(1)《亚太贸易协定》。

进口货物收货人应当填制进口货物报关单，申明适用《亚太贸易协定》协定税率或者特惠税率。除了按照规定提交进口货物所需的单证外，还要提交受惠国政府指定机构签发的原产地证书正本作为报关的随附单证。

(2)《中国—东盟合作框架协议》。

①进口货物收货人应当填制进口货物报关单，申明该货物适用中国—东盟自贸区协定税率，并提交政府指定机构签发的原产地证书正本作为报关的随附单证。

②原产于东盟国家的进口货物，每批产品的FOB价不超过200美元，免于提交原产地证书或者流动证明，进口货物收货人应当同时按照有关要求就进口货物具备原产资格进行书面声明。

(3)港澳CEPA。

纳税义务人应当主动向申报海关申明该货物适用零关税税率，并提交符合CEPA项下规定的有效原产地证书作为报关的随附单证。

(4)最不发达国家特别优惠关税待遇。

进口货物收货人应当填制进口货物报关单，申明该货物适用特别优惠关税，并提交由该国海关在出口时加盖印章的有效原产地证书正本及第二副本。未提交的，应当按规定就该进口货物是否具备原产资格向海关进行补充申报。

(5)《海峡两岸经济合作框架协议》(ECFA)。

ECFA是海峡两岸遵循世界贸易组织规则，结合两岸经济发展的现状和特点，按照平等互惠原则签署的经济合作协议。该协议于2010年9月12日生效。

①货物申报进口时，应当按规定填制进口货物报关单，申明适用该协定税率，并提供有效的原产地证书正本及有关单证。

②货物申报进口时，进口货物收货人或其代理人未提交有效原产地证书正本，也未就该货物是否具备台湾地区原产地资格向海关进行补充申报，海关应当按照该货物适用的最惠国(地)税率、普通税率或者其他税率计征关税和进口环节海关代征税，并按照规定办理进口手续、进行海关统计。收货人在货物征税放行后向海关提交原产地证书的，海关不予受理，已征税款不予调整。

(四)原产地证明书

1.适用于优惠原产地规则的原产地证明书

(1)《亚太贸易协定》原产地证明书。

原产地证书应当同时符合以下3个条件：

①由该成员国政府指定机构以手工或者电子形式签发；

②符合《中华人民共和国海关〈亚太贸易协定〉项下进出口货物原产地管理办法》附件所列格式，用国际标准A4纸印制，所用文字为英文；

③证书印章与该成员国通知中国海关的印章印模相符。

原产地证书自签发之日起1年内有效，不得涂改和叠印，所有未填空白之处应当予以画去，以防事后填写。

(2)《中国—东盟合作框架协议》原产地证明书。

原产地证书应当自东盟国家有关机构签发之日起4个月内提交我国境内申报地海关。如果是经过第三方转运，该货物的原产地证书提交期限延长为6个月。因不可抗力或者其他正当理由超过期限提交原产地证书的，海关审核后可以接受。如果原产于东盟国家的进口货物，每批产品的FOB价不超过200美元的，则无须要求纳税义务人提交原产地证书，但是要求纳税义务人提交出口人对有关产品原产于该出口成员方的声明。

(3)港澳CEPA的原产地证明书

①一个原产地证书只适用于一批进口货物，不可多次使用。

②海关因故无法进行联网核对的，应纳税义务人书面申请并经审核同意后，按照适用的最惠国(地)税率或者暂定税率征收相当于应缴纳税款等值保证金后先予以放行货物，办理进口手续。

③海关应当自该货物放行之日起90天内核定其原产地证书的真实情况，根据核查结果办理退还保证金手续或者保证金转税手续。

(4)最不发达国家特别优惠关税待遇原产地证明书。

原产地证书的有效期为自签发之日起180日，A4纸印制，所用文字为英文，应提交正本及第二副本。

海关对证书的真实性产生怀疑的，可向受惠国海关或发证机构提出核查要求，并要求其收到核查要求之日起90天内予以答复。在上述期限内未收到答复，则不得享受特别优惠关税税率。

(5)ECFA原产地证书。

ECFA原产地证书自签发之日起1年内有效。一份进口货物报关单上所列货物对应一份原产地证书。

2.适用非优惠原产地规则的原产地证书

(1)对适用反倾销、反补贴措施的进口商品的要求。

①进口经营单位申报进口与实施反倾销措施的被诉倾销产品(以下简称被诉倾销产品)相同的货物时，应向海关提交原产地证书。

②对于进口经营单位确实无法提交原产地证书的，海关可以通过实际查验确定货物的原产地，海关按与该货物相同的被诉倾销产品的最高反倾销税率或保证金征收比率征收反倾销税或现金保证金。

③对于加工贸易保税进口与被诉倾销产品相同的货物，进口经营单位在有关货物实际进口申报时，也应向海关提交原产地证书。

④对于在反倾销措施实施之前已经申报进口的加工贸易和其他保税进口货物，因故申报内销是在反倾销措施实施期间的，进口经营单位应在申报内销时向海关提交原产地证书。对于进口经营单位确实无法提交原产地证书，经海关实际查验不能确定货物的原产地的，海关按与该货物相同的被诉倾销产品的最高反倾销税率或保证金征收比率征收反倾销税或现金保证金。

(2)对适用最终保障措施的进口商品的要求。

自海关总署公告规定的加征关税之日起，进口企业申报进口涉案产品时，不能提供不适用最终保障措施的国家(地区)的原产地证书或尚不应加征关税的适用最终保障措施的国家(地区)的原产地证书，或者海关对其所提供的原产地证书的真实性有怀疑的，如经海关审核有关单证(包括合同、发票、提运单等)及对货物实际验估能够确定原产地的，应按照相关规定处理；如仍不能确定原产地，且进口企业也不能进一步提供能够证明原产地的其他材料的，应在现行适用的关税税率基础上，按照相应的涉案产品适用的关税税率加征关税。

在海关审核认定原产地期间，进口企业可在提供相当于全部税款的保证金担保后，要求先行验放货物。

原产地证书并不是确定货物原产地的唯一标准。若海关通过查验货物或审核单证认为所提供的原产地证书可能不真实，海关可以请求出口国(地区)的有关机构对该货物的原产地进行核查。

（五）对原产于台湾地区的部分进口鲜水果、农产品实施零关税（台湾农产品零关税措施）

自2005年8月1日起，对原产于台湾地区的15种进口鲜（包括冷藏）水果实施零关税；自2007年3月20日起，对原产于台湾地区的19种进口农产品实施零关税。享受零关税的台湾地区水果、农产品，应符合如下运输要求：一是直接从台湾本岛、澎湖、金门或马祖运输到大陆关境口岸；二是经过香港、澳门或日本石垣岛转运到大陆关境口岸。经过上述地点转运到大陆关境口岸的，在进口申报时须向海关提交在台湾地区签发的，并以台湾地区为起运地的运输单证。

（六）原产地预确定制度

（1）进口货物收货人有正当理由，可以向直属海关申请对其将要进口的货物的原产地进行预确定，提交申请书及以下材料：

①申请人的身份证明文件；

②能说明将要进口货物情况的有关文件资料；

③说明该项交易情况的文件材料；

④海关要求提供的其他文件资料。

（2）海关应在收到原产地预确定书面申请及全部资料之日起150天内做出原产地预确定决定。

（3）已做出原产地预确定决定的货物，自预确定决定做出之日起3年内实际进口时，与预确定决定货物相符，且原产地确定标准未发生变化的，海关不再重新确定该进口货物的原产地。

四、税率的适用

（一）税率适用的规定（见表3-1）

表3-1　同时有两种及以上税率可适用的进口货物最终适用的税率汇总

进口货物可选用的税率	税率适用的规定
同时适用最惠国税率、进口暂定税率	应当适用暂定税率
同时适用协定税率、特惠税率、进口暂定税率	应当从低适用税率
同时适用国家优惠政策、进口暂定税率	按国家优惠政策进口暂定税率商品时，以优惠政策计算确定的税率与暂定税率两者取低计征关税，但不得在暂定税率基础上再进行减免
同时适用普通国家优惠政策、进口暂定税率	适用普通税率的进口货物，不适用暂定税率

续表

进口货物可选用的税率	税率适用的规定
同时适用关税配额税率、其他税率	关税配额内的，适用关税配额税率；关税配额外的，适用其他税率
同时适用 ITA 税率、其他税率	适用 ITA 税率
适用反倾销税、反补贴税、保障性关税、报复性关税	适用反倾销税税率、反补贴税税率、保障性关税税率、报复性关税税率

1. 进口税率

对于同时适用多种税率的进口货物，选择税率的基本原则是“从低适用”，特殊情况除外。

(1)适用的具体情况：

①原产于共同适用最惠国待遇条款的世界贸易组织成员的进口货物，原产于与中华人民共和国签订含有相互给予最惠国待遇条款的双边贸易协定的国家或者地区的进口货物，以及原产于中华人民共和国境内的进口货物，适用最惠国税率。

②原产于与中华人民共和国签订含有关税优惠条款的区域性贸易协定的国家或地区的进口货物，适用协定税率。

③原产于与中华人民共和国签订含有特殊关税优惠条款的贸易协定的国家或地区的进口货物，适用特惠税率。

上述之外的国家或者地区的进口货物，以及原产地不明的进口货物，适用普通税率。

(2)适用最惠国税率的进口货物有暂定税率的，应当适用暂定税率；适用协定税率、特惠税率的进口货物有暂定税率的，应当从低适用税率；适用普通税率的进口货物，不适用暂定税率；对于无法确定原产国(地区)的进口货物，按普通税率征税。

(3)按照国家规定实行关税配额管理的进口货物，关税配额内的，适用关税配额税率；关税配额以外的，其税率的适用按其所适用的其他相关规定执行。

(4)按照有关法律、行政法规的规定对进口货物采取反倾销、反补贴、保障措施的，其税率的适用按照《反倾销条例》、《反补贴条例》和《保障措施条例》的有关规定执行。

(5)任何国家或地区违反与我国签订的贸易协定，对我国在贸易方面采取禁止、限制、加征关税或者其他影响正常贸易措施的，对原产于该国家或者地区的进口货物可以征收报复性关税，适用报复性关税税率，由国务院关税税则委员会决定并公布。

(6)凡进口原产于与我国达成优惠贸易协定的国家或地区并享受协定税率的商品，同时该商品又属于我国实施反倾销或反补贴措施范围内的，应按照优惠贸易协定税率计征进口关税；凡进口原产于与我国达成优惠贸易协定的国家或地区并享受协定税率的商品，同时该商品又属于我国采取保障措施范围内的，应在该商品全部或部分中止、撤销、修改关税减让义务后所确定的适用税率基础上计征进口关税。

(7)执行国家有关税率减征政策时,首先应当在最惠国税率基础上计算有关税目的减征税率,然后根据进口的原产地及各种税率形式的适用范围,将这一税率与同一税目的特惠税率、协定税率、进口暂定最惠国税率进行比较,税率从低执行。但不得在暂定最惠国税率基础上再进行减免。

(8)从 2002 年起我国对部分非全税目信息技术产品的进口按 ITA 税率(《信息技术协定税率》)征税。

2.出口税率

对于出口货物,在计算出口关税时,出口暂定税率的执行优先于出口税率。

(二)税率的实际运用

(1)进口货物到达前,经海关核准先行申报的,应当适用装载该货物的运输工具申报进境之日实施的税率。

(2)进口转关运输货物,应当适用指运地海关接受该货物申报进口之日实施的税率。

(3)出口转关运输货物,应当适用起运地海关接受该货物申报出口之日实施的税率。

(4)经海关批准,实行集中申报的进出口货物,应当适用每次货物进出口时海关接受该货物申报之日实施的税率。

(5)因超过规定期限未申报而海关依法变卖的进口货物,其税款计征应当适用装载该货物的运输工具申报进境之日实施的税率。

(6)因纳税义务人违反规定需要追征税款的进出口货物,应当适用违反规定的行为发生之日实施的税率;行为发生之日不能确定的,适用海关发现该行为之日实施的税率。

(7)已申报进境并放行的保税货物、减免税货物、租赁货物或者已申报进出境并放行的暂时进出境货物,有下列情形之一需缴纳税款的,应当适用海关接受纳税义务人再次填写报关单申报办理纳税及有关手续之日实施的税率:

①保税货物经批准不复运出境的;

②保税仓储货物转入国内市场销售的;

③减免税货物经批准转让或者移作他用的;

④可暂不缴纳税款的暂时进出境货物,经批准不复运出境或者进境的;

⑤租赁进口货物,分期缴纳税款的。

进出口货物关税的补征和退还,按照上述规定确定适用的税率。

五、进出口税费的计算

海关征收的关税、进口环节增值税、进口环节消费税、船舶吨税、滞纳金等税费一律以人民币计征,起征点为人民币 50 元。完税价格、税额采用四舍五入法计算至分。

进口货物的成交价格及有关费用以外币计价的,计算税款前海关按照该货物适用税率之日起所适用的计征汇率折合人民币计算完税价格。

海关每月使用的计征汇率为上一个月第三个星期三(第三个星期三为法定节假日的,顺延采用第四个星期三)中国人民银行公布的外币对人民币的基准汇率。以基准汇率币种以外的外币计价的,采用同一时间中国银行公布的现汇买入价和现汇卖出价的中间值。

(一)进口关税税款的计算

1.从价关税

(1)从价关税以进口货物的完税价格作为计税依据,以应征税额占货物完税价格的百分比作为税率,货物进口时,以此税率和实际完税价格相乘计算应征税额。

(2)计算公式:

应征进口关税税额=完税价格×法定进口关税税率

进口货物的成交价格,因有不同的成交条件而有不同的价格形式,常用的价格条款有FOB、CFR(成本加运费)、CIF(成本加保险费加运费)三种。因此,完税价格可能是:

完税价格=CIF 价格

完税价格=(FOB 价格+运费)/(1-保险费率)

完税价格=CFR 价格/(1-保险费率)

(3)计算实例。

国内某公司从德国进口梅赛德斯-奔驰豪华小轿车 1 辆,成交价格为 CIF 天津新港 25000 美元。已知汽车的规格为 5 座位,汽缸容量为 3000 毫升,外汇折算率 1 美元=6.13 元人民币,计算应征进口关税。

①按照归类原则确定税则归类,将应税货物归入恰当的税目税号:汽缸容量为 3000 毫升的小轿车归入税目税号 8703.2361。

②根据原产地规则和税率适用原则,确定应税货物所适用的税率:原产国德国适用最惠国税率 25%。

③根据完税价格审定办法和规定,确定应税货物的 CIF 价格:审定完税价格为 25000 美元。

④根据汇率适用原则,将以外币计价的 CIF 价格折算成人民币:将外币价格折算成人民币为 25000×6.13=153250.00(元)。

⑤按照计算公式正确计算应征税款:

应征进口关税税额=完税价格×法定进口关税税率=153250.00×25%=38312.50(元)

2.从量关税

(1)从量关税是以进口商品的数量、体积、重量等计征关税的方法。计税时以计量单位表示的货物的数量乘以每单位应纳税金额,即可得出该货物的关税税额。

(2)计算公式：

应征进口关税税额=货物数量×单位税额

(3)计算实例。

内地某公司从香港进口柯达彩色胶卷40000卷(宽度35mm,长度不超2m),规格为135/36,成交价格合计为CIF境内某口岸8.00港币/卷,已知1港币=0.82元人民币,计算应征进口关税。

①按照归类原则确定税则归类,将应税货物归入恰当的税目税号:彩色胶卷归入税目税号3702.5410;

②根据原产地规则和税率适用原则,确定应税货物所适用的税率:原产地中国香港适用最惠国(地)税率90元/m^2;

③确定其实际进口量:40000卷×0.05775m^2/卷=2310m^2(以规定单位换算表折算,规格“135/36”1卷:0.05775m^2);

④按照计算公式正确计算应征税款:

应征进口关税税额=货物数量×单位税额=2310×90=207900(元)

3.复合关税

(1)复合关税是对某种进口商品混合使用从价税和从量税计征关税。

(2)计算公式：

应征进口关税税额=货物数量×单位税额+完税价格×关税税率

(3)计算实例。

国内某公司从日本购进广播级电视摄像机20台,其中有10台成交价格为CIF境内某口岸3500美元/台,其余10台成交价格为CIF境内某口岸4500美元/台,已知外币折算率1美元=6.3元人民币,计算应征进口关税。

①按照归类原则确定税则归类,将应税货物归入恰当的税目税号:该批摄像机归入税目税号8525.3091。

②根据原产地规则和税率适用原则,确定应税货物所适用的税率:原产国日本关税税率适用最惠国税率,每台完税价格低于或等于3500美元时,执行单一从价税,税率为25%;每台完税价格高于3500美元时,每台征收4000元从量税,再加3%的从价关税。

③确定实际进口量,根据完税价格审定办法和规定,确定应税货物的完税价格:确定后成交价格合计为80000美元(10台×3500美元/台=35000美元和10台×4500美元/台=45000美元)。

④根据汇率适用原则,将外币折算成人民币为220500元和283500元。

⑤按照计算公式分别计算进口关税税款。

单一从价进口关税税额=完税价格×进口关税税率=220500×25%=55125(元)

复合进口关税税额=货物数量×单位税额+完税价格×关税税率=10×4000+283500×

3%＝48505(元)

合计进口关税税额＝从价进口关税税额＋复合进口关税税额＝55125＋48505＝103630(元)

4.滑准税

滑准税是指在海关税则中，预先按产品的价格高低分档制定若干不同的税率，然后根据进口商品价格的变动而增减进口税率的一种关税。当商品价格上涨时采用较低税率，当价格下跌时则采用较高税率。例如，对关税配额外进口一定数量的棉花，实行5%～40%的滑准税。对滑准税率低于5%的进口棉花按0.570元/千克计征从量税。

(二)出口关税税额的计算

1.实行从价计征标准的出口关税税额的计算方法

(1)计算公式：

应征出口关税税额＝完税价格×出口关税税率

完税价格＝FOB÷(1＋出口关税税率)

(2)计算程序：

①按照归类原则确定税则归类，将应税货物归入恰当的税目税号；

②据完税价格审定办法和规定，确定应税货物的FOB价格；

③根据汇率适用原则和税率适用原则，将外币折算成人民币；

④按照计算公式正确计算应征出口关税税额。

(3)计算实例。

2011年某进出口公司从深圳出口硅铁(按重量计含硅量在55%以上)90吨，每吨价格为110美元。已知外汇折算率1美元＝6.3元人民币，计算出口关税。

①确定税则归类，该批硅铁(按重量计含硅量在55%以上)归入税目税号7202.2100，税率为25%。

②审定FOB为9900美元。

③将外币价格折算成人民币为62370元。利用公式计算关税如下：

出口关税税额＝FOB÷(1＋出口关税税率)×出口关税税率＝62370÷(1＋25%)×25%＝12474(元)

2.实行从量计征标准的出口关税税额的计算方法

(1)计算公式：

应征出口关税税额＝货品数量×单位税额

(2)计算程序：

①按照归类原则确定税则归类，将应税货物归入恰当的税目税号；

②根据原产地规则和税率适用原则，确定应税货物所适用的税率；

③确定其实际出口量；

④按照计算公式正确计算应征出口关税税额。

(3)计算实例。

国内某服装制造企业从青岛出口女装棉制针织上衣4000件、男装棉制针织衬衫4500件，成交总价(FOB)分别为12000美元、15750美元，计算应征出口关税。

确定税则归类，女装棉制针织上衣归入税号6104.3200，税率为0.30元/件；男装棉制针织衬衫归入税目税号6105.1000，税率为0.20元/件。

应征从量出口关税税额＝货物数量×单位税额＝4000×0.30＋4500×0.20＝2100(元)

(三)进口环节海关代征税的计算

1.消费税税款的计算

我国消费税的计税依据分别采用从价和从量两种计税方法。实行从价计税办法征税的应税消费品，计税依据为应税消费品的销售额。实行从量定额办法计税时，通常以每单位应税消费品的重量、容积或数量为计税依据。

(1)计算公式。

①进口的应税消费品，实行从价税率办法计算应纳税额的，按照组成计税价格计算纳税，计算公式为：

组成计税价格＝(关税完税价格＋关税税额)/(1－消费税税率)

应纳税额＝组成计税价格×消费税税率

②实行从量定额办法的应税消费品，应纳税额的计算公式为：

应纳税额＝应税消费品数量×消费税单位税额

③复合计征的消费税。复合计征的消费税的计算公式为：

消费税组成计税价格＝(关税完税价格＋关税＋进口数量×消费税定额税率)/(1－消费税比例税率)

应纳税额＝消费税组成计税价格×消费税比例税率

(2)计算程序：

①按照归类原则确定税则归类，将应税货物归入适当的税号；

②根据有关规定，确定应税货物所适用的消费税税率；

③根据审定完税价格的有关规定，确定应税货物的CIF价格；

④根据汇率适用原则，将外币折算成人民币(完税价格)；

⑤按照计算公式正确计算消费税税款。

(3)计算实例。

某进出口公司进口丹麦产啤酒3800升(988升＝1吨)，经海关审核其成交价格总值为CIF境内某口岸1672.00美元。已知外汇折算价为1美元＝6.8396元人民币，计算应征的进口环节消费税税款。

计算方法：

①确定税则归类，啤酒归入税号2203.0000；

②消费税税率为从量税，进口完税价格≥370美元/吨的消费税税率为250元/吨，进口完税价格<370美元/吨的消费税税率为220元/吨；

③进口啤酒数量：3800升÷988升/吨＝3.846吨；

④计算完税价格单价：1672美元÷3.846吨＝434.74美元/吨(进口完税价格>370美元/吨)，则消费税税率为250元/吨；

⑤按照计算公式计算进口环节消费税：

应征消费税税额＝应征消费税消费品数量×消费税单位税额＝3.846×250＝961.50(元)

2.增值税税款的计算

(1)计算公式：

组成计税价格＝关税完税价格＋关税税额＋消费税税额

应纳增值税税额＝组成计税价格×税率

(2)计算程序：

①按照归类原则确定税则归类，将应税货物归入适当的税号；

②根据有关规定，确定应税货物所适用的增值税税率；

③根据审定完税价格的有关规定，确定应税货物的CIF价格；

④根据汇率适用原则，将外币折算成人民币(完税价格)；

⑤按照计算公式正确计算关税税款；

⑥按照计算公式正确计算消费税税款、增值税税款。

(3)计算实例。

某公司进口货物一批，经海关审核其成交价格为1000.00美元，按兑换率1美元＝6.3元人民币，折合人民币为6300.00元。已知该批货物的关税税率为20%，消费税税率为10%，增值税税率为17%，计算应征增值税税额。

计算方法：

首先计算关税税额，然后计算消费税税额，最后计算增值税税额。

应征关税税额＝完税价格×关税税率＝6300×20%＝1260(元)

应征消费税税额＝(完税价格＋关税税额)÷(1－消费税税率)×消费税税率＝(6300＋1260)÷(1－10%)×10%＝8400×10%＝840(元)

应征增值税税额＝(关税完税价格＋关税税额＋消费税税额)×增值税税率＝(6300＋1260＋840)×17%＝8400×17%＝1428(元)

(四)税款滞纳金

1. 征收范围

在海关监督管理中，滞纳金指应纳税的单位或个人因逾期向海关缴纳税款而依法应缴纳的款项。按照规定，关税、进口环节增值税、进口环节消费税的纳税义务人或其代理人，应当自海关填发税款缴款书之日起15日内向指定银行缴纳税款，逾期缴纳的，海关依法在原应纳税款的基础上，按日加收滞纳税款0.5‰的滞纳金。

2. 征收标准

滞纳金起征额为人民币50元，不足50元的免予征收。

关税滞纳金金额＝滞纳关税税额×0.5‰×滞纳天数

进口环节税滞纳金金额＝滞纳进口环节税税额×0.5‰×滞纳天数

3. 计算滞纳天数

(1)在实际计算纳税期限时，应从海关填发税款缴款书之日的第二天起计算，当天不计入。

(2)缴纳期限的最后一日是星期六、星期天或法定假日，则关税缴纳期限顺延至周末或法定假日后的第一个工作日。

(3)如果税款缴纳期限内含有星期六、星期天或法定假日，则不予扣除。

(4)滞纳天数按照实际滞纳天数计算，其中的星期六、星期天或法定假日一并计算。

4. 计算实例

内地某公司从香港购进日本丰田皇冠牌轿车一批，已知该批货物应征关税为352793.52元，应征进口环节消费税为72860.70元，进口环节增值税为247726.38元。海关于2010年3月4日填发海关专用缴款书，该公司于2010年3月30日缴纳税款。现计算应征的滞纳金。

计算方法：

①确定滞纳天数，税款缴款期限为2010年3月19日(星期五)，3月20日—3月30日为滞纳期，共滞纳11天。

②按照计算公式分别计算进口关税、进口环节消费税和增值税的滞纳金：

关税滞纳金＝滞纳关税税额×0.5‰×滞纳天数＝352793.52×0.5‰×11＝1940.36(元)

消费税滞纳金＝滞纳消费税税额×0.5‰×滞纳天数＝72860.70×0.5‰×11＝400.73(元)

增值税滞纳金＝滞纳增值税税额×0.5‰×滞纳天数＝247726.38×0.5‰×11＝1362.50(元)

六、进出口税费缴纳、减免、退补

(一)税费缴纳

1. 缴纳地点与方式

纳税义务人应当在货物的进出境地向海关缴纳税款，经海关批准也可以在纳税义务人所在地向其主管海关缴纳税款(即“属地纳税”)。

纳税义务人向海关缴纳税款的方式主要有两种:一种是持缴款书到指定银行营业柜台办理税费交付手续(即“柜台支付税费”);另一种是向签有协议的银行办理电子交付税费(即“网上支付税费”)手续。

网上支付税费是指纳税义务人、银行、中国电子口岸数据中心和海关按照网上支付项目管理规定,通过中国电子口岸数据平台办理进出口税费缴纳手续的付税方式。

目前,实行网上支付的税费有:进出口关税、反倾销税及其他特别关税、进口增值税、进口消费税以及缓税利息。

网上支付税费银行担保是税费网上支付和税收担保制度的结合,是根据进出口税费担保的有关规定,由银行对纳税义务人在一定时期内通过网上支付方式申请缴纳的进出口税费提供的总担保。

2.缴纳凭证

(1)进出口关税和进口环节代征税的缴纳凭证。

海关征收进出口关税和进口环节代征税时,应向纳税义务人或其代理人填发海关专用缴款书(含关税、进口环节税)。纳税义务人或其代理人持凭海关专用缴款书向银行缴纳税款。

海关填发的专用缴款书第一联为“收据”,由国库收款签章后交缴款单位或缴纳人;第二联为“付款凭证”,由缴款单位开户银行做付出凭证;第三联为“收款凭证”,由收款国库做收入凭证;第四联为“回执”,由国库盖章后退回海关财务部门;第五联为“报查”,关税由国库收款后退回海关,进口环节代征税送当地税务机关;第六联为“存根”,由填发单位存查。

进口货物收货人或其代理人缴纳税款后,应将海关专用缴款书第一联送签发海关验核,海关凭以办理有关手续。

(2)滞纳金的缴纳凭证。

滞纳金缴款书的格式与税款缴款书相同。海关征收进出口货物的关税、进口环节增值税、进口环节消费税、船舶吨税等的滞纳金时,应向纳税义务人或其代理人填发海关专用缴款书。纳税义务人或其代理人应持凭海关专用缴款书向银行缴纳滞纳金。

(二)税费减免

进出口税费减免是指海关按照国家政策、《海关法》和其他有关法律、行政法规的规定,对进出口货物的关税和进口环节海关代征税给予减征或免征。税费减免可分为三大类,即法定减免税、特定减免税和临时减免税。

1.法定减免税(海关放行后不再进行监管)

下列进出口货物、进出境物品,减征或者免征关税:

(1)关税税额在人民币50元以下的一票货物;

(2)无商业价值的广告品和货样;

(3)外国政府、国际组织无偿赠送的物资;

(4)在海关放行前遭受损坏或者损失的货物;

(5)进出境运输工具装载的途中必需的燃料、物料和饮食用品;

(6)中华人民共和国缔结或者参加的国际条约规定减征、免征关税的货物、物品;

(7)法律规定减征、免征关税的其他货物、物品。

2. 特定减免税(海关放行后需进行后续监管)

特定减免税是指海关根据国家规定,对特定地区、特定用途和特定企业给予的减免关税和进口环节海关代征税的优惠,也称政策性减免税。特定减税或者免税的范围和办法由国务院规定,海关根据国务院的规定单独或会同国务院其他主管部门制定具体实施办法并加以贯彻执行。

为配合全国增值税转型改革,规范税制,自 2009 年 1 月 1 日起,国家对部分进口税收优惠政策进行相应调整。目前实施特定减免税的项目主要有:

(1)外商投资项目投资额度内进口自用设备;

(2)外商投资企业自有资金项目;

(3)国内投资项目进口自用设备;

(4)贷款项目进口物资;

(5)贷款中标项目进口零部件;

(6)重大技术装备;

(7)特定区域物资;

(8)科教用品;

(9)科技开发用品;

(10)无偿援助项目进口物资;

(11)救灾捐赠物资;

(12)扶贫慈善捐赠物资;

(13)残疾人专用品;

(14)集成电路项目进口物资;

(15)海上石油、陆上石油项目进口物资。

3. 临时减免税

国务院根据某个单位、某类商品、某个时期或某批货物的特殊情况和需要,给予特别的临时性减免税优惠。如汶川地震灾后重建进口物资,3 年内免征进口关税和进口环节增值税。临时性减免税一般是"一案一批"。

（三）关税的退补

1. 关税的退税

有下列情形之一的，进出口货物的收货人或其代理人，可以自缴纳税款之日起书面声明理同原纳税收据向海关申请退税，逾期不予受理：①因海关误征、多纳税款的；②海关核准免验进口的货物，在完税后，发现短卸情况，经海关审查认可的；③已征出口关税的货物，因故未装运出口，申报退关，经海关查验属实的。

对按照规定可予减免税的进出口货物，由于某种原因，进出口报关时没能向海关交验经海关签章的减免税证明、海关照章征税的，可在缴纳税款之日起 3 个月内向海关递交减免税证明和税款缴纳证申请退税，并交纳 50 元的退税手续费，逾期海关不予受理。

2. 关税的补税

进出口货物完税后，如发现少征或者漏征税款，海关应当自缴纳税款或者货物放行之日起 1 年内，向收发货人或其代理人补征。因收发货人或其代理人违反规定而造成少征或者漏征的，海关在 3 年内可以追征，并根据其错误性质和具体情节给予处罚。

知识点归纳

1. 关税、增值税和消费税的完税价格、征税范围和计算方法
2. 原产地原则以及认定方法
3. 报关税费缴纳和退补和减免操作
4. 进口关税税率的认定方法

3-2 实训习题
参考答案

第二部分 实训习题

实训习题 1 进口货物完税价格计算方法。

类别	计算公式
以我国口岸 CIF 价格成交	
以境外口岸 FOB 价格成交	
参照国内同类货物的正常批发价格	
以我国口岸 CFR 价格成交	
成交价格为 CIFC 境外口岸，C 为给定金额	
成交价格为 CIFC 境外口岸，C 为百分比	

实训习题 2 进口货物各种完税价。

类别	征税对象	完税价
关税		
消费税		
增值税		
船舶吨税		
关税滞纳金		

实训习题 3 列举我国关税和增值税减免的各种情况。

类别	情况
关税法定减免	
关税特定减免	
关税临时减免	
进口增值税减免	

实训习题 4 我国某公司从美国进口仪器 100 台，每台进口价格为 130 美元 FOB NEW YORK，仪器为纸箱包装，每箱装一台，尺码 50×50×54 厘米，海洋运费按尺码计，每运费吨基本运费 96 美元，保险按 CIF 金额的 110%投保，费率为 0.85%，进口关税为 25%，如果 1 美元=7 元人民币，该公司应缴纳多少关税？

实训习题 5 某外贸公司代表手表厂进口瑞士产数控铣床一台，FOB Antwerp SFr233 343，运费 42240 元，保险费费率为 0.3%，进口关税为 25%，填发海关代征税缴款书之日瑞士法郎对人民币外汇市场买卖中间价为 100 瑞士法郎=387.055 元人民币。试计算该数控铣床的增值税。

实训习题 6 上海某公司进口货物一批，海关审核成交价格为 CIF 境内某口岸 50000 美元，折合人民币 370000 元。这批货的关税税率为 17%，消费税税率为 17%，应征消费税税额是多少？

实训习题 7 我国 A 公司从国外进口一批钢材，共 150 吨，每吨进口价格 490 美元 CIF 上海，每吨钢材运费是 40 美元，保险费按照 CIF 加成 10%，费率 0.6%，银行贷款利率 8%，预计贷款时间为 45 天，银行费用为成交金额的 0.3%，进口关税税率 6%，增值税税率 17%，商检报关费用 750 元，国内运费 1800 元，其他费用 2850 元，该公司期望销售利润 18%(按国内销售价格计算)，汇率为 1 美元=6.65 元人民币，A 公司在国内销售该批钢材的价格至少应该是多少才不会亏损？

实训习题 8 我国某公司进口高档香烟 100 箱，每箱人民币 1500 元 FOB 汉堡，假设每箱运费为人民币 100 元，保险费为 1%，查海关关税税则得知，此类高档香烟进口关税为 65%，消费税 40%，增值税 17%。该企业要缴纳的税额分别是多少？

实训习题 9 海关确定进口货物完税价格的估价方法。

类别	内容或方法
成交价格法	
相同或类似货物成交价格法	
倒扣价格方法	
计算价格方法	
合理方法	

实训习题 10 进口关税的计征方法。

方法	关税计算方法和特点
从价税	
从量税	
复合税	
滑准税	

实训习题 11 宁波上礼贸易有限公司从新加坡进口一批“AAX”牌彩色数字电视机，该产品采用日本牌号和商标，其中显像管为新加坡生产，集成电路板为中国香港生产，机壳由马来西亚生产，最后在新加坡组装成整机。经查《海关进出口税则》获知，该产品最惠国税率为 30%，中国—东盟协定税率为 12%，普通税率 100%。上礼贸易有限公司报关员乔皓向海关申报时：

(1)该彩色数字电视机的原产地应填报为哪个国家?

(2)该进口货物在申报时,应适用哪个税率?

(3)应如何向海关进行申报?

实训习题 12 运往境外加工的货物,离岸价格和加工后进境的到岸价格都无法获取,对此应当怎样确定该批货物完税价格?

实训习题 13 某汽车进出口公司进口 50 辆德国产小轿车,每辆车上附带一套法国产维修工具,进口报关时,原产地应如何填写?

实训习题 14 温州大能风力发电设备有限公司(以下简称大能公司)投资 2800 万元,拟进口一批制造风力发电设备的专用机器。项目经省市有关部门审批后符合国家鼓励发展的产业条目(10405),取得了《国家鼓励发展的内外资项目确认书》(以下简称《项目确认书》)。大能公司自营进口以下设备,并分别与美国、日本等国家的供应商签订了进口合同,按以下时间向外方开出即期 L/C(信用证),具体发货、到货日期如下(到货港均为上海港):

合同号	设备名称及数量	进口国别	合同总价(美元)	预计发货日期	实际到货日期
ZN0815F	加工中心 3 台	美国	86 万	2008-03-10	2008-04-05
ZN0816F	磨床 2 台	日本	130 万	2008-03-16	2008-02-15
ZN0817F	数控钻床 5 台	韩国	36 万	2008-03-12	2008-03-18
ZN0818F	标测量仪 1 台	英国	19 万	2008-03-17	2008-04-12

大能公司在 2008 年 1 月 26 日取得《项目确认书》后向当地海关办理减免税项目备案并通过了备案,2 月 13 日持进口合同等文件资料向海关申领进出口货物征免税证明(以下简称免税证明)。2 月 15 日,大能公司接到船运公司到货通知,ZN0816F 项下的设备提前到达上海港(原计划 3 月 20 日到港)。此时,免税证明尚未办妥,大能公司一时不知所措。

(1)为什么会出现这样的问题?估计有哪些原因?

(2)出现这个事件对于大能公司而言,估计有什么后果?

(3)在尚未办妥免税证明的情况下,大能公司可以根据不同情况、不同需要,采取以下不同的方案报关:

方　　案	优点	缺点	选择条件
等免税证明批准后再报关			
以关税与增税保证金形式先报关，等取得免税证明后再删单重报			
转关运输到温州海关，以银行保函方式先报关，等取得免税证明后再删单重报			
将货物转入上海保税仓库（或保税区），等取得免税证明后再报关提货			

第四章 报关单填制

4-1 报关单填制课件

知识要求 了解进出口报关的含义、类别及各联的用途；掌握报关单填制规范；较好地理解报关单填制实例；熟悉进出口报关单填制中常见差错。

技能要求 能完整、准确、有效地填制报关单；掌握正确填制进出口报关单的基本技能。

关键术语 进口报关单；出口报关单；填制规范

4-2 报关代码表

第一部分 基础知识

进出口货物报关单是报关员代表报关单位向海关办理货物进出境手续的主要单证。按照《中华人民共和国海关进出口货物申报管理规定》和《中华人民共和国海关进出口货物报关单填制规范》(以下简称《填制规范》)的要求，完整、准确、有效地填制进出口货物报关单是报关员从业所必备的基本技能。本章以 H2000 系统的内容为主，介绍进出口货物报关单各栏目填制规范以及手工填制纸质报关单的基本要求。

一、进出口货物报关单概述

(一)进出口货物报关单的含义

进出口货物报关单系指进出口货物的收发货人或其代理人，按照海关规定的格式对进出口货物的实际情况做出书面申明，以此要求海关对其货物按适用的海关制度办理通关手续的法律文书。

(二)进出口货物报关单的类别

按货物的流转状态、贸易性质和海关监管方式的不同,进出口货物报关单可分为以下几种类型:

1.按进出口状态分

(1)进口货物报关单。

(2)出口货物报关单。

2.按表现形式分

(1)纸质报关单。

(2)电子数据报关单。

3.按使用性质分

(1)进料加工进出口货物报关单。

(2)来料加工及补偿贸易进出口货物报关单。

(3)一般贸易及其他贸易进出口货物报关单。

4.按用途分

(1)报关单录入凭单:指申报单位按海关规定的格式填写的凭单,作为报关单预录入的依据。

(2)预录入报关单:指预录入单位录入、打印,由申报单位向海关申请的报关单。

(3)电子数据报关单:指申报单位通过电子计算机系统,按照《填制规范》的要求,向海关申报电子报文形式的报关单及事后打印、补交备核的纸质报关单。

(4)报关单证明联:指海关在核实货物实际入、出境后按报关单格式提供的证明,作为企业向税务、外汇管理部门办结有关手续的证明文件。包括:

①出口货物报关单出口退税证明联。

②进口货物报关单付汇证明联。

③出口货物报关单收汇证明联。

(三)进出口货物报关单的法律效力

《海关法》规定:"进口货物的收货人、出口货物的发货人应当向海关如实申报,交验进出口许可证件和有关单证。"

进出口货物报关单及其他进出境报关单(证)在对外经济贸易活动中具备法律效力,它是货物的收、发货人向海关报告其进出口货物实际情况及适用海关业务制度,申请海关审查并放行货物的必备法律书证。它既是海关对进出口货物进行监管、征税、统计以及开展稽查、调查的重要依据,又是加工贸易核销、出口退税和外汇管理的重要凭证,也是海关处理进出口货物走私、违规案件及税务、外汇管理部门查处骗税、套汇犯罪活动的重要书证。因此,申报人对所填报的进出口货物报关单的真实性和准确性应承担法律责任。

电子数据报关单与纸质报关单具有同等法律效力。

(四)海关对进出口货物报关单填制的一般要求

进出境货物的收、发货人或其代理人向海关申报时,必须填写并向海关递交进出口货物报关单。申报人在填制报关单时,应当依法如实向海关申报,对申报内容的真实性、准确性、完整性和规范性承担相应的法律责任。

(1)报关员必须按照《海关法》、《中华人民共和国海关进出口货物申报管理规定》和《填制规范》的有关规定和要求,向海关如实申报。

(2)报关单的填报必须真实,做到"两个相符":一是单、证相符,即所填报关单各栏目的内容必须与合同、发票、装箱单、提单以及批文等随附单据相符;二是单、货相符,即所填报关单各栏目的内容必须真实,不得出现差错,更不能出现伪报、瞒报、虚报的情况。

(3)报关单的填报要准确、齐全、完整、清楚,报关单各栏目内容要逐项详细准确填报(打印),字迹清楚、整洁、端正,不得用铅笔或红色复写纸填写;若有更正,必须在更正项目上加盖校对章。

(4)不同批文或合同的货物、同一批货物中不同贸易方式的货物、不同备案号的货物、不同提运单的货物、不同征免性质的货物、不同运输方式或相同运输方式但不同航次的货物,均应分别填写报关单。

(5)已向海关申报的进出口货物报关单,如原填报内容与实际进出口货物不一致而又有正当理由的,申报人应向海关递交书面更正申请,经海关核准后,对原填报的内容进行更改或撤销。

二、报关单填制规范

4-3 报关单填写方法视频

(一)预录入编号

预录入编号指预录入报关单的编号,一份报关单对应一个预录入编号,由系统自动生成。

报关单预录入编号为18位,其中第1—4位为接受申报海关的代码(海关规定的《关区代码表》中相应海关代码),第5—8位为录入时的公历年份,第9位为进出口标志("1"为进口,"0"为出口;集中申报清单"I"为进口,"E"为出口),后9位为顺序编号。

(二)海关编号

海关编号指海关接受申报时给予报关单的编号,一份报关单对应一个海关编号,由系统自动生成。报关单海关编号为18位,其中第1—4位为接受申报海关的代码(海关规定的

《关区代码表》中相应海关代码)，第5—8位为海关接受申报的公历年份，第9位为进出口标志("1"为进口，"0"为出口；集中申报清单"I"为进口，"E"为出口)，后9位为顺序编号。

(三)境内收发货人

填报在海关备案的对外签订并执行进出口贸易合同的中国境内法人、其他组织名称及编码。编码填报18位法人和其他组织统一社会信用代码，没有统一社会信用代码的，填报其在海关的备案编码。特殊情况下填报要求如下：

(1)进出口货物合同的签订者和执行者非同一企业的，填报执行合同的企业。

(2)外商投资企业委托进出口企业进口投资设备、物品的，填报外商投资企业，并在标记唛码及备注栏注明"委托某进出口企业进口"，同时注明被委托企业的18位法人和其他组织统一社会信用代码。

(3)有代理报关资格的报关企业代理其他进出口企业办理进出口报关手续时，填报委托的进出口企业。

(4)海关特殊监管区域收发货人填报该货物的实际经营单位或海关特殊监管区域内经营企业。

(四)进出境关别

根据货物实际进出境的口岸海关，填报海关规定的《关区代码表》中相应口岸海关的名称及代码。特殊情况填报要求如下：

(1)进口转关运输货物填报货物进境地海关名称及代码，出口转关运输货物填报货物出境地海关名称及代码。按转关运输方式监管的跨关区深加工结转货物，出口报关单填报转出地海关名称及代码，进口报关单填报转入地海关名称及代码。

(2)在不同海关特殊监管区域或保税监管场所之间调拨、转让的货物，填报对方海关特殊监管区域或保税监管场所所在的海关名称及代码。

(3)其他无实际进出境的货物，填报接受申报的海关名称及代码。

(五)进出口日期

进口日期填报运载进口货物的运输工具申报进境的日期。出口日期指运载出口货物的运输工具办结出境手续的日期，在申报时免予填报。无实际进出境的货物，填报海关接受申报的日期。进出口日期为8位数字，顺序为年(4位)、月(2位)、日(2位)。

(六)申报日期

申报日期指海关接受进出口货物收发货人、受委托的报关企业申报数据的日期。以电子数据报关单方式申报的，申报日期为海关计算机系统接受申报数据时记录的日期。以纸质报关单方式申报的，申报日期为海关接受纸质报关单并对报关单进行登记处理的日期。本栏目在申报时免予填报。申报日期为8位数字，顺序为年(4位)、月(2位)、日(2位)。

(七)备案号

填报进出口货物收发货人、消费使用单位、生产销售单位在海关办理加工贸易合同备案或征、减、免税审核确认等手续时，海关核发的加工贸易手册、海关特殊监管区域和保税监管场所保税账册、征免税证明或其他备案审批文件的编号。一份报关单只允许填报一个备案号。具体填报要求如下：

(1)加工贸易项下货物，除少量低值辅料按规定不使用加工贸易手册及以后续补税监管方式办理内销征税的外，填报加工贸易手册编号。使用异地直接报关分册和异地深加工结转出口分册在异地口岸报关的，填报分册号；本地直接报关分册和本地深加工结转分册限制在本地报关，填报总册号。加工贸易成品凭征免税证明转为减免税进口货物的，进口报关单填报征免税证明编号，出口报关单填报加工贸易手册编号。对加工贸易设备、使用账册管理的海关特殊监管区域内减免税设备之间的结转，转入和转出企业分别填制进、出口报关单，在报关单“备案号”栏目填报加工贸易手册编号。

(2)涉及征、减、免税审核确认的报关单，填报征免税证明编号。

(3)减免税货物退运出口，填报《中华人民共和国海关进口减免税货物准予退运证明》的编号；减免税货物补税进口，填报减免税货物补税通知书的编号；减免税货物进口或结转进口(转入)，填报征免税证明的编号；相应的结转出口(转出)，填报《中华人民共和国海关进口减免税货物结转联系函》的编号。

(八)境外收发货人

境外收货人通常指签订并执行出口贸易合同中的买方或合同指定的收货人，境外发货人通常指签订并执行进口贸易合同中的卖方。

填报境外收发货人的名称及编码。名称一般填报英文名称，检验检疫要求填报其他外文名称的，在英文名称后填报，以半角括号分隔；对于AEO(经认证的经营者)互认国家(地区)企业的，编码填报AEO编码，填报样式按照海关总署发布的相关公告要求填报(如新加坡AEO企业填报样式为SG123456789012，韩国AEO企业填报样式为KR1234567，具体见相关公告要求)，非互认国家(地区)AEO企业等其他情形，编码免于填报。特殊情况下无境外收发货人的，名称及编码填报“NO”。

(九)运输方式

运输方式包括实际运输方式和海关规定的特殊运输方式，前者指货物实际进出境的运输方式，按进出境所使用的运输工具分类；后者指货物无实际进出境的运输方式，按货物在境内的流向分类。

根据货物实际进出境的运输方式或货物在境内流向的类别，按照海关规定的《运输方式代码表》选择填报相应的运输方式。特殊情况填报要求如下：

(1)非邮件方式进出境的快递货物，按实际运输方式填报。

(2)进口转关运输货物，按载运货物抵达进境地的运输工具填报；出口转关运输货物，按载运货物驶离出境地的运输工具填报。

(3)不复运出(入)境而留在境内(外)销售的进出境展览品、留赠转卖物品等，填报"其他运输"(代码9)。

(4)进出境旅客随身携带的货物，填报"旅客携带"(代码L)。

(5)以固定设施(包括输油、输水管道和输电网等)运输货物的，填报"固定设施运输"(代码G)。

无实际进出境货物在境内流转时填报要求如下：

(1)境内非保税区运入保税区货物和保税区退区货物，填报"非保税区"(代码0)。

(2)保税区运往境内非保税区货物，填报"保税区"(代码7)。

(3)境内存入出口监管仓库和出口监管仓库退仓货物，填报"监管仓库"(代码1)。

(4)保税仓库转内销货物或转加工贸易货物，填报"保税仓库"(代码8)。

(5)从境内保税物流中心外运入中心或从中心运往境内中心外的货物，填报"物流中心"(代码W)。

(6)从境内保税物流园区外运入园区或从园区内运往境内园区外的货物，填报"物流园区"(代码X)。

(7)保税港区、综合保税区与境内(区外)(非海关特殊监管区域、保税监管场所)之间进出的货物，填报"保税港区/综合保税区"(代码Y)。

(8)出口加工区、珠澳跨境工业区(珠海园区)、中哈霍尔果斯边境合作区(中方配套区)与境内(区外)(非海关特殊监管区域、保税监管场所)之间进出的货物，填报"出口加工区"(代码Z)。

(9)境内运入深港西部通道港方口岸区的货物，填报"边境特殊海关作业区"(代码H)。

(10)经横琴新区和平潭综合实验区(以下简称综合试验区)二线指定申报通道运往境内(区外)或从境内经二线指定申报通道进入综合试验区的货物，以及综合试验区内按选择性征收关税申报的货物，填报"综合试验区"(代码T)。

(11)海关特殊监管区域内的流转、调拨货物，海关特殊监管区域、保税监管场所之间的流转货物，海关特殊监管区域与境内(区外)之间进出的货物，海关特殊监管区域外的加工贸易余料结转、深加工结转、内销货物，以及其他境内流转货物，填报"其他运输"(代码9)。

(十)运输工具名称及航次号

填报载运货物进出境的运输工具名称或编号及航次号。填报内容应与运输部门向海关申报的舱单(载货清单)所列相应内容一致。

1. 运输工具名称具体填报要求

(1)直接在进出境地报关或采用全国通关一体化通关模式办理报关手续的报关单填报要求如下：

①水路运输：填报船舶编号(来往港澳小型船舶为监管簿编号)或者船舶英文名称。

②公路运输：启用公路舱单前，填报该跨境运输车辆的国内行驶车牌号，深圳提前报关模式的报关单填报国内行驶车牌号+“/”+“提前报关”。启用公路舱单后，免予填报。

③铁路运输：填报车厢编号或交接单号。

④航空运输：填报航班号。

⑤邮件运输：填报邮政包裹单号。

⑥其他运输：填报具体运输方式名称，例如管道、驮畜等。

(2)转关运输货物的报关单填报要求如下：

①进口。

a. 水路运输：直转、提前报关填报“@”+16 位转关申报单预录入号(或 13 位载货清单号)；中转填报进境英文船名。

b. 铁路运输：直转、提前报关填报“@”+16 位转关申报单预录入号；中转填报车厢编号。

c. 航空运输：直转、提前报关填报“@”+16 位转关申报单预录入号(或 13 位载货清单号)；中转填报“@”。

d. 公路及其他运输：填报“@”+16 位转关申报单预录入号(或 13 位载货清单号)。

e. 以上各种运输方式使用广东地区载货清单转关的提前报关货物填报“@”+13 位载货清单号。

②出口。

a. 水路运输：非中转填报“@”+16 位转关申报单预录入号(或 13 位载货清单号)。如多张报关单需要通过一张转关单转关的，运输工具名称字段填报“@”。

中转货物，境内水路运输填报驳船船名；境内铁路运输填报车名(主管海关 4 位关区代码+“TRAIN”)；境内公路运输填报车名(主管海关 4 位关区代码+“TRUCK”)。

b. 铁路运输：填报“@”+16 位转关申报单预录入号(或 13 位载货清单号)，如多张报关单需要通过 张转关单转关的，填报“@”。

c. 航空运输：填报“@”+16 位转关申报单预录入号(或 13 位载货清单号)，如多张报关单需要通过一张转关单转关的，填报“@”。

d. 其他运输方式：填报“@”+16 位转关申报单预录入号(或 13 位载货清单号)。

③采用“集中申报”通关方式办理报关手续的，报关单填报“集中申报”。

④无实际进出境的货物，免予填报。

2.航次号具体填报要求

(1)直接在进出境地报关或采用全国通关一体化通关模式办理报关手续的报关单填报要求如下：

①水路运输：填报船舶的航次号。

②公路运输：启用公路舱单前，填报运输车辆的8位进出境日期[顺序为年(4位)、月(2位)、日(2位)，下同]。启用公路舱单后，填报货物运输批次号。

③铁路运输：填报列车的进出境日期。

④航空运输：免予填报。

⑤邮件运输：填报运输工具的进出境日期。

⑥其他运输方式：免予填报。

(2)转关运输货物的报送单填报要求如下：

①进口。

a.水路运输：中转转关方式填报“@”+进境干线船舶航次。直转、提前报关免予填报。

b.公路运输：免予填报。

c.铁路运输：“@”+8位进境日期。

d.航空运输：免予填报。

e.其他运输方式：免予填报。

②出口。

a.水路运输：非中转货物免予填报。中转货物：境内水路运输填报驳船航次号；境内铁路、公路运输填报6位起运日期[顺序为年(2位)、月(2位)、日(2位)]。

b.铁路拼车拼箱捆绑出口：免予填报。

c.航空运输：免予填报。

d.其他运输方式：免予填报。

(3)无实际进出境的货物，免予填报。

(十一)提运单号

填报进出口货物提单或运单的编号。一份报关单只允许填报一个提单或运单号，一票货物对应多个提单或运单时，应分单填报。具体填报要求如下：

(1)直接在进出境地报送或采用全国通关一体化通关模式办理报关手续的。

①水路运输：填报进出口提单号。如有分提单的，填报进出口提单号+“*”+分提单号。

②公路运输：启用公路舱单前，免予填报；启用公路舱单后，填报进出口总运单号。

③铁路运输：填报运单号。

④航空运输：填报总运单号+“_”+分运单号，无分运单的填报总运单号。

⑤邮件运输:填报邮运包裹单号。

(2)转关运输货物的报关单。

①进口。

a. 水路运输:直转、中转填报提单号。提前报关免予填报。

b. 铁路运输:直转、中转填报铁路运单号。提前报关免予填报。

c. 航空运输:直转、中转货物填报总运单号+"_"+分运单号。提前报关免予填报。

d. 其他运输方式:免予填报。

e. 以上运输方式进境货物,在广东省内用公路运输转关的,填报车牌号。

②出口。

a. 水路运输:中转货物填报提单号;非中转货物免予填报;广东省内汽车运输提前报关的转关货物,填报承运车辆的车牌号。

b. 其他运输方式:免予填报。广东省内汽车运输提前报关的转关货物,填报承运车辆的车牌号。

(3)采用"集中申报"通关方式办理报关手续的,报关单填报归并的集中申报清单的进出口起止日期[年(4 位)、月(2 位)、日(2 位)]。

(4)无实际进出境的货物,免予填报。

(十二)货物存放地点

填报货物进境后存放的场所或地点,包括海关监管作业场所、分拨仓库、定点加工厂、隔离检疫场、企业自有仓库等。

(十三)消费使用单位/生产销售单位

消费使用单位填报已知的进口货物在境内的最终消费、使用单位的名称,包括:

(1)自行进口货物的单位。

(2)委托进出口企业进口货物的单位。

生产销售单位填报出口货物在境内的生产或销售单位的名称,包括:

(1)自行出口货物的单位。

(2)委托进出口企业出口货物的单位。

减免税货物报关单的消费使用单位/生产销售单位应与《中华人民共和国海关进出口货物征免税证明》(以下简称征免税证明)的"减免税申请人"一致;保税监管场所与境外之间的进出境货物,消费使用单位/生产销售单位填报保税监管场所的名称[保税物流中心(B 型)填报中心内企业名称]。

海关特殊监管区域的消费使用单位/生产销售单位填报区域内经营企业("加工单位"或"仓库")。

编码填报要求：

(1)填报18位法人和其他组织统一社会信用代码。

(2)无18位统一社会信用代码的，填报“NO”。

进口货物在境内的最终消费或使用以及出口货物在境内的生产或销售的对象为自然人的，填报身份证号、护照号、台胞证号等有效证件号码及姓名。

(十四)监管方式

监管方式是以国际贸易中进出口货物的交易方式为基础，结合海关对进出口货物的征税、统计及监管条件综合设定的海关对进出口货物的管理方式。其代码由4位数字构成，前两位是按照海关监管要求和计算机管理需要划分的分类代码，后两位是参照国际标准编制的贸易方式代码。

根据实际对外贸易情况按海关规定的《监管方式代码表》选择填报相应的监管方式简称及代码。一份报关单只允许填报一种监管方式。

特殊情况下加工贸易货物监管方式填报要求如下：

(1)进口少量低值辅料(即5000美元以下，78种以内的低值辅料)，按规定不使用加工贸易手册的，填报“低值辅料”。使用加工贸易手册的，按加工贸易手册上的监管方式填报。

(2)加工贸易料件转内销货物以及按料件办理进口手续的转内销制成品、残次品、未完成品，填制进口报关单，填报“来料料件内销”或“进料料件内销”；加工贸易成品凭征免税证明转为减免税进口货物的，分别填制进、出口报关单，出口报关单填报“来料成品减免”或“进料成品减免”，进口报关单按照实际监管方式填报。

(3)加工贸易出口成品因故退运进口及复运出口的，填报“来料成品退换”或“进料成品退换”；加工贸易进口料件因换料退运出口及复运进口的，填报“来料料件退换”或“进料料件退换”；加工贸易过程中产生的剩余料件、边角料退运出口，以及进口料件因品质、规格等原因退运出口且不再更换同类货物进口的，分别填报“来料料件复出”、“来料边角料复出”、“进料料件复出”、“进料边角料复出”。

(4)加工贸易边角料内销和副产品内销，填制进口报关单，填报“来料边角料内销”或“进料边角料内销”。

(5)企业销毁处置加工贸易货物未获得收入，销毁处置货物为料件、残次品的，填报“料件销毁”；销毁处置货物为边角料、副产品的，填报“边角料销毁”。

企业销毁处置加工贸易货物获得收入的，填报为“进料边角料内销”或“来料边角料内销”。

(十五)征免性质

根据实际情况按海关规定的《征免性质代码表》选择填报相应的征免性质简称及代码，持有海关核发的征免税证明的，按照征免税证明中批注的征免性质填报。一份报关单只允许填报一种征免性质。

加工贸易货物报关单按照海关核发的加工贸易手册中批注的征免性质简称及代码填报。特殊情况填报要求如下：

(1)加工贸易转内销货物，按实际情况填报(如一般征税、科教用品、其他法定等)。

(2)料件退运出口、成品退运进口货物填报“其他法定”(代码 299)。

(3)加工贸易结转货物，免予填报。

(十六)许可证号

填报进(出)口许可证、两用物项和技术进(出)口许可证、两用物项和技术出口许可证(定向)、纺织品临时出口许可证、出口许可证(加工贸易)、出口许可证(边境小额贸易)的编号。一份报关单只允许填报一个许可证号。

(十七)起运港

填报进口货物在运抵我国关境前的第一个境外装运港。根据实际情况，按海关规定的《港口代码表》填报相应的港口名称及代码，未在《港口代码表》列明的，填报相应的国家名称及代码。货物从海关特殊监管区域或保税监管场所运至境内区外的，填报《港口代码表》中相应海关特殊监管区域或保税监管场所的名称及代码，未在《港口代码表》中列明的，填报“未列出的特殊监管区”及代码。其他无实际进境的货物，填报“中国境内”及代码。

(十八)合同协议号

填报进出口货物合同(包括协议或订单)编号。未发生商业性交易的免予填报。

(十九)贸易国(地区)

发生商业性交易的进口填报购自国(地区)，出口填报售予国(地区)。未发生商业性交易的填报货物所有权拥有者所属的国家(地区)。

按海关规定的《国别(地区)代码表》选择填报相应的贸易国(地区)中文名称及代码。

(二十)起运国(地区)/运抵国(地区)

起运国(地区)填报进口货物起始发出直接运抵我国或者在运输中转国(地区)未发生任何商业性交易的情况下运抵我国的国家(地区)。

运抵国(地区)填报出口货物离开我国关境直接运抵或者在运输中转国(地区)未发生任何商业性交易的情况下最后运抵的国家(地区)。

不经过第三国(地区)转运的直接运输进出口货物，以进口货物的装货港所在国(地区)为起运国(地区)，以出口货物的指运港所在国(地区)为运抵国(地区)。

经过第三国(地区)转运的进出口货物,如在中转国(地区)发生商业性交易,则以中转国(地区)作为起运/运抵国(地区)。

按海关规定的《国别(地区)代码表》选择填报相应的起运国(地区)或运抵国(地区)中文名称及代码。

无实际进出境的货物,填报“中国”及代码。

(二十一)经停港/指运港

经停港填报进口货物在运抵我国关境前的最后一个境外装运港。

指运港填报出口货物运往境外的最终目的港;最终目的港不可预知的,按尽可能预知的目的港填报。

根据实际情况,按海关规定的《港口代码表》选择填报相应的港口名称及代码。经停港/指运港在《港口代码表》中无港口名称及代码的,可选择填报相应的国家名称及代码。

无实际进出境的货物,填报“中国境内”及代码。

(二十二)入境口岸/出境口岸

入境口岸填报进境货物从跨境运输工具卸离的第一个境内口岸的中文名称及代码;采取多式联运跨境运输的,填报多式联运货物最终卸离的境内口岸中文名称及代码;过境货物填报货物进入境内的第一个口岸的中文名称及代码;从海关特殊监管区域或保税监管场所进境的,填报海关特殊监管区域或保税监管场所的中文名称及代码。其他无实际进境的货物,填报货物所在地的城市名称及代码。

出境口岸填报装运出境货物从跨境运输工具离境的第一个境内口岸的中文名称及代码;采取多式联运跨境运输的,填报多式联运货物最初离境的境内口岸中文名称及代码;过境货物填报货物离境的第一个境内口岸的中文名称及代码;从海关特殊监管区域或保税监管场所出境的,填报海关特殊监管区域或保税监管场所的中文名称及代码。其他无实际出境的货物,填报货物所在地的城市名称及代码。

入境口岸/出境口岸类型包括港口、码头、机场、机场货运通道、边境口岸、火车站、车辆装卸点、车检场、陆路港、坐落在口岸的海关特殊监管区域等。按海关规定的《国内口岸编码表》选择填报相应的境内口岸名称及代码。

(二十三)包装种类

填报进出口货物的所有包装材料,包括运输包装和其他包装,按海关规定的《包装种类代码表》选择填报相应的包装种类名称及代码。运输包装指提运单所列货物件数单位对应的包装,其他包装包括货物的各类包装,以及植物性铺垫材料等。

(二十四)件数

填报进出口货物运输包装的件数(按运输包装计)。特殊情况填报要求如下：

(1)舱单件数为集装箱的,填报集装箱个数。

(2)舱单件数为托盘的,填报托盘数。

(3)不得填报为"0",裸装货物填报为"1"。

(二十五)毛重(千克)

填报进出口货物及其包装材料的重量之和,计量单位为千克,不足一千克的填报为"1"。

(二十六)净重(千克)

填报进出口货物的毛重减去外包装材料后的重量,即货物本身的实际重量,计量单位为千克,不足一千克的填报为"1"。

(二十七)成交方式

根据进出口货物实际成交价格条款,按海关规定的《成交方式代码表》选择填报相应的成交方式代码。无实际进出境的货物,进口填报 CIF,出口填报 FOB。

(二十八)运费

填报进口货物运抵我国境内输入地点起卸前的运输费用,出口货物运至我国境内输出地点装载后的运输费用。运费可按运费单价、总价或运费率三种方式之一填报,注明运费标记(运费标记"1"表示运费率,"2"表示每吨货物的运费单价,"3"表示运费总价),并按海关规定的《货币代码表》选择填报相应的币种代码。

(二十九)保费

填报进口货物运抵我国境内输入地点起卸前的保险费用,出口货物运至我国境内输出地点装载后的保险费用。保费可按保险费总价或保险费率两种方式之一填报,注明保险费标记(保险费标记"1"表示保险费率,"3"表示保险费总价),并按海关规定的《货币代码表》选择填报相应的币种代码。

(三十)杂费

填报成交价格以外的、按照《中华人民共和国进出口关税条例》相关规定应计入完税价格或应从完税价格中扣除的费用。可按杂费总价或杂费率两种方式之一填报,注明杂费标记(杂费标记"1"表示杂费率,"3"表示杂费总价),并按海关规定的《货币代码表》选择填报相应的币种代码。应计入完税价格的杂费填报为正值或正率，应从完税价格中扣除的杂费填报为负值或负率。

（三十一）随附单证及编号

根据海关规定的《监管证件代码表》和《随附单据代码表》选择填报除本规范第十六条规定的许可证件以外的其他进出口许可证件或监管证件、随附单证代码及编号。

本栏目分为随附单证代码和随附单证编号两栏，其中，代码栏按海关规定的《监管证件代码表》选择填报相应证件代码，随附单证编号栏填报证件编号。

(1)加工贸易内销征税报关单，随附单证代码栏填报“c”，随附单证编号栏填报海关审核通过的内销征税联系单号。

(2)一般贸易进出口货物，只能使用原产地证书申请享受协定税率或者特惠税率（以下统称优惠税率）的（无原产地声明模式），“随附单证代码”栏填报原产地证书代码“Y”，在“随附单证编号”栏填报“〈优惠贸易协定代码〉”和“原产地证书编号”。可以使用原产地证书或者原产地声明申请享受优惠税率的（有原产地声明模式），“随附单证代码”栏填写“Y”，“随附单证编号”栏填报“〈优惠贸易协定代码〉”、“C”（凭原产地证书申报）或“D”（凭原产地声明申报），以及“原产地证书编号（或者原产地声明序列号）”。一份报关单对应一份原产地证书或原产地声明。各优惠贸易协定代码如下：

“01”为“亚太贸易协定”；

“02”为“中国—东盟自贸协定”；

“03”为“内地与香港紧密经贸关系安排”（香港 CEPA）；

“04”为“内地与澳门紧密经贸关系安排”（澳门 CEPA）；

“06”为“台湾农产品零关税措施”；

“07”为“中国—巴基斯坦自贸协定”；

“08”为“中国—智利自贸协定”；

“10”为“中国—新西兰自贸协定”；

“11”为“中国—新加坡自贸协定”；

“12”为“中国—秘鲁自贸协定”；

“13”为“最不发达国家特别优惠关税待遇”；

“14”为“海峡两岸经济合作框架协议（ECFA）”；

“15”为“中国—哥斯达黎加自贸协定”；

“16”为“中国—冰岛自贸协定”；

“17”为“中国—瑞士自贸协定”；

“18”为“中国—澳大利亚自贸协定”；

“19”为“中国—韩国自贸协定”；

"20"为"中国—格鲁吉亚自贸协定"。

海关特殊监管区域和保税监管场所内销货物申请适用优惠税率的，有关货物进出海关特殊监管区域和保税监管场所以及内销时，已通过原产地电子信息交换系统实现电子联网的优惠贸易协定项下货物报关单，按照上述一般贸易要求填报；未实现电子联网的优惠贸易协定项下货物报关单，"随附单证代码"栏填报"Y"，"随附单证编号"栏填报"〈优惠贸易协定代码〉"和"原产地证据文件备案号"。"原产地证据文件备案号"为进出口货物的收发货人或者其代理人录入原产地证据文件电子信息后，系统自动生成的号码。

向香港或者澳门特别行政区出口用于生产香港 CEPA 或者澳门 CEPA 项下货物的原材料时，按照上述一般贸易填报要求填制报关单，香港或澳门生产厂商在香港工贸署或者澳门经济局登记备案的有关备案号填报在"关联备案"栏。

"单证对应关系表"中填报报关单上的申报商品项与原产地证书(原产地声明)上的商品项之间的对应关系。报关单上的商品序号与原产地证书(原产地声明)上的项目编号应一一对应，不要求顺序对应。同一批次进口货物可以在同一报关单中申报，不享受优惠税率的货物序号不填报在"单证对应关系表"中。

(3)各优惠贸易协定项下，免提交原产地证据文件的小金额进口货物"随附单证代码"栏填报"Y"，"随附单证编号"栏填报"〈协定编号〉XJE00000"，"单证对应关系表"享惠报关单项号按实际填报，对应单证项号与享惠报关单项号相同。

(三十二)标记唛码及备注

填报要求如下：

(1)标记唛码中除图形以外的文字、数字，无标记唛码的填报 N/M。

(2)受外商投资企业委托代理其进口投资设备、物品的进出口企业名称。

(3)与本报关单有关联关系的，同时在业务管理规范方面又要求填报的备案号，填报在电子数据报关单中"关联备案"栏。

保税间流转货物、加工贸易结转货物及凭征免税证明转内销货物，其对应的备案号填报在"关联备案"栏。

减免税货物结转进口(转入)，"关联备案"栏填报本次减免税货物结转所申请的《中华人民共和国海关进口减免税货物结转联系函》的编号。

减免税货物结转出口(转出)，"关联备案"栏填报与其相对应的进口(转入)报关单"备案号"栏中征免税证明的编号。

(4)与本报关单有关联关系的，同时在业务管理规范方面又要求填报的报关单号，填报在电子数据报关单中"关联报关单"栏。

保税间流转、加工贸易结转类的报关单，应先办理进口报关，并将进口报关单号填入出口报关单的"关联报关单"栏。

办理进口货物直接退运手续的，除另有规定外，应先填制出口报关单，再填制进口报关单，并将出口报关单号填报在进口报关单的“关联报关单”栏。

减免税货物结转出口（转出），应先办理进口报关，并将进口（转入）报关单号填入出口（转出）报关单的“关联报关单”栏。

(5)办理进口货物直接退运手续的，填报“〈ZT”+“海关审核联系单号或者《海关责令进口货物直接退运通知书》编号”+“〉”。

(6)保税监管场所进出货物，在“保税/监管场所”栏填报本保税监管场所编码[保税物流中心(B型)填报本中心的国内地区代码]，其中涉及货物在保税监管场所间流转的，在本栏填报对方保税监管场所代码。

(7)涉及加工贸易货物销毁处置的，填报海关加工贸易货物销毁处置申报表编号。

(8)当监管方式为“暂时进出境货物”(2600)和“展览品”(2700)时，填报要求如下：

①根据《中华人民共和国海关暂时进出境货物管理办法》(海关总署令第233号，以下简称《管理办法》)第三条第一款所列项目，填报暂时进出境货物类别，如：暂进六，暂出九；

②根据《管理办法》第十条规定，填报复运出境或者复运进境日期，期限应在货物进出境之日起6个月内，如：20180815前复运进境，20181020前复运出境；

③根据《管理办法》第七条，向海关申请对有关货物是否属于暂时进出境货物进行审核确认的，填报《中华人民共和国××海关暂时进出境货物审核确认书》编号，如：〈ZS海关审核确认书编号〉，其中英文为大写字母；无此项目的，无须填报。

上述内容依次填报，项目间用“/”分隔，前后均不加空格。

④收发货人或其代理人申报货物复运进境或者复运出境的：

货物办理过延期的，根据《管理办法》填报货物暂时进/出境延期办理单的海关回执编号，如：〈ZS海关回执编号〉，其中英文为大写字母；无此项目的，无须填报。

(9)跨境电子商务进出口货物，填报“跨境电子商务”。

(10)加工贸易副产品内销，填报“加工贸易副产品内销”。

(11)服务外包货物进口，填报“国际服务外包进口货物”。

(12)公式定价进口货物填报公式定价备案号，格式为：“公式定价”+备案编号+“@”。对于同一报关单下有多项商品的，如某项或某几项商品为公式定价备案的，则备注栏内填报为：“公式定价”+备案编号+“#”+商品序号+“@”。

(13)进出口与预裁定决定书列明情形相同的货物时，按照预裁定决定书填报，格式为：“预裁定+预裁定决定书编号”(例如：某份预裁定决定书编号为R-2-0100-2018-0001，则填报为“预裁定R-2-0100-2018-0001”)。

(14)含归类行政裁定报关单，填报归类行政裁定编号，格式为：“c”+四位数字编号，例如c0001。

(15)已经在进入特殊监管区时完成检验的货物，在出区入境申报时，填报“预检验”字样，同时在“关联报检单”栏填报实施预检验的报关单号。

(16)进口直接退运的货物，填报“直接退运”字样。

(17)企业提供ATA单证册的货物，填报“ATA单证册”字样。

(18)不含动物源性低风险生物制品，填报“不含动物源性”字样。

(19)货物自境外进入境内特殊监管区或者保税仓库的，填报“保税入库”或者“境外入区”字样。

(20)海关特殊监管区域与境内区外之间采用分送集报方式进出的货物，填报“分送集报”字样。

(21)军事装备出入境的，填报“军品”或“军事装备”字样。

(22)申报HS为3821000000、3002300000的，属于下列情况的，填报要求为：属于培养基的，填报“培养基”字样；属于化学试剂的，填报“化学试剂”字样；不含动物源性成分的，填报“不含动物源性”字样。

(23)属于修理物品的，填报“修理物品”字样。

(24)属于下列情况的，填报“压力容器”、“成套设备”、“食品添加剂”、“成品退换”、“旧机电产品”等字样。

(25)HS为2903890020(入境六溴环十二烷)，用途为“其他(99)”的，填报具体用途。

(26)集装箱体信息填报集装箱号(在集装箱箱体上标示的全球唯一编号)、集装箱规格、集装箱商品项号关系(单个集装箱对应的商品项号，半角逗号分隔)、集装箱货重(集装箱箱体自重＋装载货物重量，千克)。

(27)申报时其他必须说明的事项。

(三十三)项号

分两行填报。第一行填报报关单中的商品顺序编号；第二行填报“备案序号”，专用于加工贸易及保税、减免税等已备案、审批的货物，填报该项货物在加工贸易手册或征免税证明等备案、审批单证中的顺序编号。有关优惠贸易协定项下报关单填制要求按照海关总署相关规定执行。其中第二行特殊情况填报要求如下：

(1)深加工结转货物，分别按照加工贸易手册中的进口料件项号和出口成品项号填报。

(2)料件结转货物(包括料件、制成品和未完成品折料)，出口报关单按照转出加工贸易手册中进口料件的项号填报；进口报关单按照转进加工贸易手册中进口料件的项号填报。

(3)料件复出货物(包括料件、边角料)，出口报关单按照加工贸易手册中进口料件的项号填报；如边角料对应一个以上料件项号时，填报主要料件项号。料件退换货物(包括料件、不包括未完成品)，进出口报关单按照加工贸易手册中进口料件的项号填报。

(4)成品退换货物，退运进境报关单和复运出境报关单按照加工贸易手册原出口成品的项号填报。

(5)加工贸易料件转内销货物(以及按料件办理进口手续的转内销制成品、残次品、未完成品)填制进口报关单,填报加工贸易手册进口料件的项号;加工贸易边角料、副产品内销,填报加工贸易手册中对应的进口料件项号。如边角料或副产品对应一个以上料件项号时,填报主要料件项号。

(6)加工贸易成品凭征免税证明转为减免税货物进口的,应先办理进口报关手续。进口报关单填报征免税证明中的项号,出口报关单填报加工贸易手册原出口成品项号,进、出口报关单货物数量应一致。

(7)加工贸易货物销毁,填报加工贸易手册中相应的进口料件项号。

(8)加工贸易副产品退运出口、结转出口,填报加工贸易手册中新增成品的出口项号。

(9)经海关批准实行加工贸易联网监管的企业,按海关联网监管要求,企业需申报报关清单的,应在向海关申报进出口(包括形式进出口)报关单前,向海关申报"清单"。一份报关清单对应一份报关单,报关单上的商品由报关清单归并而得。加工贸易电子账册报关单中项号、品名、规格等栏目的填制规范比照加工贸易手册。

(三十四)商品编号

填报由13位数字组成的商品编号。前8位为《中华人民共和国进出口税则》和《中华人民共和国海关统计商品目录》确定的编码,9、10位为监管附加编号,11－13位为检验检疫附加编号。

(三十五)商品名称及规格型号

分两行填报。第一行填报进出口货物规范的中文商品名称,第二行填报规格型号。具体填报要求如下:

(1)商品名称及规格型号应据实填报,并与进出口货物收发货人或受委托的报关企业所提交的合同、发票等相关单证相符。

(2)商品名称应当规范,规格型号应当足够详细,以能满足海关归类、审价及许可证件管理要求为准,可参照《中华人民共和国海关进出口商品规范申报目录》中对商品名称、规格型号的要求进行填报。

(3)已备案的加工贸易及保税货物,填报的内容必须与备案登记中同项号下货物的商品名称一致。

(4)对需要海关签发货物进口证明书的车辆,商品名称栏填报"车辆品牌＋排气量(注明cc)＋车型(如越野车、小轿车等)"。进口汽车底盘不填报排气量。车辆品牌按照《进口机动车辆制造厂名称和车辆品牌中英文对照表》中"签注名称"一栏的要求填报。规格型号栏可填报"汽油型"等。

(5)由同一运输工具同时运抵同一口岸并且属于同一收货人、使用同一提单的多种进口货物，按照商品归类规则应当归入同一商品编号的，应当将有关商品一并归入该商品编号。商品名称填报一并归类后的商品名称，规格型号填报一并归类后商品的规格型号。

(6)加工贸易边角料和副产品内销，边角料复出口，填报其报验状态的名称和规格型号。

(7)进口货物收货人以一般贸易方式申报进口属于《需要详细列名申报的汽车零部件清单》(海关总署2006年第64号公告)范围内的汽车生产件的，按以下要求填报：

①商品名称填报进口汽车零部件的详细中文商品名称和品牌，中文商品名称与品牌之间用"/"相隔，必要时加注英文商品名称；进口的成套散件或者毛坯件应在品牌后加注"成套散件"、"毛坯"等字样，并与品牌之间用"/"相隔。

②规格型号填报汽车零部件的完整编号。在零部件编号前应当加注"S"字样，并与零部件编号之间用"/"相隔，零部件编号之后应当依次加注该零部件适用的汽车品牌和车型。汽车零部件属于可以适用于多种汽车车型的通用零部件的，零部件编号后应当加注"TY"字样，并用"/"与零部件编号相隔。与进口汽车零部件规格型号相关的其他需要申报的要素，或者海关规定的其他需要申报的要素，如"功率"、"排气量"等，应当在车型或"TY"之后填报，并用"/"与之相隔。汽车零部件报验状态是成套散件的，应当在"标记唛码及备注"栏内填报该成套散件装配后的最终完整品的零部件编号。

(8)进口货物收货人以一般贸易方式申报进口属于《需要详细列名申报的汽车零部件清单》(海关总署2006年第64号公告)范围内的汽车维修件的，填报规格型号时，应当在零部件编号前加注"W"，并与零部件编号之间用"/"相隔；进口维修件的品牌与该零部件适用的整车厂牌不一致的，应当在零部件编号前加注"WF"，并与零部件编号之间用"/"相隔。其余申报要求同上条执行。

(9)品牌类型。品牌类型为必填项目。可选择"无品牌"、"境内自主品牌"、"境内收购品牌"、"境外品牌(贴牌生产)"、"境外品牌(其他)"如实填报。其中，"境内自主品牌"是指由境内企业自主开发、拥有自主知识产权的品牌；"境内收购品牌"是指境内企业收购的原境外品牌；"境外品牌(贴牌生产)"是指境内企业代工贴牌生产中使用的境外品牌；"境外品牌(其他)"是指除代工贴牌生产以外使用的境外品牌。

(10)出口享惠情况。出口享惠情况为出口报关单必填项目。可选择"出口货物在最终目的国(地区)不享受优惠关税"、"出口货物在最终目的国(地区)享受优惠关税"、"出口货物不能确定在最终目的国(地区)享受优惠关税"如实填报。进口货物报关单不填报该申报项。

(11)申报进口已获3C认证的机动车辆时，填报以下信息：

①提运单日期。填报该项货物的提运单签发日期。

②质量保证期。填报机动车的质量保证期。

③发动机号或电机号。填报机动车的发动机号或电机号，应与机动车上打刻的发动机号或电机号相符。纯电动汽车、插电式混合动力汽车、燃料电池汽车为电机号，其他机动车为发动机号。

④车辆识别代码(VIN)。填报机动车车辆识别代码,须符合国家强制性标准《道路车辆车辆识别代号(VIN)》(GB 16735)的要求。该项目一般与机动车的底盘(车架号)相同。

⑤发票所列数量。填报对应发票中所列进口机动车的数量。

⑥品名(中文名称)。填报机动车中文品名,按《进口机动车辆制造厂名称和车辆品牌中英文对照表》的要求填报。

⑦品名(英文名称)。填报机动车英文品名,按《进口机动车辆制造厂名称和车辆品牌中英文对照表》的要求填报。

⑧型号(英文)。填报机动车型号,与机动车产品标牌上整车型号一栏相符。

(三十六)数量及单位

分三行填报。

(1)第一行按进出口货物的法定第一计量单位填报数量及单位,法定计量单位以《中华人民共和国海关统计商品目录》中的计量单位为准。

(2)凡列明有法定第二计量单位的,在第二行按照法定第二计量单位填报数量及单位。无法定第二计量单位的,第二行为空。

(3)成交计量单位及数量填报在第三行。

(4)法定计量单位为"千克"的数量填报,特殊情况下填报要求如下:

①装入可重复使用的包装容器的货物,按货物扣除包装容器后的重量填报,如罐装同位素、罐装氧气及类似品等。

②使用不可分割包装材料和包装容器的货物,按货物的净重填报(即包括内层直接包装的净重重量),如采用供零售包装的罐头、药品及类似品等。

③按照商业惯例以公量重计价的商品,按公量重填报,如未脱脂羊毛、羊毛条等。

④采用以毛重作为净重计价的货物,可按毛重填报,如粮食、饲料等大宗散装货物。

⑤采用零售包装的酒类、饮料、化妆品,按照液体部分的重量填报。

(5)成套设备、减免税货物如需分批进口,货物实际进口时,按照实际报验状态确定数量。

(6)具有完整品或制成品基本特征的不完整品、未制成品,根据《商品名称及编码协调制度》归类规则按完整品归类的,按照构成完整品的实际数量填报。

(7)已备案的加工贸易及保税货物,成交计量单位必须与加工贸易手册中同项号下货物的计量单位一致,加工贸易边角料和副产品内销、边角料复出口,填报其报验状态的计量单位。

(8)优惠贸易协定项下进出口商品的成交计量单位必须与原产地证书上对应商品的计量单位一致。

(9)法定计量单位为立方米的气体货物,折算成标准状况(即摄氏零度及1个标准大气压)下的体积进行填报。

(三十七)单价

填报同一项号下进出口货物实际成交的商品单位价格。无实际成交价格的,填报单位货值。

(三十八)总价

填报同一项号下进出口货物实际成交的商品总价格。无实际成交价格的,填报货值。

(三十九)币制

按海关规定的《货币代码表》选择相应的货币名称及代码填报,如《货币代码表》中无实际成交币种,需将实际成交货币按申报日外汇折算率折算成《货币代码表》列明的货币填报。

(四十)原产国(地区)

原产国(地区)依据《中华人民共和国进出口货物原产地条例》、《中华人民共和国海关关于执行〈非优惠原产地规则中实质性改变标准〉的规定》以及海关总署关于各项优惠贸易协定原产地管理规章规定的原产地确定标准填报。同一批进出口货物的原产地不同的,分别填报原产国(地区)。进出口货物原产国(地区)无法确定的,填报"国别不详"。

按海关规定的《国别(地区)代码表》选择填报相应的国家(地区)名称及代码。

(四十一)最终目的国(地区)

最终目的国(地区)填报已知的进出口货物的最终实际消费、使用或进一步加工制造国家(地区)。不经过第三国(地区)转运的直接运输货物,以运抵国(地区)为最终目的国(地区);经过第三国(地区)转运的货物,以最后运往国(地区)为最终目的国(地区)。同一批进出口货物的最终目的国(地区)不同的,分别填报最终目的国(地区)。进出口货物不能确定最终目的国(地区)时,以尽可能预知的最后运往国(地区)为最终目的国(地区)。按海关规定的《国别(地区)代码表》选择填报相应的国家(地区)名称及代码。

(四十二)境内目的地/境内货源地

境内目的地填报已知的进口货物在国内的消费、使用地或最终运抵地,其中最终运抵地为最终使用单位所在的地区。最终使用单位难以确定的,填报货物进口时预知的最终收货单位所在地。

境内货源地填报出口货物在国内的产地或原始发货地。出口货物产地难以确定的,填报最早发运该出口货物的单位所在地。

海关特殊监管区域、保税物流中心(B 型)与境外之间的进出境货物,境内目的地/境内货源地填报本海关特殊监管区域、保税物流中心(B 型)所对应的国内地区名称及代码。

按海关规定的《国内地区代码表》选择填报相应的国内地区名称及代码,并根据《中华人民共和国行政区划代码表》选择填报境内目的地对应的县级行政区名称及代码。无下属区县级行政区的,可选择填报地市级行政区。

(四十三)征免

按照海关核发的征免税证明或有关政策规定,对报关单所列每项商品选择海关规定的《征减免税方式代码表》中相应的征减免税方式填报。

加工贸易货物报关单根据加工贸易手册中备案的征免规定填报;加工贸易手册中备案的征免规定为"保金"或"保函"的,填报"全免"。

(四十四)特殊关系确认

根据《中华人民共和国海关审定进出口货物完税价格办法》(以下简称《审价办法》)第十六条,填报确认进出口行为中买卖双方是否存在特殊关系,有下列情形之一的,应当认为买卖双方存在特殊关系,应填报"是",反之则填报"否":

(1)买卖双方为同一家族成员的;

(2)买卖双方互为商业上的高级职员或者董事的;

(3)一方直接或者间接地受另一方控制的;

(4)买卖双方都直接或者间接地受第三方控制的;

(5)买卖双方共同直接或者间接地控制第三方的;

(6)一方直接或者间接地拥有、控制或者持有对方 5%以上(含 5%)公开发行的有表决权的股票或者股份的;

(7)一方是另一方的雇员、高级职员或者董事的;

(8)买卖双方是同一合伙的成员的。

买卖双方在经营上相互有联系,一方是另一方的独家代理、独家经销或者独家受让人,如果符合前款的规定,也应当视为存在特殊关系。

出口货物免予填报,加工贸易及保税监管货物(内销保税货物除外)免予填报。

(四十五)价格影响确认

根据《审价办法》第十七条,填报确认纳税义务人是否可以证明特殊关系未对进口货物的成交价格产生影响,纳税义务人能证明其成交价格与同时或者大约同时发生的下列任何一款价格相近的,应视为特殊关系未对成交价格产生影响,填报"否",反之则填报"是":

(1)向境内无特殊关系的买方出售的相同或者类似进口货物的成交价格;

(2)按照《审价办法》第二十三条的规定所确定的相同或者类似进口货物的完税价格;

(3)按照《审价办法》第二十五条的规定所确定的相同或者类似进口货物的完税价格。

出口货物免予填报,加工贸易及保税监管货物(内销保税货物除外)免予填报。

(四十六)支付特许权使用费确认

根据《审价办法》第十一条和第十三条,填报确认买方是否存在向卖方或者有关方直接或者间接支付与进口货物有关的特许权使用费,且未包括在进口货物的实付、应付价格中。

买方存在需向卖方或者有关方直接或者间接支付特许权使用费,且未包含在进口货物实付、应付价格中,并且符合《审价办法》第十三条的,在"支付特许权使用费确认"栏目填报"是"。

买方存在需向卖方或者有关方直接或者间接支付特许权使用费,且未包含在进口货物实付、应付价格中,但纳税义务人无法确认是否符合《审价办法》第十三条的,填报"是"。

买方存在需向卖方或者有关方直接或者间接支付特许权使用费且未包含在实付、应付价格中,纳税义务人根据《审价办法》第十三条,可以确认需支付的特许权使用费与进口货物无关的,填报"否"。

买方不存在向卖方或者有关方直接或者间接支付特许权使用费的,或者特许权使用费已经包含在进口货物实付、应付价格中的,填报"否"。

出口货物免予填报,加工贸易及保税监管货物(内销保税货物除外)免予填报。

(四十七)自报自缴

进出口企业、单位采用"自主申报、自行缴税"(自报自缴)模式向海关申报时,填报"是";反之则填报"否"。

(四十八)申报单位

自理报关的,填报进出口企业的名称及编码;委托代理报关的,填报报关企业名称及编码。编码填报18位法人和其他组织统一社会信用代码。

报关人员填报在海关备案的姓名、编码、电话,并加盖申报单位印章。

(四十九)海关批注及签章

供海关作业时签注。

相关用语的含义:

报关单录入凭单:指申报单位按报关单的格式填写的凭单,用作报关单预录入的依据。该凭单的编号规则由申报单位自行决定。

预录入报关单:指预录入单位按照申报单位填写的报关单凭单录入、打印由申报单位向海关申报，海关尚未接受申报的报关单。

报关单证明联：指海关在核实货物实际进出境后按报关单格式提供的，用作进出口货物收发货人向国税、外汇管理部门办理退税和外汇核销手续的证明文件。

本规范所述尖括号“〈 〉”、逗号“,”、连接符“—”、冒号“:”等标点符号及数字，填报时都必须使用非中文状态下的半角字符。

4-4 报关单填写范例视频

知识点归纳

1. 报关单的含义、种类和法律效力
2. 报关单的填制技巧与规范

4-5 实训习题参考答案

第二部分 实训习题

实训习题 1 常见报关单证明联。

证明联	说明
进口付汇证明联	
收汇核销联	
出口退税专用	
海关保税区进境货物备案清单	
海关保税区出境货物备案清单	

实训习题 2 报关单的类别。

分类依据	类型
按进出口状态	
按呈现形式	
按使用性质	

实训习题 3 不同情形下所需的报关明细资料。

情形	所需报关资料
一般贸易	
手册进口(进料加工、来料加工)	
修理货物	
做样品或免费赠送进口	
免税证明进口	
转关	
退运货物	

实训习题 4 报关单填制的一般要求。

要求	具体内容
如实申报	
真实填报	
报关单中填报项目要准确、齐全、完整和清楚	
批文不同须分别填报	
正当理由更正	

实训习题 5 报关单中进出口日期规则。

要求	填写规则
日期格式要求	
进口货物进口日期	
出口日期	
集中申报日期	
无实际进出境的报关单日期	

实训习题 6 报关单中申报日期规则。

要求	填写规则
日期格式要求	
电子数据报关方式申报	
纸质报关单申报	
注意事项	

实训习题7 报关单中主要减免税方式的含义。

方式	含义
照章征免	
折半征税	
全免	
特案减免	
随征免性质	
保证金	
保函	

实训习题8 根据材料填报关单。

代理报关委托书

编号 00001683922

我单位现(A. 逐票 B. 长期)委托贵公司代理(A. 填单申报 B. 辅助查验 C. 垫缴税款 D. 办理海关证明联 E. 审批手册 F. 核销手册 G. 申办减免税手续 H. 其他)等通关事宜。详见《委托报关协议》。

我单位保证遵守《海关法》和国家有关法规,保证所提供的情况真实、完整、单货相符。否则,愿承担相关法律责任。

本委托书有效期自签字之日起至××××年××月××日止。

委托方(盖章)金光×××纸业有限公司

法定代表人或其授权签署《代理报关委托书》的人(签字)

××××年××月××日

委托报关协议

为明确委托报关具体事项和各自责任,双方经平等协商签订协议如下:

<table>
<tr><td>委托方</td><td>金光×××纸业有限公司</td><td>被委托方</td><td colspan="2">宁波×××物流有限公司</td></tr>
<tr><td>主要货物名称</td><td>木浆</td><td>报关单编码</td><td colspan="2">275989127</td></tr>
<tr><td>HS 编码</td><td>4703210000</td><td rowspan="2">收到单证日期</td><td rowspan="2" colspan="2">2005 年 8 月 22 日</td></tr>
<tr><td>货物总价</td><td>479153.64</td></tr>
<tr><td>进出口日期</td><td>2005 年 8 月 22 日</td><td rowspan="4">收到单证情况</td><td>合同</td><td>发票</td></tr>
<tr><td>提(运)单号</td><td>RAV186VAN03B</td><td>装箱清单</td><td>提(运)单</td></tr>
<tr><td>贸易方式</td><td>0110</td><td>加工贸易手册</td><td>许可证件</td></tr>
<tr><td>原产地/货源地</td><td>加拿大</td><td colspan="2">其他</td></tr>
</table>

续表

传真/电话		报关收费	人民币：　元
其他要求		承诺说明	
背面所列通用条款是本协议不可分割的一部分，对本协议的签署构成了对背面通用条款的同意。		背面所列通用条款是本协议不可分割的一部分，对本协议的签署构成了对背面通用条款的同意。	
委托方业务签章：金光×××纸业有限公司 经办人签章：黎明 联系电话：		被委托方业务专用章：宁波×××物流有限公司 经办报关员签章：刘海 联系电话：	

CENTRAL NATIONAL-GOTTESMAN INC.

THREE MANHATTANVILLE ROAD，PURCHASE，NEW YORK，U. S. A 10577-2110

TEL：001-914-696-××××

MANUALLY SIGNED COMMERCIAL INVOICE

INVOICE NO. ：284563 R INVOICE DATE：07/23/2005

ORDER NO. ：1088090 CONTRACT NO. ：CP2005-07

APPLICANT：

JINGUANG XXX PAPER CO. ，LTD.

NINGBO，CHINA

VESSEL NAME： RAVEN ARROW VOY. NO. ：186

ON BOARD： VANCOUVER MAIN PORT OF CANADA

FOR TRANSPORTATION TO：NINGBO PORT，CHINA

PAYMENT TERMS： DRAFT AT 120 DAYS AFTER B/L DATE JULY 23，2005

DESCRIPTION OF GOODS：

COMMODITY：CELGAR CELECT NBKP

COUNTRY OF ORINGIN：CANADA

PACKING：IN STANDARD EXPORT PACKING

NUMBER OF BALES： 4160

NUMBER OF UNITS：520

GROSS WEIGHT： 1040MT

AIRDRY PERCENT：94.98%

QUANTITY：987.742 ADMT

@UNIT PRICE USD485.10/ADMT

PRICE TERM CFR NINGBO PORT，CHINA TOTAL AMOUNT： USD479153.64

L/C NO. ：LC379080500046 ISSUING BANK： 1NDUSTRIAL AND COMMERCIAL BANK OF CHINA DATED：06/10/2005 (NINGBO BRANCH)

ISSUED BY BENEFICIARY

CENTRAL NATIONAL-GOTTESMAN INC.

PACKING LIST

Date: 07/23/2005 INVOICE NO: 284563R

THIS L/C NUMBER: LC379080500046

DESCRIPTION OF GOODS:

COMMODITY: CELGAR CELECT NBKP

PACKING CONDITIONS: PACKING: IN STANDARD EXPORT PACKING

NUMBER OF BALES: 4160

NUMBER OF UNITS: 520

GROSS WEIGHT: 1040 MT

AIRDRY PERCENT: 94.98%

QUANTITY: 987.742 ADMT

NET WEIGHT: 987.742 ADMT

ISSUED BY BENEFICIARY

CENTRAL NATIONAL-GOTTESMAN INC.

CONTRACT

CONTRACT NO. CP2005-078

THE SELLERS: CENTRAL NATIONAL-GOTTESMAN INC.

THREE MANHATTANVILLE ROAD, PURCHASE, NEW YORK, U. S. A 10577-2110

TEL: 001-914-696-×××× FAX: 001-914-696-××××

THE BUYERS: JINGUANG XXX PAPER CO., LTD.

NINGBO, CHINA

TEL: 0574-403××××× FAX: 0574-403×××××

THE UNDERSIGNED SELLERS AND BUYERS HAVE CONFIRMED THIS CONTRACT IN ACCORDANCE WITH THE TERMS AND CONDITIONS STIPULATED BELOW.

SHIPPING MARK	DESCRIPTION	QUANTITY	UNIT PRICE	AMOUNT
N/M	COMMODITY: CELGAR CELECT NBKP COUNTRY OF ORIGIN: CANADA PAYMENT TERMS: L/C 120 DAYS AFTER B/L DATE ADVISING BANK: BANK OF CHINA, NEW YORK BRANCH	2000ADMT +/-5%	USD485.10 PER ADMT CFR NINGBO, CHINA	USD 970200.00 +/-5%

VESSEL NAME：RAVEN ARROW VOY. N0. 186

ON BOARD：VANCOUVER MAIN PORT OF CANADA

FOR TRANSPORTATION TO：NINGBO PORT，CHINA

PAYMENT TERMS：DRAFT AT AFTER 120 DAYS AFTER B/L DATE JULY 23，2005

PACKING：STANDARD EXPORT PACKING

TIME OF SHIPMENT：BY END JULY，2005

PORT OF SHIPMENT：MAIN PORT OF CANADA

ISSUING BANK：INDUSTRIAL AND COMMERCIAL BANK OF CHINA (ZHEJIANG PROVINCIAL BRANCH)

THE SELLERS：×××　　　　THE BUYERS：×××

BILL OF LADING

<table>
<tr><td colspan="2">Shipper
ZELLSTOFF CELGAR LIMITED
1921 ARROW LAKES DRIVE
CASTLEGAR，R C. VIN 3H9 CANADA</td><td rowspan="2">ORIGINAL

BILL OF LADING</td></tr>
<tr><td colspan="2">Consignee
JINGUANG ××× PAPER CO.，LTD.
NINGBO，CHINA</td></tr>
<tr><td colspan="2">Notify address
JINGUANG CO.，LTD.
NINGBO，CHINA</td><td rowspan="4">VSL：RAVEN ARROW　VOY：186

B/L NO：RAV186VAN03B</td></tr>
<tr><td>Pre-carriage by</td><td>Place of receipt</td></tr>
<tr><td>Ocean vessel
RAVEN ARROW 186</td><td>Port of loading
VANCOUVER MAIN PORT CANADA</td></tr>
<tr><td>Port of discharge
NINGBO PORT，CHINA</td><td>Place of delivery</td></tr>
</table>

Mark Number and kind of packages	Description of Goods		Gross weight	Measurement
	SAID TO CONTAIN			
	UNIT	BALES	MT	CBM
N/M	520	4160	1040.000	1187.798
(WOODPULP)				
WDFU1106176 0186845				
WDFU1106184 0186865				
	CELGAR CELECT NBKP			
Total	520	4160	1040.000	1187.798

LADEN ON BOARD RAVEN ARROW 186 AT VANCOUVER MAIN PORT OF CANADA ON JUL 23，2005

FREIGHT PREPAID
L/C NUMBER：LC379080500046
SUMMARY NO.：SUM0284

中华人民共和国出入境检验检疫入境货物通关单

编号:370200105025333

<table>
<tr><td colspan="3">1.收货人
金光×××纸业有限公司</td><td rowspan="3">7.标记及号码
N/M</td></tr>
<tr><td colspan="3">2.发货人
CENTRAL NATIONAL-GOTTESMAN INC.</td></tr>
<tr><td colspan="2">3.合同/提(运)单号
CP2005-078/RAV186VAN03B</td><td>4.输出国家或地区
加拿大</td></tr>
<tr><td colspan="2">5.运输工具名称及号码
船舶/RAVEN ARROW 186</td><td>6.目的地
浙江省宁波市</td><td>8.集装箱规格及数量
20GP×2</td></tr>
<tr><td>9.货物名称及规格
漂白针叶木浆

(以下空白)</td><td>10.HS编码
4703210000

(以下空白)</td><td>11.申报总值
479153.64美元

(以下空白)</td><td>12.数/重量、包装数量及种类
987742千克
4160布袋/包
(以下空白)</td></tr>
<tr><td colspan="4">13.证明
上述货物已报检/申报,请海关予以放行。

签字:邹涛　日期:2005年8月8日</td></tr>
<tr><td colspan="4">14.备注
请速与宁波局联系检验事项。</td></tr>
</table>

中华人民共和国海关进口货物报关单

预录人编号：　　　　　　　　　　海关编号：　　　　　　　　　　页码/页数：

<table>
<tr><td>境内发货人</td><td colspan="2">出境关别</td><td colspan="3">出口日期</td><td>申报日期</td><td>备案号</td></tr>
<tr><td>境外收货人</td><td colspan="2">运输方式</td><td colspan="3">运输工具名称及航次号</td><td colspan="2">提运单号</td></tr>
<tr><td>生产销售单位</td><td colspan="2">监管方式</td><td colspan="3">征免性质</td><td colspan="2">许可证号</td></tr>
<tr><td>合同协议号</td><td colspan="2">贸易国(地区)</td><td colspan="3">运抵国(地区)</td><td>指运港</td><td>离境口岸</td></tr>
<tr><td>包装种类</td><td>件数</td><td>毛重(千克)</td><td>净重(千克)</td><td>成交方式</td><td>运费</td><td>保费</td><td>杂费</td></tr>
<tr><td colspan="8">随附单证
随附单证 1：　　　　　　　　　随附单证 2：</td></tr>
<tr><td colspan="8">标记唛码及备注</td></tr>
<tr><td colspan="8">项号 商品编号 商品名称及规格 型号 数量及单位 单价/总价/币制 原产国(地区) 最终目的国(地区) 境内货源地 征免</td></tr>
<tr><td colspan="8">1</td></tr>
<tr><td colspan="8">2</td></tr>
<tr><td colspan="8">3</td></tr>
<tr><td colspan="8">4</td></tr>
<tr><td colspan="8">5</td></tr>
<tr><td colspan="8">特殊关系确认：　　　　价格影响确认：　　　　支付特许权使用费确认：　　　　自报自缴：</td></tr>
<tr><td colspan="5">报关人员　　　　报关人员证号　　　　电话
兹申明以上内容承担如实申报、依法纳税之法律责任
申报单位
申报单位(签章)</td><td colspan="3">海关批注及签章</td></tr>
</table>

实训习题 9 根据材料填报关单。

代理报关委托书

编号 4200000022923

我单位现(A. 逐票 B. 长期)委托贵公司代理(A. 报关查验 B. 垫缴税款 C. 办理海关证明联 D. 审批手册 E. 核销手册 F. 申办减免税手续 G. 其他)等通关事宜。详见《委托报关协议》。

我单位保证遵守《海关法》和国家有关法规，保证所提供的情况真实、完整、单货相符。否则，愿承担相关法律责任。

本委托书有效期自签字之日起至××××年××月××日止。

委托方(盖章)×××化学(青岛)有限公司

法定代表人或其授权签署《代理报关委托书》的人(签字)

××××年××月××日

委托报关协议

为明确委托报关具体事项和各自责任，双方经平等协商签订协议如下：

<table>
<tr><td>委托方</td><td>×××化学(青岛)有限公司</td><td>被委托方</td><td colspan="2">青岛×××物流有限公司</td></tr>
<tr><td>主要货物名称</td><td>聚酯</td><td>报关单编码</td><td colspan="2">275989413</td></tr>
<tr><td>HS 编码</td><td>3907910000</td><td>收到单证日期</td><td colspan="2">2005 年 8 月 23 日</td></tr>
<tr><td>进出口日期</td><td>2005 年 8 月 23 日</td><td rowspan="4">收到单证情况</td><td>合同</td><td>发票</td></tr>
<tr><td>提(运)单号</td><td>WDFCGBF02330088</td><td>装箱清单</td><td>提(运)单</td></tr>
<tr><td>贸易方式</td><td>0110</td><td>加工贸易手册</td><td>许可证件</td></tr>
<tr><td>原产地/货源地</td><td>韩国</td><td colspan="2">其他</td></tr>
<tr><td>传真/电话</td><td></td><td>报关收费</td><td colspan="2">人民币：　　元</td></tr>
<tr><td colspan="2">其他要求</td><td colspan="3">承诺说明</td></tr>
<tr><td colspan="2">背面所列通用条款是本协议不可分割的一部分，对本协议的签署构成了对背面通用条款的同意。</td><td colspan="3">背面所列通用条款是本协议不可分割的一部分，对本协议的签署构成了对背面通用条款的同意，</td></tr>
<tr><td colspan="2">委托方业务签章
×××化学(青岛)有限公司
经办人签章：
联系电话：
2005 年 8 月 23 日</td><td colspan="3">被委托方业务专用章
青岛×××物流有限公司
经办报关员签章：刘丽
联系电话：
2005 年 8 月 23 日</td></tr>
</table>

COMMERCIAL INVOICE

<table>
<tr><td colspan="2">1. Shipper/Exporter
××× CHEMICAL CO., LTD</td><td colspan="3">8. NO.&Date of Invoice
AKC08/11/2005 DATED: AUG19, 2005.</td></tr>
<tr><td colspan="2">2. For account & risk of Messrs
××× CHEMICAL(QINGDAO) CO., LTD
NO. X,CHANGJIANG ROAD,QINGDAO,CHINA
TEL:(86-532) 8330×××× FAX:(86-532) 8330××××</td><td colspan="3">9. NO.&Date of L/C.</td></tr>
<tr><td colspan="2">3. Notify Party
THE SAME AS ABOVE</td><td colspan="3">10. L/C Issuing Bank</td></tr>
<tr><td>4. Port of Loading
INCHON, KOREA</td><td>5. Final Destination
QINGDAO, CHINA</td><td colspan="3" rowspan="2">11. Remarks</td></tr>
<tr><td>6. Carries
NEW GOLDEN
BRIDGES 0233W</td><td>7. Sailing on or Shipment
AUG 20,2005</td></tr>
<tr><td>12. Marks & NO. PKGS</td><td>13. Description of Goods</td><td>14. Quantity/Unit</td><td>15. Unit Price</td><td>16. Amount</td></tr>
<tr><td rowspan="7">NO MARK</td><td>UNSATURATED
POLYESTER RESIN</td><td>CIF QINGDAO</td><td></td><td></td></tr>
<tr><td>PC-NA
PC-8000A
PC-T
POLYISOCYANATE</td><td>2400kg
7400kg
1120kg</td><td>@ $ 1.50
@ $ 1.60
@ $ 1.10</td><td>$ 3600.00
$ 11840.00
$ 1232.00</td></tr>
<tr><td>AK-75
PROMOTER</td><td>3740kg</td><td>@ $ 1.70</td><td>$ 6358.00</td></tr>
<tr><td>RP-126</td><td>150kg</td><td>@ $ 3.00</td><td>US$ 450.00</td></tr>
<tr><td>TOTAL</td><td>14810kg</td><td></td><td>US$ 23480.00</td></tr>
<tr><td colspan="4">FREIGHT PREPAID
TOTAL 1(ONE) VAN ONLY</td></tr>
</table>

PACKING LIST

1. Shipper/Exporter ××× CHEMICAL CO., LTD		8. No.&Date of Invoice AKCI 08/11/2005 DATED: AUG 19, 2005
2. For account & risk of Messrs ××× CHEMICAL(QINGDAO) CO., LTD NO. X, CHANGJIANG ROAD, QINGDAO,CHINA TEL:(86-532) 8330××× FAX:(86-532) 8330×××		9. No.&Date of L/C
3. Notify Party THE SAME AS ABOVE		10. L/C Issuing Bank
4. Port of Loading INCHON, KOREA	5. Final Destination QINGDAO, CHINA	11. Remarks
6. Carries NEW GOLDEN BRIDGES 0233W	7. Sailings on or about AUG 20,2005	

12. Marks	13. Description of Goods	14. Quantity	15. Packages	16. Gross weight
NO MARK	UNSATURATED POLYESTER RESIN			
	PC-NA PC-8000A PC-T POLYISOCYANATE	2400kg 7400kg 1120kg	120CARTON 370CARTON 7DRUM	2529.60kg 7799.60kg 1248.00kg
	AK-75 PROMOTER	3740kg	17DRUM	404600kg
	RP-126	150kg	10CARTON	160.80kg
	TOTAL	14810kg	24DRUM 500CARTON	15784.00kg
	FREIGHT PREPAID TOTAL 1(ONE) VAN ONLY CONTAINER NO. SEAL NO. WDFU1106166 0186835			

SALES CONTRACT

THE SELLERS: ××× CHEMICAL CO. , LTD.

×××, GURO-5DONG, GURO-GU SEOUL, KOREA

THE BUYERS: ××× CHEMICAL (QINGDAO) CO. , LTD

NO. × , CHANGJIANG ROAD, QINGDAO CITY,CHINA

TEL:(86-532) 8330×××× FAX:(86-532) 8330×××

THE UNDERSIGNED SELLERS AND BUYERS HAVE CONFIRMED THIS CONTRACT IN ACCORDANCE WITH THE TERMS AND CONDITIONS STIPULATED BELOW:

SHIPPING MARK	DESCRIPTION	QUANTITY (kg)	UNIT PRICE	AMOUNT
N/M			CIF QINGDAO PORT	
	PC-NA PC-8000A PC-T AK-75 RP-126	2400 7400 1120 3740 150	$ 1.50 $ 1.60 $ 1.10 $ 1.70 $ 3.00	$ 3600 $ 11840 $ 1232 $ 6358 $ 450

TERMS OF PAYMENT: BY IRREVOCABLE T/T AT SIGHT AFTER B/L DATE

SHIPPING PORT: INCHON, KOREA

CONTRACT NO. : AKCI20050802

PACKING METHOD: OUR STANDARD PACKING (15kg/20kg PER STEEL CAN AND 160kg/220kg PER STEEL DRUM)

DESTINATION: QINGDAO PORT, CHINA

REMARKS: KOREA EXCHANGE BANK KURO OFFICE

A/C NO.: 129-JSD-100332

BANK NO.: KOEX X RSE

ADDRESS: ××××, KURO-DONG, KURO-GU,SEOUL,KOREA (152-050)

COUNTRY OF ORIGIN: MADE IN KOREA

CONTAINER/SEAL/TAPE

WDFU1106166/0186835/2800

THE SELLERS: THE BUYERS:

×××船务代理有限公司提货单

收货人/通知方：

×××CHEMICAI(QINGDAO) CO.，LTD.

船名 NEW GOLDEN BRIDGES		航次 0233W	起运港 仁川	目的地 青岛
提单号 WDFCGBF02330088		交付条件 CY/CY	到付海运费	合同号
卸货地点 青岛外运储运部		到达日期 08/21/2005	进库场日期	第一程运输
货名		集装箱号/铅封号		
集装箱数	ONE(1×20′) CONTAINER ONLY	WDFU1106166/0186835		
件数	524			
重量	15784			
体积	20			
标志				

请核对放货

凡属法定检验、检疫的进口商品，必须向有关监督机构申报。

1	2	3	4
5	6	7	8

BILL OF LADING

<table>
<tr><td colspan="2">Shipper
××× CHEMICAL CO. , LTD
××××, GURO-5DONG, GURO-GU
SEOUL, KOREA</td><td>B/L NO. :
WDFCGBFS02330088</td></tr>
<tr><td colspan="2">Consignee
××× CHEMICAL(QINGDAO) CO. , LTD
NO. ×, CHANGJIANG ROAD, QINGDAO,CHINA
TEL:(86-532) 8330×××× FAX:(86-532) 8330×××</td><td rowspan="4">××航运有限公司

BILL OF LADING</td></tr>
<tr><td colspan="2">Notify Party
THE SAME AS CONSIGNEE</td></tr>
<tr><td>Pre-carriage by</td><td>Place of receipt
INCHON, KOREA</td></tr>
<tr><td>Ocean vessel/Voy No.
NEW GOLDEN
BRIDGES 0233W</td><td>Port of loading
INCHON,KOREA</td></tr>
<tr><td>Port of discharge
QINGDAO , CHINA</td><td>Place of delivery
QINGDAO ,CHINA</td><td>Final Destination for the Merchants reference</td></tr>
</table>

Marks and NOs. Container NO.	NO. of Containers or PKGS	Kind of Packages Description of Goods	Gross weight(kg)	Measurement(m^3)
NO. MARK WDFU1106166/ 0186835 CY/CY	524 PACKAGES 1×20′ container	SHIPPER'S LOAD. COUNT & SEAL SAID TO CONTAIN: 14810 kg OF UNSATURATED POLYESTER RESIN PC-NA 2400kg 20kg×120CARTON PC-8000A 7400kg 20kg×370CARTON PC-T 1120kg 160kg×7DRUM POLYISOCYANATE AK-75 3740kg 220kg×17DRUM PROMOTER RP-126 150kg 15kg×10CARTON	15784kg	20CBM

<table>
<tr><td colspan="3">Total No. Containers of Packages (in words)
SAY ONE (1×20′) CONTAINER ONLY</td></tr>
<tr><td>Prepaid at
SEOUL, KOREA</td><td>FREIGHT PREPAID
FREIGHT AS ARRANGED</td><td>Place and date of issue
SEOUL, KOREA 08/20/2005</td></tr>
<tr><td>Date
08/20/2005</td><td>No. of original B(s)/L
THREE(3)</td><td></td></tr>
</table>

中华人民共和国出入境检验检疫货物通关单

编号:3701205K37659

<table>
<tr><td colspan="2">1.收货人
×××化学(青岛)有限公司</td><td rowspan="3">7.标记及号码
N/M</td></tr>
<tr><td colspan="2">2.发货人
××× CHEMICAL CO.,LTD</td></tr>
<tr><td>3.合同/提(运)单号
AKCI20050802/
WDFCGBF02330088</td><td>4.输出国家或地区
韩国</td></tr>
<tr><td>5.运输工具名称及号码
NEW GOLDEN BRIDGES/0233W</td><td>6.目的地
青岛</td><td>8.集装箱规格及数量
×××</td></tr>
</table>

9.货物名称及规格	10.HS编码	11.申报总值	12.数/重量、包装数量及种类
不饱和聚酯 PC-NA增白纽扣用树脂	39079100	3600.00	2400kg/120CARTON
不饱和聚酯 PC-8000A纽扣用树脂	39079100	11840.00	7400kg/370CARTON
不饱和聚酯 PC-T纽扣用树脂	39079100	1232.00	1120kg/7DRUM
聚异氰酸酯 AK-75黄变固化剂	39095000	6358.00	3740kg/17DRUM
催干剂 RP-126制造纽扣用, 加速1-4项固化	32110000	450.00	150kg/10CARTON
(以下空白)	(以下空白)	(以下空白)	(以下空白)

13.证明

上述货物已报检/申报,请海关予以放行。

签字:邹涛　日期:2005年8月20日

14.备注

请速与济宁局联系检验事项。

中华人民共和国海关进口货物报关单

预录入编号：　　　　　　　　　　　海关编号：　　　　　　　　　　页码/页数：

境内发货人	出境关别		出口日期			申报日期	备案号
境外收货人	运输方式		运输工具名称及航次号			提运单号	
生产销售单位	监管方式		征免性质			许可证号	
合同协议号	贸易国(地区)		运抵国(地区)			指运港	离境口岸
包装种类	件数	毛重(千克)	净重(千克)	成交方式	运费	保费	杂费

随附单证
随附单证 1：　　　　　　　　　　随附单证 2：

标记唛码及备注

项号 商品编号 商品名称及规格 型号 数量及单位 单价/总价/币制 原产国(地区) 最终目的国(地区) 境内货源地 征免
1
2
3
4
5

特殊关系确认：　　　　价格影响确认：　　　　支付特许权使用费确认：　　　　自报自缴：

报关人员　　报关人员证号　　电话 兹申明以上内容承担如实申报、依法纳税之法律责任 申报单位 申报单位(签章)	海关批注及签章

实训习题 10　根据材料填报关单。

代理报关委托书

编号 4200000849075

我单位现(A. 逐票　B. 长期)委托贵公司代理(A. 填单申报　B. 辅助查验　C. 垫缴税款　D. 办理海关证明联　E. 审批手册　F. 核销手册　G. 申办减免税手续　H. 其他)等通关事宜。详见《委托报关协议》。

我单位保证遵守《海关法》和国家有关法规，保证所提供的情况真实、完整、单货相符。否则，愿承担相关法律责任。

本委托书有效期自签字之日起至××××年××月××日止。

委托方(盖章)青岛××制鞋有限公司

法定代表人或其授权签署《代理报关委托书》的人(签字)

××××年××月××日

委托报关协议

为明确委托报关具体事项和各自责任，双方经平等协商签订协议如下：

<table>
<tr><td>委托方</td><td>青岛××制鞋有限公司</td><td>被委托方</td><td colspan="2">青岛×××物流有限公司</td></tr>
<tr><td>主要货物名称</td><td>针织布</td><td>报关单编码</td><td colspan="2">275981456</td></tr>
<tr><td>HS 编码</td><td>60041090.00</td><td>收到单证日期</td><td colspan="2">2005 年 8 月 22 日</td></tr>
<tr><td>进出口日期</td><td>2005 年 8 月 22 日</td><td rowspan="4">收到单证情况</td><td>合同</td><td>发票</td></tr>
<tr><td>提(运)单号</td><td>WDFCGBF02330535</td><td>装箱清单</td><td>提(运)单</td></tr>
<tr><td>贸易方式</td><td>0615 进料对口</td><td>加工贸易手册</td><td>许可证件</td></tr>
<tr><td>原产地/货源地</td><td></td><td colspan="2">其他</td></tr>
<tr><td>传真/电话</td><td></td><td>报关收费</td><td colspan="2">人民币：　　元</td></tr>
<tr><td colspan="2">其他要求</td><td colspan="3">承诺说明</td></tr>
<tr><td colspan="2">背面所列通用条款是本协议不可分割的一部分，对本协议的签署构成了对背面通用条款的同意。</td><td colspan="3">背面所列通用条款是本协议不可分割的一部分，对本协议的签署构成了对背面通用条款的同意。</td></tr>
<tr><td colspan="2">委托方业务签章：青岛××制鞋有限公司
经办人签章：
联系电话：</td><td colspan="3">被委托方业务专用章：青岛×××物流有限公司
经办报关员签章：刘海
联系电话：</td></tr>
</table>

INVOICE

<table>
<tr><td colspan="2" rowspan="2">1. SHIPPER：
××× PYUNG HIPOL IND CO. ,LTD.
SEOUL KOREA</td><td>7. Invoice No. Date [M/D/Y]
TJ-050820-1 AUG 20,2005</td></tr>
<tr><td>8. NO. & Date of L/C</td></tr>
<tr><td colspan="2">2. Consignee
TO ORDER
NOTIFY PARTY：
SAME AS APPLICANT</td><td>9. BUYER(IF OTHER THAN CONSIGNEE)
QINGDAO ××× SHOES CO. ,LTD.
LIQUAN ZHUANG TOWN IND. ,ZONE
LAIXI CITY QINGDAO,SHANDONG PROVINCE,CHINA</td></tr>
<tr><td colspan="2">3. DEPARTURE DATE</td><td rowspan="2">10. OTHER REFERENCES：
FREIGHT PREPAID</td></tr>
<tr><td>4VESSEL/FLIGHT</td><td>5. FROM
INCHON KOREA</td></tr>
</table>

续表

6. TO QINGDAO CHINA		11. TERMS OF PAYMENT: CIF QINGDAO CHINA AT 85 DAYS SIGHT		
Shipping Marks	No. & Kind of Packages Goods description	Quantity/Unit	Unit price	Amount
C/T NO.:39PKGS	MATERIALS FOR SHOES POLYESTER TRJCOT FABRIC PIECE DYED	2650.00	$1.00	USD2650.00
	TOTAL			

PACKING LIST

1. SHIPPER: ×××PYUNG HIPOL IND CO., LTD. SEOUL KOREA		7. Invoice No. Date TJ-050820-1 AUG 20,2005 8. No. & Date of L/C		
2. Consignee TO ORDER NOTIFY PARTY: SAME AS APPLICANT		9. BUYER(IF OTHER THAN CONSIGNEE) QINGDAO ××× SHOES CO., LTD. LIQUAN ZHUANG TOWN IND., ZONE LAIXI CITY QINGDAO SHANDONG PROVINCE CHINA		
3. DEPARTURE DATE		10. OTHER REFERENCES: FREIGHT PREPAID		
4. VESSEL/FLIGHT	5. FROM INCHON KOREA			
6. TO QINGDAO, CHINA		11. TERMS OF DELIERY PAYMENT: CIF QINGDAO CHINA AT 85 DAYS SIGHT		
Shipping Marks	No. & Kind of Packages Goods description	Quantity/Unit	N. Weight	G. Weight
C/T NO.:39PKGS	MATERIALS FOR SHOES POLYESTER TRJCOT FABRIC PIECE DYED	9860CBM	2650KG	2739KG
	TOTAL	5.62CBM	2650KG	2739KG

中国青岛×××代理有限公司提货单

收货人/通知方：

QINGDAO ×× SHOES CO.，LTD.

下列货物已办妥手续，运费结清，准予交付收货人。

船名 NEW GOLDEN BRIDGES	航次 0233W	起运港 仁川	目的港 青岛
提单号 WDFCGBF02330535	交付条件 CIF	到付海运费	合同号
卸货地点 润海	到达日期 08/21/2005	船公司	第一程运输

货名		集装箱号/铅封号	
集装箱数	LCL 20′GP×1	WDFU1121216/019 7161	
件数	39		
重量	2739		
体积	5.622		
标志			
TH-156P (INDIA) P/O #:0229 CLR: LOT: Q'TY: C/T NO.:1～39 MADE IN KOREA			

请核对放货

凡属法定检验、检疫的进口商品，必须向有关监督机构申报。

1	2	3	4
5	6	7	8

BILL OF LADING

<table>
<tr><td colspan="2">Shipper
×××PYUNG HIPOL IND CO. , LTD.
SEOUL KOREA</td><td colspan="3">B/L NO. :
WDFCGBF02330535</td></tr>
<tr><td colspan="2">Consignee
TO ORDER</td><td colspan="3" rowspan="4">××航运有限公司

BILL OF LADING</td></tr>
<tr><td colspan="2">Notify Party.
THE SAME AS CONSIGNEE</td></tr>
<tr><td>Pre-carriage by</td><td>Place of receipt
INCHON,KOREA</td></tr>
<tr><td>Ocean vessel/Voy No.
NEW GOLDEN BRIDGES
0233W</td><td>Port of loading
INCHON,
KOREA</td></tr>
<tr><td>Port of discharge
QINGDAO, CHINA</td><td>Place of delivery
QINGDAO,CHINA</td><td colspan="3">Final Destination for the Merchants reference</td></tr>
<tr><td>Marks and NOs.
Container NO.</td><td>NO. of Containers
or PKGS</td><td>No. of Packages
Description of Goods</td><td>Gross weight
(kg)</td><td>Measurement
(CBM)</td></tr>
<tr><td>TH-156P(IN DIA)
P/O# :0229
CLR:
LOT:
QTY:
C/T NO. :1～39
MADE IN KOREA
WDFU1121216/
0197161/2800</td><td>39CARTON</td><td>SAID TO CONTAIN:
39CTNS OF FABRIC
GOODS</td><td>2739.00kg</td><td>5.622CBM</td></tr>
<tr><td colspan="5">Total No. Containers of Packages (in words)
SAY THIRTY-NINE CARTONS ONLY</td></tr>
<tr><td>Prepaid at
SEOUL, KOREA</td><td colspan="2">FREIGHT PREPAID
FREIGHT AS ARRANGED</td><td colspan="2">Place and date of issue
SEOUL, KOREA 08/20/2005</td></tr>
<tr><td>Date
08/20/2005</td><td colspan="2">No. of original B(s)/L
THREE(3)</td><td colspan="2"></td></tr>
</table>

中华人民共和国出入境检验检疫入境货物通关单

编号:3701205K36878

<table>
<tr><td colspan="2">1.收货人
青岛××制鞋有限公司</td><td colspan="2" rowspan="3">7.标记及号码
TH-156P(IN DIA)
P/O#:0229
CLR:
LOT:
QTY:
C/T NO.:1～39
MADE IN KOREA</td></tr>
<tr><td colspan="2">2.发货人
×××PYUNG HIPOL IND CO,LTD</td></tr>
<tr><td>3.合同/提(运)单号
TJ-200503A/
WDFCGBF02330535</td><td>4.输出国家或地区
韩国</td></tr>
<tr><td>5.运输工具名称及号码
NEW GOLDEN BRIDGES/0233W</td><td>6.目的地
青岛</td><td colspan="2">8.集装箱规格及数量
×××</td></tr>
<tr><td>9.货物名称及规格</td><td>10.HS编码</td><td>11.申报总值</td><td>12.数/重量、包装数量及种类</td></tr>
<tr><td>针织布</td><td>60041090.00</td><td>2650.00</td><td>2650KG/39CARTON</td></tr>
<tr><td>(以下空白)</td><td>(以下空白)</td><td>(以下空白)</td><td>(以下空白)</td></tr>
<tr><td colspan="4">13.证明
上述货物已报检/申报,请海关予以放行。
签字:邹涛　　日期:××××年××月××日</td></tr>
<tr><td colspan="4">14.备注
请速与济宁局联系检验事项。</td></tr>
</table>

中华人民共和国海关进口货物报关单

预录入编号：　　　　　　　　　　　　　海关编号：　　　　　　　　　　页码/页数：

境内发货人	出境关别		出口日期			申报日期	备案号
境外收货人	运输方式		运输工具名称及航次号			提运单号	
生产销售单位	监管方式		征免性质			许可证号	
合同协议号	贸易国（地区）		运抵国（地区）			指运港	离境口岸
包装种类	件数	毛重（千克）	净重（千克）	成交方式	运费	保费	杂费
随附单证 随附单证 1：　　　　　随附单证 2：							
标记唛码及备注							
项号 商品编号 商品名称及规格 型号 数量及单位 单价/总价/币制 原产国（地区） 最终目的国（地区） 境内货源地 征免							
1							
2							
3							
4							
5							
特殊关系确认：　　价格影响确认：　　支付特许权使用费确认：　　自报自缴：							
报关人员　　报关人员证号　　电话 兹申明以上内容承担如实申报、依法纳税之法律责任 申报单位 申报单位（签章）					海关批注及签章		

第五章
一般进出口货物的报关

知识要求 掌握一般进出口货物的含义，理解一般进出口与一般贸易的区别；掌握报关程序的含义，理解不同类别货物的报关阶段的区别。

技能要求 清楚出口报关业务程序以及注意事项，能够熟练地为一般进出口货物设计报关流程；能够进行电子报关与纸质报关。

关键术语 一般进出口货物；一般贸易；申报；查验；缴税；放行

5-1 一般商品报关业务课件

第一部分 基础知识

一、一般进出口货物的概述

（一）含义

一般进出口货物是指在进出境环节缴纳了应纳的进出口税费并办结了所有必要的海关手续，海关放行后不再进行监管的进出口货物。一般进出口货物进出境后，可以进入流通、生产和消费领域，不再受海关的监管。

（二）特征

一般进出口货物的特征是：应证交证，应税缴税，放行结关。即进出口时提交相关的许可证件，在进出境时缴纳进出口税费，海关放行即办理结关手续。

报关业务中对货物的分类是根据海关监管要求和监管制度的不同而分的。因此，这里的“一般进出口”实际上是指海关的一种监管制度，它与作为国际贸易中交易方式之一的“一般贸易”是不同的。一般贸易货物在进口时可以按“一般进出口”监管制度办理海关手续，这时它就是一般进出口货物；也可以享受减免税优惠，按“减免税”监管制度办理海关手续，这时它就是减免税货物；也可以经海关批准保税，按“保税”监管制度办理海关手续，这时它就是保税货物。

（三）范围

实际进出口的货物，除特定减免税货物外，都属于一般进出口货物的范围。包括10种货物。

1.一般贸易进口货物

2.一般贸易出口货物

3.转为实际进口的保税货物、暂准进境货物或转为实际出口暂准出境货物

4.易货贸易、补偿贸易的进出口货物

5.不准予保税的寄售代销贸易货物

6.承包工程项目实际进出口货物

7.外国驻华商业机构进出口陈列用样品

8.外国旅游者小批量订货出口的商品

9.随展览品进出境的小卖品

10.免费提供的进口货物（商业往来的赠送属于一般进口货物）

(1)外商在经济贸易活动中赠送的进口货物（外国政府免费赠送属于法定减免货物）。

(2)外商在经济贸易活动中免费提供的试车材料等。

(3)我国在境外的企业、机构向国内单位赠送的进口货物。

二、报关程序

（一）报关的基本阶段

报关程序是指进出口货物收发货人、运输工具负责人、物品所有人或其代理人按照海关规定，办理货物、物品、运输工具进出境及相关海关事务的手续和步骤。本章的报关程序仅限于出境货物的报关程序，不涉及进出境物品、进出境运输工具的报关程序。

根据我国《海关法》的规定，进出境货物经过审单、查验、征税、放行四个海关作业环节，即通关。相应地，进出口收、发货人或其代理人应当按程序办理相对应的进出口申报、配合查验、缴纳税费、提取或装运货物等手续，货物才能进出境。

（二）申报

申报是指进出口货物收发货人、受委托的报关企业，依照《海关法》以及有关法律、行政法规的要求，在规定的期限、地点（见表5-1），采用电子数据报关单和纸质报关单形式，向海关报告实际进出口货物的情况，并接受海关审核的行为。

表 5-1　关于申报地点、期限和日期的规定

	申报地点	申报期限	申报日期
进口货物	进境地海关(进入我国关境的第一个口岸)	自装载货物运输工具申报进境之日起 14 天内(期限的最后一天是法定节假日或星期日的,顺延到节假日或星期日后的第一个工作日)。超期3个月由海关变卖处理(运输工具申报进境之日起)。不宜长期保存的货物,根据实际情况随时处理	无论以电子数据报关单方式申报,还是以纸质报关单申报,海关接受申报数据的日期即申报日期 ①采用先电子数据报关单申报,后提交纸质报关单,或仅以电子数据报关单方式申报的,申报日期为海关计算机系统接受申报数据时记录的日期 ②电子数据报关单被退回,重新申报的,申报日期为海关接受重新申报的日期 ③海关已经接受电子数据报关单,送人工审核,需对部分内容进行修改,收发货人修改并重新发送的,申报日期仍为海关原接受申报的日期 ④先纸质报关单申报,后补报电子数据,或只提供纸质报关单申报的,海关工作人员在报关单上做登记处理的日期为海关接受申报的日期
出口货物	出境地海关(离开我国关境的最后一个口岸)	货物运抵海关监管区后、装货的 24 小时前	

1. 申报步骤

申报步骤一般分为:准备申报单证、申报前看货取样(仅对进口货物而言)和申报三个阶段。

(1)申报单证。申报时需要准备的单证如表 5-2 所示 。

表 5-2　申报单证

申报单证	主要单证	报关单	指进出口货物收发货人或其代理人,按照海关规定的格式对进出口货物的实际情况做出书面申明,以此要求海关对其货物按适用的海关制度办理通关手续的法律文书
	随附单证	基本单证	指与进出口货物直接相关的货运单据和商业单据,主要包括:发票、进口提货单、出口装货单、装箱单等
		特殊单证	指按国家有关法律法规规定实行特殊管制的证件,主要包括:进出口许可证、加工贸易登记手册、减免税证明、原产地证明书、外汇收付汇核销单、担保文件等
		预备单证	预备单证是海关在审单、征税的时候需要调阅或者收取备案的。主要包括:贸易合同、进出口企业工商执照等有关证明文件

(2)申报前看货取样。申报前看货取样是为了准确确定进口货物的品名、规格、型号等,便于正确申报。由收货人提出申请,获得书面批准证明,海关派员现场监管。取样后,海关人员及收货人分别在取样记录和取样清单上签字确认。

(3)申报。一般以电子数据申报的方式进行申报,具体可以采用终端申报方式、委托EDI(电子数据交换)方式、自行 EDI 方式和网上申报方式。提交纸质报关单及随附单证的期限是自接到海关“现场交单”或“放行交单”信息之日起 10 日内。

2.电子报关的形式

电子报关是指进出口收发货人或其代理人通过计算机或终端,利用现代通信和网络技术,向海关传送规定格式的报关单电子数据,并根据海关计算机系统反馈的审核及处理结果办理海关手续的申报方式。

报关单电子数据录入方式有4种,前3种方式是目前经常使用的,第4种方式现正在个别海关试行,不久将可能成为电子报关的主要方式。以下是电子申报的4种方式。

(1)终端录入方式。

进出口货物收、发货人或其代理人在海关规定的报关地点委托经海关登记注册的预录入企业使用连接海关计算机系统的计算机终端录入报关单电子数据。

(2)委托EDI方式。

进出口货物收、发货人或其代理人在海关规定的报关地点委托经海关登记注册的预录入企业使用EDI方式录入报关单电子数据。

(3)自行EDI方式。

进出口货物收、发货人或其代理人在本企业办公地点使用EDI方式自行录入报关单电子数据。

(4)网上申报方式。

进出口货物收、发货人或其代理人在本企业办公地点连接因特网,通过“中国电子口岸”自行录入报关单电子数据。

进出口货物收、发货人或其代理人在上述4种方式中任选一种方式,将报关单内容录入海关电子计算机系统,生成电子数据报关单。

进出口货物收、发货人或其代理人在委托录入或自行录入报关单数据的计算机上接收到海关发送的“不接受申报”报文后,应当根据报文提示修改报关单内容后重新申报。一旦接收到海关发送的“接受申报”报文,即表示电子申报成功。

3.修改申报内容或撤销申报

海关接受申报后,申报内容不得修改,报关单证不得撤销。确有正当理由,经海关审核批准,下列情况可以进行修改或撤销:(1)由于报关人员操作或书写错误造成所申报的报关单内容有误,并且未发现有走私违规或者其他违法嫌疑的;(2)出口货物放行后,由于装运、配载等原因造成原申报货物部分或全部退关、变更运输工具的;(3)进出口货物在装载、运输、存储过程中因溢短装、不可抗力的灭失、短缺等原因造成原申报数据与实际货物不符的;(4)根据贸易惯例先行采用暂时价格成交、实际结算时按商检品质认定或国际市场价格付款方式需要修改申报内容的;(5)由于计算机、网络系统等方面原因导致电子数据申报错误;(6)其他特殊情况经海关核准同意的,特殊情况包括海关已经决定布控、查验的以及涉案的进出口货物的报关单位在办结前不得修改或撤销。

4.滞报金

未按规定期限申报，由海关征收滞报金，滞报金按日计征，起始日和截止日均计入滞报期间。计征起始日为运输工具申报进境之日起第 15 日，海关接受申报之日为截止日。注意下列特殊情况：

(1)电子数据申报后，未在规定期限提交纸质报关单，被海关撤单需重新申报产生滞报的，以运输工具申报进境之日起第 15 日为起始日，以海关重新接受申报之日为截止日。

(2)进出口货物收发货人申报并经海关审核，必须撤销原电子数据报关单重新申报产生滞报的，滞报金的征收，以撤销原电子数据报关单之日起 15 日为起始日，以海关重新接受申报之日为截止日。

(3)运输工具申报进境之日起超期 3 个月未向海关申报的，由海关变卖处理，收货人申请发还余款的，要扣除相关的费用(例如仓储费、滞报金等)，滞报金的征收以运输工具申报进境之日起第 15 日为起始日，以该 3 个月期限的最后一日为截止日。

滞报金按日征收金额，为完税价格的 0.5‰征收，以元为单位，不足 1 元的部分免征。起征点为 50 元。滞报金的计征起始日如遇法定节假日，则顺延自其后第一个工作日。

(三)查验

海关查验是指海关根据《海关法》确定进出境货物的性质、价格、数量、原产地、货物状况等是否与报关单上已申报的内容相符，对货物进行实际检查的行政执法行为。海关通过查验，核实有无伪报、瞒报、申报不实等走私、违规行为。同时，也为海关的征税、统计、后续管理提供可靠的资料。海关查验时，进出口货物的收发货人应当到场。

1.海关查验的方式

海关查验的方式一般有五种，具体如表 5-3 所示。海关认为必要时，可以依法对已经完成查验的货物进行复验，即第二次查验。海关复验时，进出口货物的收发货人仍然应当到场。

表 5-3　海关查验的方式

序号	方式	含义
1	开箱查验	将货物从集装箱、货柜车厢等箱体中取出并拆除外包装后对货物实际状况进行验核
2	机检查验	以利用技术检查设备为主，对货物实际状况进行验核
3	外形查验	对外部特征直观、易于判断基本属性的货物的包装、运输标志和外观等状况进行验核
4	抽查	按照一定比例有选择地对一票货物中的部分货物验核实际状况
5	彻底查验	逐件开拆包装，验核货物实际状况

2. 海关查验的要求

(1)货物的收发货人必须到场，并按海关的要求负责办理货物的搬移、拆装箱和重封包装等工作。

(2)海关认为必要时，可以径行开验、复验或者提取货样，货物保管人员应当到场作为见证人。

(3)在海关查验时，报关员应注意做好以下工作。

①报关员在向海关申报前，应对即将申报的进出口货物有一定的了解，对各种单证进行初步的审核，有不清楚或不符合规定的地方应及时向委托人了解或指出。

②海关查验进出口货物时，报关员必须在场，并按照海关的要求负责搬移货物、开拆和重封货物的包装等。

③在海关查验时，随时答复海关查验人员提出的问题或提供海关需要的相关单证，配合海关的查验监管活动。

④海关在查验中发现的走私违规情况，报关员应积极配合海关进行调查。

⑤对要求海关派员到监管区域以外办理海关手续的，要事先向海关办理申请手续。

⑥对海关在查验进出口货物时造成损坏的，报关员应向负责查验的海关提出予以赔偿的要求，并办理有关手续。

3. 查验地点

查验一般在海关监管区内进行。对进出口大宗散货、危险品、鲜活商品、落驳运输的货物，经货物收发货人申请，海关也可同意在装卸作业的现场进行查验。在特殊情况下，经货物收发货人申请，海关可派员到海关监管区以外的地方查验货物。

4. 查验时间

查验时间一般约定在海关正常工作时间内。但是在一些进出口业务繁忙的口岸，海关也可应进出口货物收发货人的请求，在海关正常工作时间以外安排查验作业。

5. 配合查验

海关查验货物时，进出口货物收发货人或其代理人应当到场，配合海关查验。

进出口货物收发货人或其代理人配合海关查验应当做好如下工作：

(1)负责按照海关要求搬移货物，开拆包装，以及重新封装货物；

(2)预先了解和熟悉所申报货物的情况，如实回答查验人员的询问及提供必要的资料；

(3)协助海关提取需要进一步检验、化验或鉴定的货样，收取海关出具的取样清单；

(4)查验结束后，认真阅读查验人员填写的海关进出境货物查验记录单，注意以下情况的记录是否符合实际：

①开箱的具体情况；

②货物残损情况及造成残损的原因；

③提取货样的情况；

④查验结论。

查验记录准确清楚的，配合查验人员应即签名确认。配合查验人员如不签名，海关工作人员在查验记录中予以注明，并由货物所在监管场所的经营人签名证明。

(四)缴纳税费

经海关审核报关单，并查验货物无误后，海关根据申报的货物，计算税费、打印纳税缴款书和收费票据。凭海关签发的缴税通知书和收费单据在限定的时间内向指定银行缴纳税费，或在网上进行电子支付。

(四)提取或装运货物

海关审核了相关的单据，查验了货物，征收了应该要征收的税款后，按规定在报关单上签章(由海关在提货凭证或出口装货凭证上加盖海关放行章；实行"无纸通关"的海关，货物的收发货人根据海关决定放行的信息，自行打印海关通知放行凭证)，盖完章后，货物的收发货人就可以去提取货物或者装运货物了。也就是说，经上述过程后，海关对进出口货物做出结束海关进出境现场监管的决定，允许进出口货物离开海关监管现场，这个工作环节叫作进出境现场放行。

结关是指进出口货物收发货人或者其代理人办结了进出境货物的所有海关手续，结束海关监管，货物进入了流通领域，不再受到海关监管的行为。

放行与结关的关系：

①一般进出口货物，放行后可生产、进入流通领域。放行就是结关。

②保税货物、暂准进口货物、减免税货物，放行并不等于结关。海关在一定时期内还需要进行监管。

三、一般进口货物的通关作业流程

一般进口货物的基本通关作业流程可分为四个阶段(见图 5-1)：申报前准备阶段、正式申报电子数据报关单阶段、现场书面交单阶段和后续管理阶段。

(一)第一阶段　申报前准备阶段

1. 准备单证

准备单证是报关员开始进行申报工作的第一步，是决定整个报关工作能否顺利进行的关键一步。

(1)进口货物的收货人办理报关委托。进口货物的收货人(客户)委托报关企业向海关办理进口货物报关，在货物进口之前，客户应与报关企业签署报关委托书，同时向报关企业提供报关所需要的基本单证、特殊单证、预备单证。

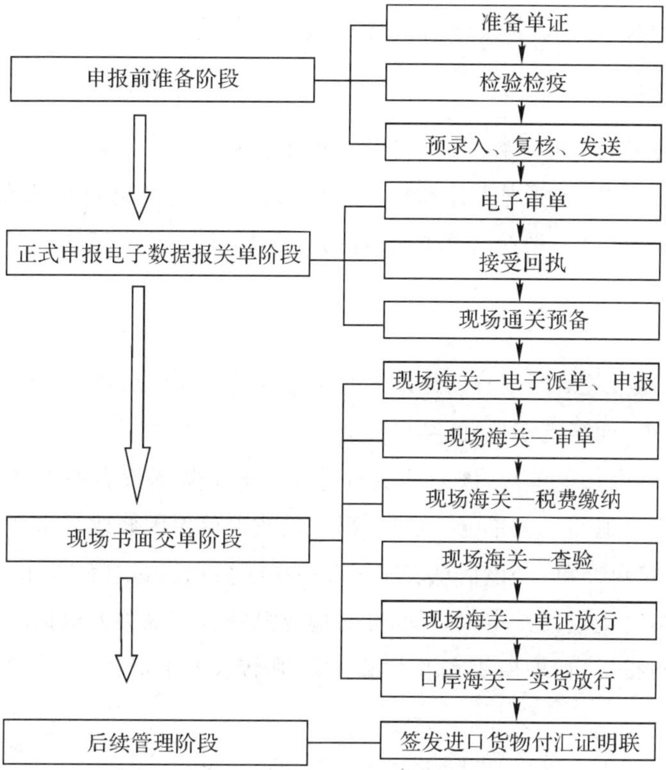

图 5-1 一般进口货物的基本通关作业流程

(2)报关员审核报关单证。报关员在接到报关单证后,要认真审核各种单证是否齐全、有效、合法。对单证不全、有误的应及时和收货人(客户)联系,予以补齐或改正。

(3)报关员填制报关单预录入凭单。报关员根据客户提供的原始单据的信息手工填制报关单预录入凭单各栏目内容。

2. 检验检疫

货物需要检验检疫的,在报关前要向口岸检验检疫机构报检。

3. 预录入、复核、发送

(1)预录入。报关员将填制好的报关单预录入凭单(手填联)自行录入或委托预录入企业录入。预录入完毕后,预录入人员会提供一张打印好的报关单核对联和两联浅蓝色空白的报关单。

(2)复核。报关员将预录入报关单的各栏目内容与报关单录入凭单各栏目内容进行认真核对,同时复核是否与原始单据一致。若有错误及时在计算机上改正。

(3)发送。报关员对预录入报关单审核无误后,在预录入计算机上点击“申报”按钮,(或指示预录入人员)将电子数据发送到海关通关管理处审单中心,向海关 H2000 系统申报。发送成功,计算机会显示“申报成功”。

(二)第二阶段　正式申报电子数据报关单阶段

1.电子审单

审单中心收到报关单电子数据后，利用计算机系统对报关企业及报关员进行资格认证。通过资格认证的报关单，全部进入计算机自动审核程序。海关通过设置在报关大厅的显示屏幕和自助终端、EDI通关系统等手段及时向报关员通报审单等作业环节的处理过程及结果。

2.接受回执

在申报成功后，报关员可到自助终端的海关信息查询系统(H2000系统)查“回执”。

(1)规范性审单(计算机审单)的结果。

①不接受申报(电子退单)。该信息表明报关单电子数据没有通过规范性审核，海关不接受申报。系统自动退回报关单电子数据，报关员按退单原因修改后重新申报。

②接受申报(接单交单)。该信息表明报关单电子数据通过规范性审核，海关接受申报。海关计算机系统自动记录接受申报时间，此时构成海关接受报关人申报的法律行为。

③海关接受申报后，如果需要实施人工审单，则转入人工审核，系统自动对外发布“等待处理”的指令。

(2)专业化审单(人工审单)的结果。

①“现场交单”或“办理放行交单手续”。该信息表明人工审核关员对报关单电子数据进行专业化审单后，确定申报正确且无走私违规嫌疑的可以审结通过。此时报关员办理现场通关预备。

②“退回修改通知”。该信息表明，有申报错误且无走私违规嫌疑，或因海关审价，归类认定后需对原申报数据进行修改的报关单，常规人工审核关员可将报关单电子数据退回，同时说明需修改的内容，此时报关员应按照“需修改内容”进行修改并重新申报。

③“与审单中心联系”。该信息表明审单关员认为报关单所提供的申报信息不能满足审单要求，需要报关员通过电话或传真提供详细资料并说明情况。此时报关员应及时和客户联系，取得相关的资料和情况说明，并送到审单中心。

3.现场通关预备

报关员在收到“现场交单”、“接单交单”回执后应打印纸质报关单，并在报关单右下角的申报单位处加盖报关单位的报关专用章，报关员在左下角签名。将随附单证和报关单按照规定的程序装订好，到海关通关业务现场办理交单、缴纳税费、查验、放行等各项手续。

(三)第三阶段　现场书面交单阶段

海关通过电子派单安排报关的先后顺序，报关员根据所派号码，到相应窗口递交书面材料，办理单证审核手续。

1.审单

海关审核关员经验核报关员的资格后，通过海关计算机系统确认，报关单电子数据是否已经被电子审单或审单中心规范化审单通过。对未通过审单环节的，不予办理接受手续。

海关关员接受纸质报关单及其随附单证并进行“单单（报关单与随附单证）相符”审核、“单机（纸质报关单和报关单电子数据）相符”核对。审核无误的，关员在纸质报关单上签章；对申报价格商品归类等项目需进行复核的进行批注；对报关单证不齐或有差错的且无走私违规嫌疑的，退回给报关员请其补齐所缺单证或重新提供正确单证。

2.税费缴纳

现场接单人员核定税额后，对核对无误的，打印税单、滞报金等税费单证，并加盖印章。同时对外发送通知，要求报关员到海关领取各类税费专用缴款书或专用票据，并缴纳税费。报关员在确认税额后通知客户，由客户持专用缴款书（或委托报关员）在规定的时间内到指定银行缴纳税款，或通过网上支付税款。

税费缴纳完毕后，将银行回执带回现场接单岗位，现场接单人员登录系统，核注税费。

3.查验

如果海关布控查验货物，报关员要带齐单证到现场查验部门办理查验手续。

（1）持查验通知单、报关单备用联、提单场站收据、海运提单、发票、装箱单（复印件），到现场海关查验受理部门办理查验计划（一般当天安排第二天的查验计划），做好查验准备。

（2）报关员到查验现场协助查验，负责搬移货物，开拆和重封货物的包装，当海关对相关单证或货物有疑问时应当负责回答。

（3）查验结束后，报关员应在查验记录单上签名、确认，签名应真实有效；对海关查验过程与结果是否认同应如实填写。

4.单证放行

对不涉及税费、无查验布控指令的报关单（没有现场海关——税费缴纳、现场通关——查验），由现场接单关员对电子报关数据、书面单证及批注情况进行复核，如情况正常，直接办理单证放行手续，在纸质报关单相应位置签署姓名和日期，加盖“验讫章”，同时在进口提货单上加盖“放行章”及“工号章”。

对涉及税费和查验布控指令的报关单，在税费缴纳、查验完毕后，现场放行关员予以放行，在纸质报关单上相应位置签署姓名和日期，加盖“验讫章”，同时在进口提货单上加盖“放行章”及“工号章”。

5.实货放行

在获得运输工具到港信息后，报关员持提货单及报关单备用联交口岸放行部门，根据计算机的提示进行放行处理。如计算机提示“货物未到港”，则不予办理放行手续；如提示“与实卸货物情况不符或未找到实货记录”，海关根据实际情况办理放行手续。对无须实行查验的，海关在处理完计算机操作后即在正本提单上加盖“放行章”，计算机自动将有关实货放行电子信息传送至港区或机场货代，即可办理放行手续。

(四)第四阶段 后续管理阶段

进口货物的收货人办理完毕提取进口货物手续后，需要在银行或国家外汇管理局下属的有关部门办理进口付汇核销的进口货物，报关员应当向海关申请签发进口货物报关单(付汇证明联)。海关现场关员签发后，报关员到海关指定的窗口领取进口付汇证明联。

四、一般出口货物的通关作业流程

一般出口货物的通关作业流程可分为四个阶段(见图 5-2)：单证准备阶段、电子申报阶段、现场交单阶段和后续管理阶段。

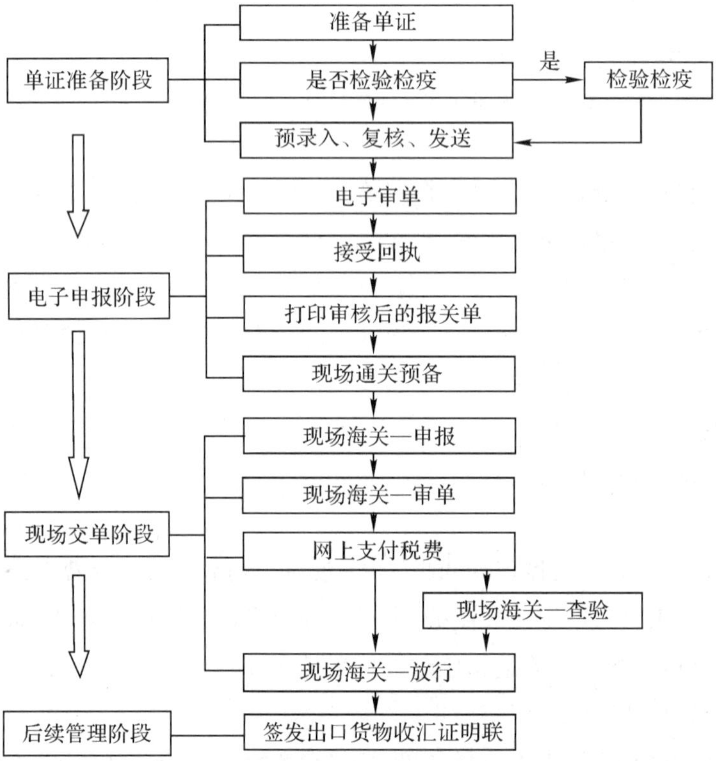

图 5-2 一般出口货物的基本通关作业流程

一般出口货物的通关作业流程从阶段上来说与一般进口货物的通关作业流程极为相似，分为单证准备阶段、电子申报阶段、现场交单阶段和后续管理阶段，其中前两个阶段的具体操作步骤与一般进口货物的通关作业流程相同，在此不再赘述，主要介绍第三、四阶段。

(一)第一阶段　单证准备阶段

同一般进口货物的通关作业流程。

(二)第二阶段　电子申报阶段

同一般进口货物的通关作业流程。

(三)第三阶段　现场交单阶段

1.现场申报

(1)关员复核报关的相关信息。接单现场单证复核关员对电子报关数据、书面单证及批注情况进行复核。海关关员首先验核报关员的报关资格(出示报关员证),验核通过,关员进行现场接单。关员进行接单,审核书面单证。审核书面单证的内容是否"单单(报关单与随附单证)相符"、"单机(报关单与电子数据信息)相符"。

(2)税费缴纳。报关员持海关打印的税费专用缴款书或专用票据到银行缴纳税费,或通过网上支付税款。税费缴纳完毕后,将银行回执带回现场接单岗位,现场接单人员登录系统核注税费。

(3)查验。对海关布控查验货物,报关员要带齐单证到现场查验部门办理查验手续。海关对需要查验的货物实施现场查验。

查验结束后,报关员应在查验记录单上签名、确认。

2.放行

现场关员审核无误后,应结合场站的入货信息进行电子信息放行,同时在装货单或空运单上加盖"放行章",即表明出口报关手续已完成。出口报关完成,场站将货物运至港区或监管仓库,准备装运出口。

(四)第四阶段　后续管理阶段

1.结关证明联的签发

出口货物离境后,船代公司向海关传输出口清洁舱单,海关在核对报关单电子数据与清洁舱单数据一致后,办理结关核销手续。报关员到海关查询系统查询舱单是否已核销,报关单信息将由"已放行"变成"已结关",此时即可签发事后证明联,即出口结关退税核销单、收汇核销单、外汇核销单。同时,海关通过电子通关系统向有关银行和国家外汇管理部门及国家税务机构发送证明联的电子数据。

2.出口货物退税、结汇证明联打印

报关员办理结关手续后,向海关申领出口货物报关单出口收汇证明联和出口货物报关单出口退税证明联,海关即予以打印。

知识点归纳

1. 一般进出口商品的范围
2. 一般进出口商品报关的程序，申报时间、申报地点、单据要求、查验方式等
3. 进口报关的业务操作流程
4. 出口报关业务的操作流程

5-2 实训习题参考答案

第二部分 实训习题

实训习题 1 一般进出口货物的主要申报单据。

类别	名称	单据说明
主要单证	报关单	
随附单据	基本单据	
	特殊单据	
	预备单据	

实训习题 2 2017 年 10 月，宁波某贸易公司对进口的一批液晶电脑显示屏向海关申报，海关予以开箱查验，查验过程中海关工作人员与该贸易公司人员共同失手摔坏了一个液晶电脑显示屏，公司要求海关给予全部赔偿，海关人员拒绝全部赔偿，请问海关的做法对吗？

实训习题 3 宁波某进出口公司出口糖水鸭梨罐头，委托宏利货运代理公司在鄞州海关代为报关，鄞州海关对商品规格产生疑问，于是径行查验，进入货物存放仓库后，要求负责保管该批货物的工作人员随同，检查完毕后要求在检查记录中签字。这种做法对吗？

实训习题 4 宁波高新区某企业从美国进口一批货物，成交价格为 CFR 境内口岸 5000 万美元（兑换率为 1 美元＝6.3 元人民币），已知该企业为进口货物支付的国际运输保险费为 1500 美元，海关于 2017 年 3 月 1 日（星期四）填发了税款缴款书，该公司 2017 年 3 月 28 日缴纳税款。根据业务背景资料，对其后果进行分析是否需要缴纳滞纳金，如果交应交多少？

实训习题 5 宁波力达无线电厂是一家民营企业，该厂向日本一家公司订购了一批冷轧锈钢带，委托宁波天成外贸公司(3122210077)代理进口业务，并于 2011 年 8 月 25 日向宁波海关办理进口报关手续。该公司安排小丽去完成这笔报关业务。海关报关大厅有许多标有不同标志的窗口，比如加工贸易合同备案、预录入、申报、查验、税费缴纳、退税、放行、合同核销等，请为小丽设计具体的报关业务流程。

(1)请为小丽分辨出该票海关监管货物的类型，判断其属于下列哪种货物：一般进出口货物、保税进出口货物、特定减免税货物、暂准进出口货物。

(2)请为小丽设计该票货物的具体报关流程及步骤。

(3)请为小丽填写在办理报关手续时应该准备的报关单证并填写报关单。

<table>
<tr><td colspan="3">Shipper
JJP TRADING CO. , LTD.</td><td colspan="2" rowspan="3">YOKOHAMA TUMLJIMA GUMI CO. , LTD.
B/L NO. YSHI03208
T101227
中国远洋运输(集团)总公司
CHINA OCEAN SHIPPING (GROUP) CO.
CABLE：COSCO BEIJING
TLX:210740 CPC CN
Combined Transport BILL OF LADING</td></tr>
<tr><td colspan="3">Consignee
TO ORDER</td></tr>
<tr><td colspan="3">Notify Party
NINGBO TIANCHENG FOREIGN TRADE CORP.
NO. 321 TIYU ROAD,NINGBO,CHINA</td></tr>
<tr><td colspan="2">Pre-carriage by
YOKOHAMA CFS</td><td colspan="3">Place of Receipt</td></tr>
<tr><td colspan="2">Place of Receipt
YONG AN CHENG
Port of Discharge
NINGBO,CHINA</td><td colspan="3">Port of Loading
YOKOHAMA,JAPAN
Place of Delivery
NINGBO CFS</td></tr>
<tr><td>Container No. Seal No. & Marks & Nos.
N/M</td><td>No.
5 CASES</td><td>Kind of Packages
Description of Goods

STALNLESS STRIP
FREIGHT PREPALD</td><td>Gross Weight

3349kg</td><td>Measurement

1. 305CBM</td></tr>
<tr><td colspan="5">TOTAL NUMBER OF CONTAINERS OR PACKAGES(IN WORDS)
FIVE(5) CASES ONLY</td></tr>
</table>

续表

<table>
<tr><td colspan="2">FREIGHT & CHARGES</td><td>Revenue tons</td><td>Rate</td><td>Prepaid</td><td>Collect</td><td></td></tr>
<tr><td rowspan="2">Ex Rate:</td><td>Prepaid at
TOKYO,JAPAN</td><td colspan="2">Payable at</td><td colspan="3">Place and date of issue
TOKYO,JAPAN AUGZZ,Z011</td></tr>
<tr><td>Total Prepaid</td><td colspan="2">NO. of Original B(s)/L
THREE(3)</td><td colspan="3">Signed for the Carrier</td></tr>
<tr><td colspan="7">LADEN ON BOARD THE VESSEL
Date AUG 22,2011</td></tr>
</table>

INVOICE

<table>
<tr><td colspan="3">JJP TRADING CO., LTD.
13-10, NIHONBASHI-ODENMACHO
CHUO-KU, TOKY0 103,JAPAN</td><td colspan="3">Invoice No. and Date
AUGUST 12,2011
Reference Nos.
1190</td></tr>
<tr><td colspan="3">Sold to
NINGBO TIANCHENG FOREIGN TRADE CORP.
NO. 321 TIYU ROAD,NINGBO,CHINA</td><td colspan="3">Country of Origin
JAPAN</td></tr>
<tr><td colspan="3">Consignee</td><td colspan="3">REMARKS
ISSUING DATE: JUNE 19,2011
L/C NO.: 093LC0400263
EXPIRY DATE: OCTOBER 15,2011
ISSUING BANK: THE AGRICULTURAL BANK OF CHINA,NINGBO BRANCH
CONT NO.: 04YN050-ES0072JP-1</td></tr>
<tr><td colspan="3">Means of Transport and Route
Shipped per On or about
YONG AN CHENG V.348 AUGUST 22,2011
From Via
YOKOHAMA, JAPAN
To
NINGBO,CHINA AUGUST 25,2011</td><td colspan="3">Terms of Payment

BY L/C AT SIGHT</td></tr>
<tr><td>Marks and Numbers</td><td>Number and Kind of Package</td><td>Description of Goods</td><td>Quantity</td><td>UINT PRICE</td><td>AMOUNT</td></tr>
</table>

续表

STAINLESS STEEL STRIP SPEC：JIS G4313 SUS301-CSP-3/4H SIZE：(MM)0.5×300×COIL N/M C/NO. SIZE NET WEIGHT GROSS WEIGHT 1. 0.5×300MMXCOIL 642KG 667KG 2. 0.5×300MMXCOIL 642KG 668KG 3. 0.5×300MMXCOIL 642KG 670KG 4. 0.5×300MMXCOIL 644KG 671KG 5. 0.5×300MMXCOIL 646KG 673KG TOTAL：FIVE(5)CASES 3217KG 3349KG DELIVERY ALLOWANCE：+/−10% PACKING：COIL I. D. ABOUT 300MM COIL WEIGHT ABOUT 1-3KGS/MM IN WIDTH MANUFACTRURER'S STANDARD EXPORT PACKING MANUFACTURER：NIPPON KINZOKU CO.，LTD. JJP TRADING CO.，LTD.

PACKING LIST

JJP TRADING CO.，LTD. 13-10，NIHONBASHI-ODENMACHO CHUO-KU，TOKY0 103，JAPAN	Invoice No. and Date AUGUST 12，2011 Reference Nos. 1190
Sold to NINGBO TIANCHENG FOREIGN TRADE CORP. NO. 321 TIYU ROAD，NINGBO，CHINA	Country of Origin JAPAN
Consignee	REMARKS ISSUING DATE：JUNE 19，2011 L/C NO.：093LC0400263 EXPIRY DATE：OCTOBER 15，2011 ISSUING BANK：THE AGRICULTURAL BANK OF CHINA，NINGBO BRANCH CONT NO.：04YN050-ES0072JP-1

续表

Means of Transport and Route Shipped per On or about YONG AN CHENG V. 348 AUGUST 22,2011 From Via YOKOHAMA, JAPAN To NINGBO, CHINA AUGUST 25,2011			Terms of Payment BY L/C AT SIGHT		
Marks and Numbers	Number and Kind of Package	Description of Goods	Quantity	UINT PRICE	AMOUNT

中华人民共和国海关进口货物报关单

预录入编号： 海关编号： 页码/页数：

境内发货人	出境关别		出口日期			申报日期	备案号
境外收货人	运输方式		运输工具名称及航次号			提运单号	
生产销售单位	监管方式		征免性质			许可证号	
合同协议号	贸易国(地区)		运抵国(地区)			指运港	离境口岸
包装种类	件数	毛重(千克)	净重(千克)	成交方式	运费	保费	杂费
随附单证 随附单证1： 随附单证2：							
标记唛码及备注							
项号 商品编号 商品名称及规格 型号 数量及单位 单价/总价/币制 原产国(地区) 最终目的国(地区) 境内货源地 征免							
1							
2							
3							
4							
5							
特殊关系确认： 价格影响确认： 支付特许权使用费确认： 自报自缴：							
报关人员 报关人员证号 电话 兹申明以上内容承担如实申报、依法纳税之法律责任 申报单位 申报单位(签章)					海关批注及签章		

实训习题 6 宁波君生化工贸易公司(31029×××),代理宁波君生化工有限公司(310225×××)对外签约出口三氯硝基甲烷(无出口税,法定计量单位为千克)。经营单位持有毒化学品出口环境管理放行通知单(代码为 X、证号为 TE050616005),出口农药登记证明(代码 S、证号 CH200511818)和出口许可证(05-AA-701226),于 2011 年 5 月 31 日向海关申报,次日货物出口。发票号 82N3430213。该票货物的合同签订后,客户预付了 10%的货款,同时出口方给予客户 5%的折扣。货物的运输过程是从宁波港装运,目的港是新加坡。

该批货物的配载信息是:

船名:CSCL YANTIAN 0042S

提单号:ZIMU DA 927057

拟开航时间:2011 年 5 月 31 日

该批货物共装运了 9 个 6 米集装箱,1 个 12 米集装箱。其箱号等情况如下:

CONTAINER NO.	SEAL NO.	TYPE	TARE(KG)
CLHU3122339	123456	20′DRY	2275
CLHU3122597	213456	20′DRY	2275
CLHU3122811	314567	20′DRY	2275
CLHU3122827	412356	20′DRY	2275
CLHU3122869	512345	20′DRY	2275
CLHU3122940	61345	20′DRY	2275
CLHU3122961	712345	20′DRY	2275
CLHU3122977	812345	20′DRY	2275
CLHU3122979	912345	20′DRY	2275
CLHU0762612	823456	40′DRY	4080

(1)根据业务背景,模拟化工品的报关操作步骤。

(2)办理有毒化学品出口放行单。

(3)申领该票货物的出口农药登记证明。

(4)申领该票货物的出口许可证。

第六章 保税进出口货物的报关

知识要求 理解保税加工贸易货物和保税物流货物的定义、分类和特征，掌握其不同的海关监管要求和基本通关流程。

技能要求 能够为保税加工贸易货物和保税物流货物报关。

关键术语 保税货物保税加工；保税物流货物；备案；保证金；物理围网；非物理围网；纸质手册；电子手册；电子账册

6-1 保税货物概述课件

第一部分 基础知识

一、保税货物概述

（一）保税货物和保税制度的概念

保税货物是经海关批准未办理纳税手续，在境内储存、加工、装配后复运出境的货物。

保税制度是经海关批准的境内企业所进口的货物，在海关监管下指定境内的场所储存、加工、装配，并暂缓缴纳各种进口税费的一种海关监管业务制度。

（二）保税货物的特征

1. 特定目的

我国《海关法》将保税货物与具有其他目的暂时进口的货物区分开来，将保税货物的进口限两种特定目的，即进行贸易活动的“储存”和“加工制造”。

2. 暂免纳税

保税货物未办理纳税手续进境，属于暂时免税，而不是免税，待货物最终流向确定后，海关再征税或免税。

3.复运出境

复运出境是构成保税货物的重要前提。保税货物未按一般货物办理进口和纳税手续，因此货物必须以原状或加工后产品复运出境。这既是海关对保税货物的监管原则，也是经营者履行的法律义务。

(三)保税货物的分类

保税货物有两种基本形式：保税加工和保税物流货物。

1.保税加工货物

保税加工货物是指经海关批准未办理纳税手续进境，在境内加工、装配后复运出境的货物。

保税加工货物通常被称为加工贸易保税货物。加工贸易保税货物不完全等同于加工贸易货物。加工贸易货物只有经过海关批准才能保税进口。经海关批准准予保税进口的加工贸易货物才是保税加工货物。

加工贸易，即原材料、零部件、元器件、包装物料、辅助材料等从境外进口，在境内加工装配后，成品运往境外的贸易。

加工贸易通常有以下两种形式：

(1)来料加工。

来料加工是指由境外企业提供料件，经营企业不需要付汇进口，按照境外企业的要求进行加工或装配，只收取加工费，制成品由境外企业销售的经营活动。

(2)进料加工。

进料加工是指经营企业用外汇购买料件进口，制成成品后外销出口的经营活动。

2.保税物流货物

保税物流货物是指经海关批准未办理纳税手续进境，在境内进行分拨、配送或储存后复运出境的货物，也称作保税仓储货物。

已办结海关出口手续尚未离境，经海关批准存放在海关保税监管场所或特殊监管区域的货物，带有保税物流货物的性质。

(四)保税货物通关的基本程序

保税货物通关与一般进出口货物不同，它不是在某一个时间上办理进口或出口手续后即完成通关，而是从进境、储存或加工到复运出境的全过程。只有办理了这一整个过程的各种海关手续后，才真正完成了保税货物的通关。保税货物通关基本程序包括合同备案、进口货物、存储或加工后复运出口和核销结案四个环节。

1.合同备案

合同备案是指经营保税货物单位持有关批件、对外签约合同及有关单证向主管海关申请办理合同登记备案手续，海关核准后，签发有关登记手续。合同登记备案是向海关办理的第一个手续，须在保税货物进口前办妥，它是保税业务的开始，也是经营者与海关建立承担法律责任和履行监管职责法律关系的起点。

2.进口货物

进口货物是指已在海关办理合同登记备案的保税货物实际进境时，经营单位或其代理人应持海关核发的该批保税货物的加工贸易登记手册及其他单据，向进境地海关申报，办理进口手续。

3.储存或加工后复运出口

储存或加工后复运出口是指保税货物进境后，应储存于海关指定的场所或交付给海关核准的加工生产企业进行加工制造，在储存期满或加工产品后再复运出境。经营单位或其代理人，应持该批保税货物的加工贸易登记手册及其他单证，向出境地海关申报办理出口手续。

4.核销结案

核销结案是指在备案合同期满或加工产品出口后的一定期限内，经营单位应持有关加工贸易登记手册、进出口货物报关单及其他有关资料，向合同备案地海关办理核销手续，海关对保税货物的进口、储存、加工、使用和出口情况进行核实并确定最终征免税意见后，对该备案合同予以核销结案。这一环节是保税货物整个通关程序的终点，意味着海关与经营单位之间的监管法律关系的最终解除。

6-2 纸质手册管理下保税加工货物报关课件

二、保税加工货物的通关程序

（一）保税加工货物的范围和特征

1.保税加工货物的范围

（1）专为加工、装配出口产品而从国外进口且海关准予保税的原材料、零部件、元器件、包装物料、辅助材料（以下简称料件）。

（2）进口保税料件生产的成品、半成品。

（3）在保税加工生产过程中产生的副产品、残次品、边角料和剩余料件。

2.保税加工货物的特征

（1）料件进口时暂缓缴纳进口关税及进口环节海关代征税，成品出口时除另有规定外无须缴纳关税。

（2）料件进口时除国家另有规定外免予交验进口许可证件，成品出口时凡属许可证件管理的，必须交验出口许可证件。

（3）进出境海关现场放行并未结关。

(二)海关监管措施

海关对保税加工货物的监管模式有两大类:一类是物理围网的监管模式,采用海关特殊监管区域进行监管;另一类是非物理围网的监管模式,采用纸质手册管理或计算机联网监管(见图 6-1)。

所谓物理围网监管,是指在关境内或关境线上,经国家批准设立海关特殊监管区域,企业在物理围网的封闭区域内从事保税加工业务,海关在卡口进行监管的监管方式。

非物理围网的监管模式主要有纸质手册管理和联网监管两种。

纸质手册管理是一种传统的监管方式,主要是用加工贸易纸质手册进行合同内容的备案,凭以进出口,并记录进口料件及出口成品的实际情况,最终凭以办理核销结案手续。这种监管方式在海关对保税加工货物监管中曾经起过相当重要的作用,但随着对外贸易和现代科技的发展,逐渐被联网监管所替代。

联网监管主要是应用计算机手段实现海关对加工贸易企业的监管,建立电子账册或电子化手册,合同备案、料件进口、产品出口、手册核销,全部通过计算机进行。海关管理科学严密,企业通关便捷高效,成为海关对保税加工货物监管的主要模式。这种监管方式又分为两种:一种是针对大型企业的,以建立电子账册为主要标志,以企业为单元进行管理;另一种是针对中小企业的,以建立电子化手册为主要标志,以合同为单元进行管理。

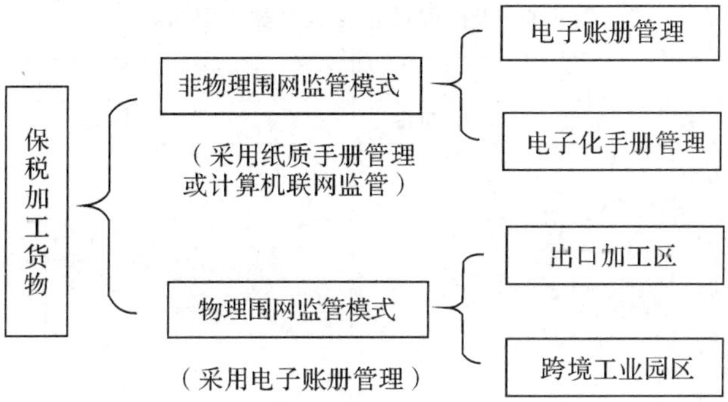

图 6-1　海关对保税加工货物的监管模式

对各种监管模式的保税加工货物的管理,主要可以归纳为以下 5 点:

1. 商务审批

经过商务主管部门审批才能进入向海关备案的程序。

(1)审批加工贸易合同(纸质手册、电子化手册)。

经审批后,凭加工贸易业务批准证书、加工贸易经营企业经营状况和生产能力证明及合同到海关办理备案。

(2)审批加工贸易经营范围(电子账册、电子化手册)。

凭经营范围批准证书和加工贸易经营企业经营状况和生产能力证明到海关申请联网监

管并建立电子账册、电子化手册。

2.备案保税

凡准予备案的加工贸易料件进口时可以暂不办理纳税手续。海关批准货物保税的原则：

(1)合法经营——货物合法、企业合法、证件合法。

(2)复运出境——所有保税货物经加工、装配后应该复运出境，且进出基本平衡。

(3)可以监管——加工环节、进出境环节海关都可以监管。

3.纳税暂缓

保税货物未办理纳税手续进境，属于暂时免纳税费，而不是免税，待货物最终流向确定后，海关再决定征税或免税。由此引出两个问题：

(1)保税加工货物经批准不复运出境，在征收进口关税和进口环节代征税时要征收缓税利息(边角料和特殊监管区域的保税加工货物除外)。

应征缓税利息=应征税额×计息期限×缓税利息率/360

(2)料件进境时未办理纳税手续，适用海关事务担保，手续按加工贸易银行保证金台账制度执行。

台账制度的核心内容是对不同地区的加工贸易企业(AA、A、B、C、D)和加工贸易涉及的进出口商品(禁止、限制、允许类)实行分类管理，对部分企业进口的部分料件征收保证金(见表6-1)。

表6-1　银行保证金台账分类管理内容

<table>
<tr><th colspan="2" rowspan="2">台账分类管理内容</th><th colspan="2">禁止类商品</th><th colspan="2">限制类商品</th><th colspan="2">允许类商品</th></tr>
<tr><th>东部</th><th>中西部</th><th>东部</th><th>中西部</th><th>东部</th><th>中西部</th></tr>
<tr><td rowspan="3">AA类企业</td><td>纸质手册</td><td colspan="2" rowspan="12">不准开展加工贸易</td><td colspan="2" rowspan="6">空转</td><td colspan="2" rowspan="3">不转</td></tr>
<tr><td>电子化手册</td></tr>
<tr><td>电子账册</td></tr>
<tr><td rowspan="3">A类企业</td><td>纸质手册</td><td colspan="2" rowspan="3">空转</td></tr>
<tr><td>电子化手册</td></tr>
<tr><td>电子账册</td></tr>
<tr><td rowspan="3">B类企业</td><td>纸质手册</td><td rowspan="3">实转</td><td colspan="3" rowspan="3">空转</td></tr>
<tr><td>电子化手册</td></tr>
<tr><td>电子账册</td></tr>
<tr><td rowspan="3">C类企业</td><td>纸质手册</td><td colspan="4" rowspan="3">空转</td></tr>
<tr><td>电子化手册</td></tr>
<tr><td>电子账册</td></tr>
<tr><td colspan="2">D类企业</td><td colspan="6">不准开展加工贸易</td></tr>
<tr><td colspan="2">特殊监管区域企业</td><td colspan="2">不准开展加工贸易</td><td colspan="4">不转</td></tr>
</table>

4. 监管延伸

(1)监管地点。

一般进口货物:进境口岸的海关监管场所。

保税货物:运离进境口岸海关场所后,进行加工、装配的地点均是海关监管的地点 。

(2)监管时间。

一般进出口货物:进境起至提取货物止。

保税货物:进境起提取货物后至完成仓储、加工、装配复运出境或办结海关手续之日止。

①准予保税的期限指:经海关批准保税后,在境内储存、加工、装配的时间限制。

②申请核销的期限指:保税货物的经营人,向海关申请核销的最后期限。

表 6-2 准予保税的期限和申请核销的期限

<table>
<tr><th colspan="3" rowspan="2">种 类</th><th colspan="2">期 限</th></tr>
<tr><th>准予保税的期限</th><th>申请核销的期限</th></tr>
<tr><td rowspan="3">非物理围网的监管模式</td><td colspan="2">纸质手册管理</td><td rowspan="2">原则上不超过 1 年,可延长的最长期限原则上也是 1 年</td><td rowspan="2">手册到期之日起或最后一批成品出运后 30 日内报核</td></tr>
<tr><td colspan="2">电子手册管理</td></tr>
<tr><td colspan="2">电子账册管理</td><td>从企业电子账册记录第一批料件进口之日起,到该电子账册被撤销止</td><td>以 180 天为一个报核周期,满 180 天后的 30 天内报核</td></tr>
<tr><td rowspan="2">物理围网的监管模式</td><td rowspan="2">电子账册管理</td><td>出口加工区</td><td rowspan="2">从料件进区,到成品出区办结海关手续止</td><td>180 天为一个报核周期</td></tr>
<tr><td>珠海园区</td><td>每年向海关办理报核手续</td></tr>
</table>

5. 核销结关

保税加工货物(出口加工区除外)要经过海关的核销后才能“结关”。

保税加工货物的核销是非常复杂的工作。保税加工的料件进境后要进行加工、装配,改变原进口料件的形态,复出口的商品不再是原进口的商品。这样,向海关的报核,不仅要确认进出数量是否平衡,而且还要确认成品是否由进口料件生产。在报核的实践中,数量往往是不平衡的。正确处理报核中发生的数量不平衡问题,是企业报核必须解决的问题。

(三)保税加工货物的基本通关程序

保税加工货物的经营过程大致分三个阶段。

第一阶段:料件的进口阶段。企业同外商签订合同后须向海关办理登记备案手续,在货物运抵口岸办理进口手续。

第二阶段:直接加工阶段。进口料件经过加工或装配,生产出所需的制成品。

第三阶段:成品复出口阶段。企业办理货运出口手续,将制成品复运或返销出口。

目前,海关对加工贸易货物监管主要采用常规监管模式。保税加工货物通关的基本程序包括三个阶段、四个环节:合同登记备案(前期阶段)——进口货物——复运出口(进出境阶段)——核销结案(后续阶段)。

保税加工货物的通关涉及从进境、加工或装配到复运出境的全过程，只有办理了这一整个过程的各种海关手续后，才真正完成了保税货物的通关。需要注意的是，加工贸易进出口货物在实际进出口时按一般进出口货物报关的作业流程向海关办理报关手续，但有三点不同：一是加工贸易货物进出口报关时应向海关提供加工贸易登记手册；二是申办银行保证金台账的相关手续；三是来料加工填写的是浅绿色的专用报关单，进料加工填写的是粉红色的专用报关单。

加工贸易货物报关的基本流程如图 6-2 所示。

6-3 电子账册管理下保税加工货物报关课件

(四)电子账册管理下的保税加工货物及其报关程序

电子账册是非物理围网监管模式下主要的管理方式，本章做重点介绍。

1. 电子账册管理简介

(1)含义。

海关对加工贸易企业实施联网监管是指：加工贸易企业通过数据交换平台或者其他计算机网络方式向海关报送能满足海关监管需要的物流、生产经营等数据，海关对数据进行核对、核算，并结合实物进行核查的一种海关保税加工监管方式。

(2)电子账册的建立。

第一个步骤：联网监管的申请和审批

①企业在向海关申请联网监管前，应当先向企业所在地商务主管部门办理前置审批手续，由商务主管部门对加工贸易经营范围依法进行审批。

②经商务主管部门审批同意后，加工贸易企业向所在地直属海关提出书面申请，经审核符合联网监管条件的，主管海关制发海关实施加工贸易联网监管通知书。

第二个步骤：加工贸易业务的申请和审批

向商务主管部门提出，商务主管部门总审定联网企业的加工贸易资格、业务范围和加工生产能力，符合条件的商务主管部门签发联网监管企业加工贸易业务批准证。

第三个步骤：建立商品归并关系和电子账册

①向所在地主管海关申请建立电子账册，取代纸质手册。

②电子账册包括：经营范围电子账册（IT 账册）和便捷通关电子账册（E 账册）。经营范围电子账册不能直接报关，主要是用来检查控制便捷通关电子账册进出口商品的范围。便捷通关电子账册用于加工贸易货物的备案、通关和核销。

③电子账册是在商品归并关系确立的基础上建立起来的，没有商品归并关系就不能建立电子账册。

商品归并关系是指：海关与联网企业根据监管的需要按照中文品名、HS 编码、价格、贸易管制等条件，将联网企业内部管理的“料号级”商品与电子账册备案的“项号级”商品归并或拆分，建立一对多或多对一的对应关系。

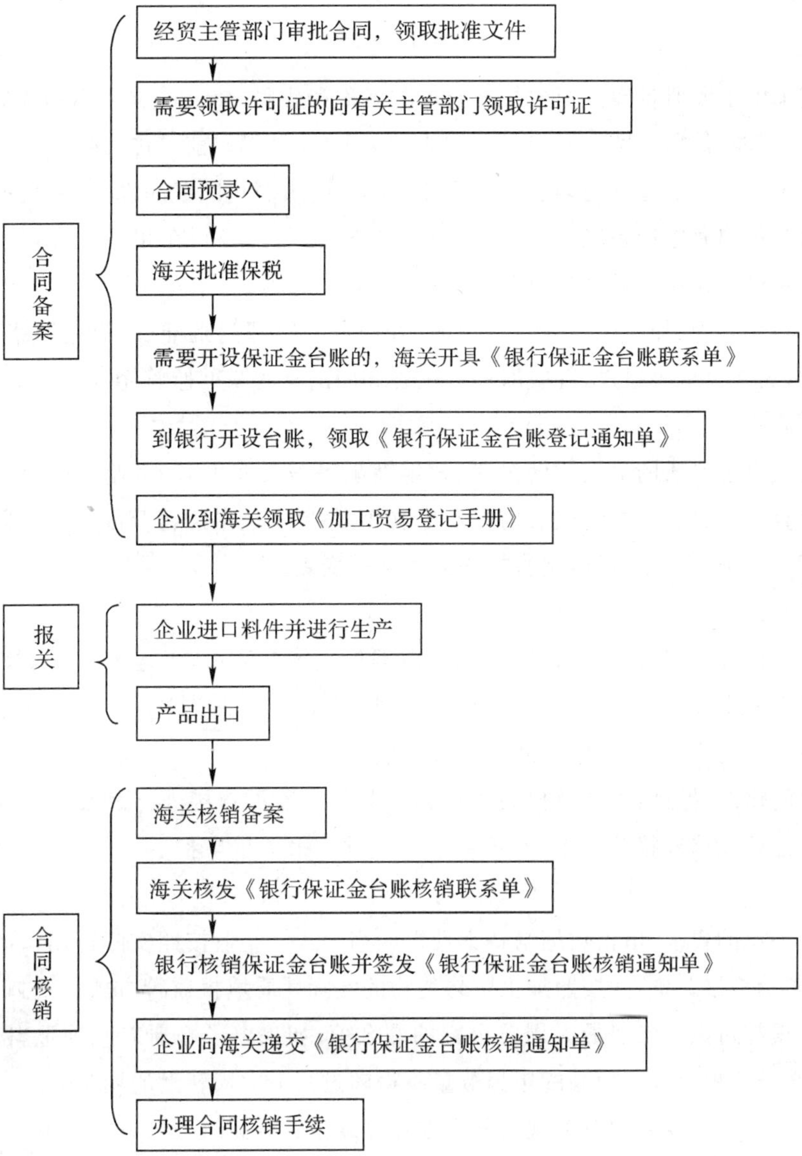

图 6-2　加工贸易货物报关的基本流程

应该同时满足以下条件，才可以归入同一个联网监管商品项号：

①10 位 HS 编码相同的；

②商品名称相同的；

③申报计量单位相同的；

④规格型号虽不同但单价相差不大的。

2. 报关程序

(1)备案。

经营范围电子账册备案内容包括经营单位名称和代码、加工单位名称和代码、批准证件编号、加工生产能力、加工贸易进口料件和成品范围(商品编码前 4 位)。

便捷通关电子账册备案的内容包括企业基本情况表、料件、成品部分、单耗关系。

其他部分可同时申请备案,也可分段申请备案,但料件必须在相关料件进口前备案,成品和单耗关系最迟在相关成品出口前备案。

企业的经营范围、加工能力发生变更时,经商务主管部门批准后,通过网络向海关办理申请变更,海关予以审核通过,并收取商务主管部门出具的联网监管企业加工贸易业务批准证变更证明。

便捷通关电子账册的最大周转金额、核销期限等需要变更时,企业应向海关提交申请,海关批准后直接变更。基本情况表内容发生改变,只要未超出经营范围和加工能力,不必报商务主管部门审批,可以通过网络直接向海关申请变更。

(2)货物报关。

使用企业内部计算机,采用计算机原始数据形成报关清单,报送中国电子口岸,电子口岸将企业报送的报关清单根据归并原则进行归并,并拆分成报关单后发送回企业,由企业填报完整的报关单内容,通过网络向海关正式申报。

报关单的修改、撤销:不涉及报关清单的报关单内容可直接进行修改,涉及报关清单的报关单内容必须先修改报关清单,再重新进行归并。报关单申报后,一律不得修改,必须进行撤销重报。

填制报关单的要求:申报数据与备案数据应当一致。企业按照实际进出口的货号(料件号和成品号)填报报关单,并按照加工贸易货物的实际性质填报监管方式。进口货物报关单的总金额不得超过电子账册最大周转金额的剩余值,如果电子账册对某项下料件的数量进行限制,那么报关单上该项商品的申报数量不得超过其最大周转量的剩余值。

联网企业可根据需要和海关规定分别选择有纸报关或无纸报关方式申报。

(3)报核和核销。

对电子账册实行滚动核销的方式,180 天为一个报核周期,180 天后的 30 天内报核,特殊情况可以延期,但延长期限不得超过 60 天。

①企业报核。

企业在向海关正式申请核销前,在电子账册本次核销周期到期之日起 30 天内,将本核销期限内所有的电子账册进出口报关数据按海关要求的内容以电子报文形式向海关申请报核。企业预报通过海关审核后,以预报核海关核准的报关数据为基础,填报本期保税进口料件应当留存数量、实际留存数量等内容,以电子报文形式向海关正式申请报核。

②海关核销。

海关对书面数据进行核算，确定是否平衡。另外还会根据实际情况盘库。规则如下：

a.报核数据与海关底账数据及盘点数据相符的，海关通过正式审核。海关将本期的结余数作为下一期期初数。

b.企业实际库存多于电子底账核算结果的，海关按实际库存量调整电子底账的当期结余数量。

c.企业实际库存少于电子底账核算结果且可以提供正当理由的，按内销处理。

d.不能提供正当理由的，对短缺部分，移交缉私部门处理。

三、保税物流货物的通关程序

6-4 保税物流货物课件

（一）保税物流货物概述

1.保税物流货物的含义

保税物流货物是指经海关批准未办理纳税手续进境，在境内进行分拨、配送或储存后复运出境的货物，也称作保税仓储货物。已办结海关出口手续尚未离境，经海关批准存放在海关保税监管场所或特殊监管区域的货物，带有保税物流货物的性质。

2.保税物流货物的特征

第一，进境时暂缓缴纳进口关税及进口环节海关代征税，复运出境免税，内销应当缴纳进口关税和进口环节海关代征税，不征收缓税利息。

第二，进出境时除国家另有规定外，免予交验进出口许可证件。

第三，进境海关现场放行不是结关，进境后必须进入海关保税监管场所或特殊监管区域，运离这些场所或区域必须办理结关手续。

3.保税物流货物的范围

保税物流货物包括：

(1)进境经海关批准进入海关保税监管场所或特殊监管区域，保税储存后转口境外的货物；

(2)已经办理出口报关手续尚未离境，经海关批准进入海关保税监管场所或特殊监管区域储存的货物；

(3)经海关批准进入海关保税监管场所或特殊监管区域保税储存的加工贸易货物，供应国际航行船舶和航空器的油料、物料和维修用零部件，供维修外国产品所进口寄售的零配件，外商进境暂存货物；

(4)经海关批准进入海关保税监管场所或特殊监管区域保税的其他未办结海关手续的进境货物。

4. 保税物流货物的管理

海关对保税物流货物的监管模式有两大类（见图 6-3）：一类是非物理围网的监管模式，包括保税仓库、出口监管仓库；另一类是物理围网的监管模式，包括保税物流中心、保税物流园区、保税区、保税港区、综合保税区。

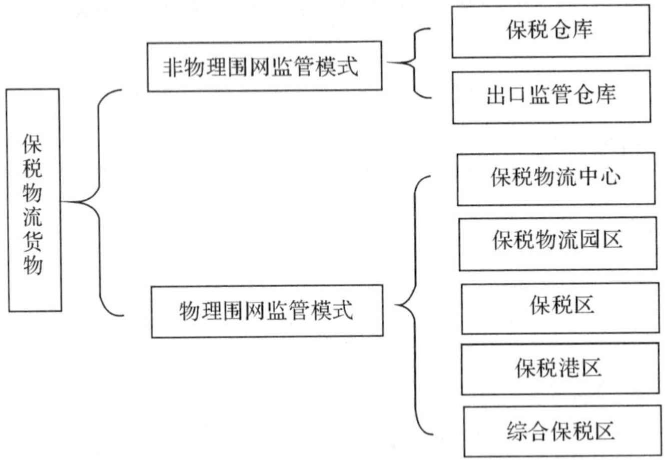

图 6-3　保税物流货物的监管模式

对各种监管形式的保税物流货物的管理，可以归纳为以下 5 点：

（1）设立审批。

保税物流货物必须存放在经过法定程序审批设立的保税监管场所或者特殊监管区域。保税仓库、出口监管仓库、保税物流中心，要经过海关审批，并核发批准证书，凭批准证书设立及存放保税物流货物；保税物流园区、保税区、保税港区要经过国务院审批，凭国务院同意设立的批复设立，并经海关等部门验收合格才能进行保税物流货物的运作。未经法定程序审批同意设立的任何场所或者区域都不得存放保税物流货物。

（2）准入保税。

保税物流货物通过准予进入保税监管场所或特殊监管区域来实现保税。海关对于保税物流货物的监管通过对保税监管场所和特殊监管区域的监管来实现，海关应当依法监管这些场所或者区域，按批准存放范围准予货物进入这些场所或者区域，不符合规定存放范围的货物不准进入。

（3）纳税暂缓。

凡是进境进入保税物流监管场所或特殊监管区域的保税物流货物在进境时都可以暂不办理进口纳税手续，等到运离海关保税监管场所或特殊监管区域时才办理纳税手续，或者征税，或者免税。在这一点上，保税物流监管制度与保税加工监管制度是一致的，但是保税物流货物在运离海关保税监管场所或特殊监管区域征税时不需同时征收缓税利息，而保税加工货物（特殊监管区域内的加工贸易货物和边角料除外）内销征税时要征收缓税利息。

(4)监管延伸。

①监管地点延伸。进境货物从进境地海关监管现场，已办结海关出口手续尚未离境的货物从出口申报地海关现场，分别延伸到保税监管场所或者特殊监管区域。

②监管时间延伸。各类型保税物流货物的监管时间见表6-3。

表6-3 各类型保税物流货物的监管时间

类型	存放保税物流的时间
保税仓库	1年，可申请延长，最长可延长1年
出口监管仓库	6个月，可申请延长，最长可延长6个月
保税物流中心	2年，可申请延长，最长可延长1年
保税物流园区	没有限制
保税区	没有限制
保税港区	没有限制

(5)运离结关。

除暂准运离(维修、测试、展览等)需要继续监管以外，每一批货物运离保税监管场所或者特殊监管区域，都必须根据货物的实际流向办结海关手续。

各种监管形式下的保税物流货物的某些管理要点比较可见表6-4。

表6-4 各种监管形式下的保税物流货物管理要点

监管场所、区域名称	存货范围	储存期限	服务功能	注册资本（不低于）	面积（不低于）		审批权限	入区退税	备注
					东部	中西部			
保税仓库	进口	1年+1年	储存	300万元人民币	公用/维修2000m^2 液体5000m^3		直属海关	否	按月报核
出口监管仓库	出口①	半年+半年	储存/出口配送/国内结转		配送5000m^2 结转1000m^2		直属海关	否②	退换货物先入后出
保税物流中心	进出口	2年+1年	储存/全球采购配送/国内结转/转口/中转③	5000万元人民币	100000m^2	50000m^2	海关总署	是	
保税物流园区	进出口	无期限	存储/全球采购配送/国内结转/转口/中转+商品展示				国务院	是	按年报核
保税区	进出口	无期限	物流园区功能+维修/加工				国务院	否	离境退税
保税港区	进出口	无期限	保税区功能+港口功能				国务院	是	

注：①出口配送型仓库可以存放为拼装出口货物而进口的货物。

②经批准享受入仓即退税政策的除外。

③保税物流中心的经营者不得开展物流业务。

6-5 保税仓报关操作课件

(二)保税仓库及其所存货物的报关程序

1.保税仓库概述

保税仓库是指经海关批准设立的专门存放保税货物及其他未办结海关手续货物的仓库。

保税仓库根据使用对象分为公用型保税仓库和自用型保税仓库两种。

在公用型保税仓库和自用型保税仓库下面衍生出一种专用型保税仓库(包括:液体危险品保税仓库、备料保税仓库、寄售维修保税仓库和其他专用保税仓库)。

2.保税仓库的功能和存放货物的范围

保税仓库的功能单一,就是仓储,而且只能存放进境货物。存放货物的范围包括:

(1)加工贸易进口货物;

(2)转口货物;

(3)供应国际航行的船舶航空器的油料、物料和维修用零部件;

(4)供应维修外国产品所进口寄售的零配件;

(5)外商进境暂存货物;

(6)未办结海关手续的一般贸易进口货物;

(7)经海关批准的其他未办结海关手续的进境货物。

3.保税仓库的设立

保税仓库设立应当要具备的条件:

(1)具有企业法人的资格;

(2)注册资本最低限额为300万元人民币;

(3)具备向海关缴纳税款的能力;

(4)经营特殊许可商品存储的,应当持有规定的特殊许可证件;

(5)经营备料保税仓库的加工贸易企业,年出口额最低为1000万美元;

(6)具有专门存储保税货物的营业场所要达到的条件。

4.保税仓库的管理

(1)保税仓库存储货物的期限为1年,特殊情况经批准可以延长的最长期限不超过1年;特殊情况下,延期后货物存储期超过2年的,由直属海关审批;

(2)保税仓库所存货物是海关监管货物,未经批准并办理相应手续,不得挪作他用;

(3)储存期间发生损毁或灭失,除不可抗力原因外,保税仓库应向海关缴纳损毁、灭失货物的税款,并承担相应的法律责任;

(4)保税仓库不得进行实质性加工(只可进行分类、简单拼装等辅助性简单作业);

(5)仓库经营企业每月5个工作日前,向海关申报上一个月仓库收、付、存情况,由主管海关核销。

5.保税仓库货物报关程序

(1)进仓报关。

保税仓库货物进境入仓时,除国家另有规定外,免领进口许可证件。

如果仓库主管海关与进境口岸不是同一直属海关的,按转关方式来办理,可以按“提前报关转关方式”申报,也可以按“直转转关方式”申报。

如果仓库主管海关与进境口岸是同一直属海关的,经批准,可以不按转关运输方式办理,由经营企业直接在口岸海关办理报关手续,口岸海关放行后,企业自行提取货物入仓。

(2)出仓报关。

保税仓库货物出仓可能出现进口报关(进入国内市场)和出口报关(复运出口)。

出口报关:保税仓库出仓复运出境货物,应当按转关运输方式办理出仓手续。是同一直属海关的,经批准,可以不按转关运输方式办理。

进口报关:转为正式进口的同一批货物,要填制两张报关单,一张办结出仓报关手续,由保税仓库经营企业填制出口货物报关单。另一张办理进口申报手续,按照实际进口监管方式,填制进口货物报关单。进口手续大体分为:

①保税仓库货物出仓用于加工贸易的,由加工贸易企业或其代理人按保税加工货物的报关程序办理进口报关手续。

②保税仓库货物出仓作为特定减免税货物的,由享受特定减免税的企业按特定减免税货物的报关程序办理进口报关手续。

③保税仓库货物出仓进入国内市场,由保税仓库经营企业按一般进口货物的报关程序办理进口报关手续。

④保税仓库内的寄售维修零配件申请以保修期内免费出仓的,由保税仓库经营企业办理进口报关手续,填制进口报关单,贸易方式栏填“无代价抵偿货物”,并确认免税出仓的维修件在保修期内不超过原设备进口之日起3年。

集中报关:保税货物出库批量少批次频繁,经海关批准可以办理定期集中报关手续。

(3)流转报关。

保税仓库与特殊监管区域之间往来流转的货物,按转关运输的有关规定办理,保税仓库与特殊监管区域属于同事直属关区内的,可不按转关运输办理。

保税仓库货物转往其他保税仓库的,应当各自在仓库主管海关报关,报关时先办理进口报关,再办理出口报关。

(三)出口监管仓库及其所存货物的报关程序

1.含义及分类

经过海关批准设立,对已办结海关出口手续的货物进行存储、保税货物配送、提供流通性增值服务的海关专用监管仓库。

分类：出口配送型仓库、国内结转型仓库。

出口配送型仓库：指存储以实际离境为目的的出口货物的仓库。

国内结转型仓库：指存储用于国内结转的出口货物的仓库。

2. 功能

功能也只有仓储，而且只能存放以下出口货物：

(1)一般贸易出口货物；

(2)加工贸易出口货物；

(3)从其他海关特殊监管区域、场所转入的出口货物；

(4)其他已办结海关出口手续的货物。

出口配送型仓库可以存放为拼装出口货物而进口的货物。

3. 设立

(1)申请设立的条件：

①具有企业法人的资格；

②具有进出口经营权和仓储经营权；

③注册资本 300 万元人民币；

④具备向海关缴纳税款的能力；

⑤具有专门存储货物的场所，“出口配送型”面积不低于 5000 平方米，国内结转型仓库不低于 1000 平方米。

(2)申请设立和审批。

应当向仓库所在地主管海关提交书面申请，海关受理、审查，对符合条件的，做出准予设立的决定，并出具批准文件。

(3)验收和运营。

获得批准之日起，1 年内向海关申请验收。

验收合格，经直属海关注册登记并核发中华人民共和国出口监管仓库注册登记证书投入运营。

4. 管理

(1)专库专用、不得转租、转借他人经营，不得下设分库。

(2)如实填写有关单证、仓库账册、业务活动和财务状况，并定期报送主管海关。

(3)储存期限为 6 个月，特殊情况经批准可以延长，延长的期限最长不得超过 6 个月。

(4)出口监管仓库的货物是海关监管货物，未经批准并办理相应手续，不得挪作他用。

(5)储存期间发生损毁，除不可抗力原因外，出口监管仓库应向海关缴纳灭失货物的税款，并承担相应的法律责任。

(6)可以进行流通性增值服务(不能进行实质性加工)。

5.出口监管仓库货物报关程序

(1)进仓报关。

出口货物存入出口监管仓库,发货人或其代理人填制出口货物报关单。按国家规定应当提交出口许可证件和缴纳出口关税的,发货人或其代理人必须提交许可证件和缴纳出口关税。

发货人或其代理人按照海关规定提交报关必需单证和仓库经营企业填制的出口监管仓库货物入仓清单。

对经批准享受入仓即可退税政策的出口监管仓库,海关签发出口货物报关单退税证明联。对不享受入仓即退税政策的出口监管仓库,海关在货物实际离境后签发出口货物报关单退税证明联。

(2)出仓报关。

出口监管仓库货物出仓可能出现出口报关和进口报关两种情况。

出口报关:提交报关必需单证和仓库经营企业填制的出口监管仓库货物出仓清单。

进口报关:出口监管仓库货物转进口的,应当经海关批准,按进口货物的有关规定办理相关手续。

①用于加工贸易的,由加工贸易企业按保税加工货物的报关程序办理进口报关手续。

②作为特定免税货物的,按特定减免税的报关程序办理进口报关手续。

③进入国内市场的货物,按一般进口货物的报关程序办理进口报关手续。

(3)结转报关。

经转入、转出方所在地主管海关批准,并按照转关运输的规定办理相关手续后,出口监管仓库之间,出口监管仓库与保税区、出口加工区、珠海园区、保税物流园区、保税港区、保税物流中心、保税仓库等特殊监管区域和保税监管场所之间可以进行货物流转。

(4)更换报关。

对已存入出口监管仓库因质量等原因要求更换的货物,经仓库所在地主管海关批准,可以进行更换。被更换货物出仓前,更换货物应当先行入仓,并应当与原货物的商品编码、品名、规格型号、数量和价值相同。

(四)保税物流中心

1.含义

保税物流中心,是指经海关总署批准,由中国境内一家企业法人经营,多家企业进入并从事保税仓储物流业务的海关集中监管场所。

2.功能

保税物流中心的功能是保税仓库和出口监管仓库功能的叠加,既可以存放进口货物,可以存放出口货物,还可以开展多项增值服务。

(1)存放货物的范围：

①国内出口货物；

②转口货物和国际中转货物；

③外商暂存货物；

④加工贸易进出口货物；

⑤供应国际航行船舶和航空器的物料、维修用零部件；

⑥供维修外国产品所进口寄售的零配件；

⑦未办结海关手续的一般贸易进口货物；

⑧经海关批准的其他未办结海关手续的货物。

(2)开展业务的范围：

①保税存储进出口货物及其他未办结海关手续货物；

②对所存货物开展流通性简单加工和增值服务；

③全球采购和国际分拨、配送；

④转口贸易和国际中转业务；

⑤经海关批准的其他国际物流业务。

但不得开展以下业务：

①商业零售；

②生产和加工制造；

③维修、翻新和拆解；

④存储国家禁止进出口货物，以及危害公共安全、公共卫生或者健康、公共道德或者秩序的国家限制进出口货物；

⑤存储法律、行政法规明确规定不能享受保税政策的货物；

⑥其他与保税物流中心无关的业务。

3. 设立

(1)保税物流中心的设立。

保税物流中心应当设在靠近海港、空港、陆路枢纽及内陆国际物需求量较大，交通便利，设有海关机构且便于海关集中监管的地方。经营企业需满足以下资格条件：

①经工商行政管理部门注册登记，具有独立的企业法人资格；

②注册资本不低于5000万元人民币；

③具备对中心内企业进行日常管理的能力；

④具有助协海关对进出保税物流中心的货物和中心内企业的经营行为实施监管的能力。

申请设立保税物流中心需满足以下条件：

①符合海关对保税物流中心的监管规划建设要求；

②仓储面积，东部地区不低于10万平方米，中西部地区不低于5万平方米；

③经省级人民政府确认，符合地方发展总体布局，满足加工贸易发展对保税物流的需求；

④建立符合关监管要求的计算机管理系统，提供供海关查阅数据的终端设备，并按照海关规定的认证方式和数据标准，通过“电子口岸”平台与海关联网，以便海关在统一平台上与国税、外汇管理等部门实现数据交换及信息共享；

⑤设置符合海关监管要求的安全隔离设施、视频监控系统等监管、办公设施。

保税物流中心的申请由直属海关受理，报海关总署审批，并由海关总署出具批准申请企业筹建保税物流中心的文件。保税物流中心验收合格后，由海关总署向企业核发保税物流中心验收合格证书和保税物流中心注册登记证书，颁发保税物流中心标牌。保税物流中心在验收合格后方可开展有关业务。

(2)保税物流中心内企业的设立。

企业进入保税物流中心的条件如下：

①具有独立的法人资格或者特殊情况下的中心外企业的分支机构；

②具有独立法人资格的企业注册资本最低限额为500万元人民币，属企业分支机构的，该企业注册资本不低于1000万人民币；

③具备向海关缴纳税款和履行其他法律义务的能力；

④建立符合海关监管要求的计算机管理系统并与海关联网；

⑤在保税物流中心内有专门存储海关监管货物的场所。

企业申请进入保税物流中心应当向所在地主管海关提交书面申请，提供能够证明上述条件已经具备的有关文件。

主管海关受理后报直属海关审批。直属海关对经批准的企业核发中华人民共和国海关保税物流中心企业注册登记证书。

中心内企业需变更有关事项的，由主管海关受理后报直属海关审批。

4.管理

(1)物流中心经营企业应当设立管理机构负责物流中心的日常工作。

(2)物流中心经营企业不得在中心内直接从事保税仓储物流的经营活动。

(3)物流中心内货物保税存储期限为2年，确有正当理由的，经主管海关同意可以予以延期，延期不得超过1年。

(4)经海关批准，可以分批进出货物，月度集中报关，但集中申报不得跨年度办理。

(5)未经海关批准，保税物流中心不得擅自将所存货物抵押、质押或进行其他处置。保税物流中心货物可以在中心内企业之间进行转让、转移，但必须向海关办理相关海关手续。

(6)保税仓储货物在存储期间发生损毁或者灭失的，除不可抗力外，物流中心经营企业向海关缴纳税款，并承担相应的法律责任。

5.保税物流中心进出货物的报关程序

(1)物流中心与境外之间的进出货物报关。

物流中心与境外间进出的货物应在物流中心主管海关办理相关手续。物流中心与不在同一主管海关的,经主管海关批准,可以在口岸海关办理相关手续。物流中心货物出中入关境内的其他地区视同进口,按照货物进入境内的实际流向和实际状态办理进口报关手续;属于许可证件管理的商品,企业应提交许可证件。

物流中心与境外之间进出的货物,除实行出口被动配额管理和我国参加或缔结的国际条约以及国家另有明确规定外,不实行进出口配额、许可证件管理。

从境外进入物流中心内的货物,凡属于规定存放范围内的货物予以保税。

(2)物流中心与境内之间的进出货物报关。

①出中心。

出中心进入关境内其他地区视同进口。按照货物进入境内的实际流向和实际状态填制进口货物报关单,办理进口报关手续。

出中心运往境外填制出口货物报关单,办理出口报关手续。

②入中心。

货物从境内进入物流中心视同出口,办理出口报关手续。如需缴纳出口关税的,应当按照规定纳税;属许可证件管理的商品,还应当向海关出具有效的出口许可证件。

从境内运入保税物流中心的原进口货物,境内发货人应当向海关办理出口报关手续,经主管海关验放;已经缴纳的关税和进口环节海关代征税,不予退还。

从境内运入物流中心已办结报关手续的货物,或者从境内运入物流中心供中心内企业自用的国产设备以及转关出口货物,海关签发出口退税报关单证明联。

从境内运入物流中心的下列货物,海关不签发出口退税报关单证明联:供中心企业自用的生活消费品、交通运输工具;供中心企业自用的各种进口设备;特殊监管区域之间往来的货物。

知识点归纳

1.保税货物的含义、特征、分类和通关的基本程序

2.保税加工货物贸易的范围、特征、海关监管措施、基本通关程序和电子账册管理

3.保税物流货物的含义、特征、范围、管理、监管形式、保税仓库以及海关监管

6-6 实训习题参考答案

第二部分 实训习题

实训习题1 宁波高新区某厂是中外合资企业,他们知道加工贸易项下进口料件,必须专料专用,原则上不得与国内其他的料件串换使用,但现在急需使用国内原材料来顶替进口

原材料加工产品出口，该厂将此事交给出口销售科乔皓办理，问乔皓该如何办理？

实训习题2 东莞A公司和宝安B公司都是加工贸易企业，A公司生产的产品要卖给B公司作料件，以往办理跨关区的“转厂”，手续很烦琐。现在他们选择了福汉兴福物流园保税物流园区办理报关业务：A公司办理东莞至福汉兴福保税物流园货物报关手续视同出境，完成海关监管手续，可以退税，再用B公司的进口报关单证办理货物的进口手续，货物的运输可由国内车辆完成。根据案例，说明保税仓给加工贸易企业带来哪些便利。

实训习题3 无锡长弓电子科技有限公司办理加工贸易纸质手册，进口集成电路芯片，加工生产存储集成电路，加工生产完毕后，成品深加工结转至纪元电子(苏州)有限公司。生产过程中产生的存储集成电路残次品经海关批准后做销毁处理。

纪元电子(苏州)有限公司是一家经海关批准，采用电子账册模式管理的加工贸易联网企业，该企业为承揽该笔加工贸易业务，对便捷通关电子账册的最大周转金额以及成品品种进行了变更，但未超过经营范围和加工能力。纪元公司共进口存储集成电路10000个，出口激光视盘机5000台，每台激光视盘机用1个存储集成电路。但其中的1000台由于质量问题退运。经海关批准内销存储集成电路1000个，激光视盘机1000台。尚剩余部分存储集成电路(生产过程中无损耗)。

根据业务背景资料，请对下列问题做出选择。

(1) 长弓公司和纪元公司办理深加工结转手续的正确程序是(   )。

A. 计划备案——结转报关——收发货登记

B. 计划备案——收发货登记——结转报关

C. 结转报关——计划备案——收发货登记

D. 收发货登记——计划备案——结转报关

(2)关于长弓公司销毁处理存储集成电路残次品，以下表述正确的是(   )。

A. 销毁的存储集成电路残次品须办理纳税手续

B. 销毁的存储集成电路残次品应填制报关单报关

C. 由长弓公司按规定销毁，海关可派员监督

D. 长弓公司应当收取有关部门出具的销毁证明材料，以备报核

(3)下列关于纪元公司变更便捷通关电子账册的表述，正确的是(   )。

A. 变更最大周转金额以及成品品种都须经商务主管部门审批

B. 变更最大周转金额以及成品品种不须经商务主管部门审批

C. 变更最大周转金额不须经商务主管部门审批，变更成品品种须经商务主管部门审批

D. 变更最大周转金额须经商务主管部门审批，变更成品品种不须经商务主管部门审批

(4)纪元公司向海关报核时，账册上的料件量为(　　)。

A. 4000 个　　B. 6000 个　　C. 3000 个　　D. 5000 个

实训习题 4　上海兴兴化工厂(以下简称化工厂)为适应市场需求，实施新增离子膜烧碱技改项目，于 2017 年 6 月与日本 S 公司签订购买离子膜电解成套设备，总金额 12 亿日元。该套设备原计划在 2007 年 12 月到货，由于日本 S 公司已备有现成主体设备，只需配合化工厂的要求再添加部分配件即可满足合同要求，故在合同约定的时间内提早发货，设备于 2017 年 9 月抵达上海港。但此时化工厂的厂房建设工作尚未完工，且该项目免税已报海关正待审批中，还需一定时间才能办妥审批手续。

(1)对于大合同金额未批先到港的减免税货物，如何以最合理的方案处理？

处理方法		利弊分析
1	化工厂采用保证金的形式报关，先缴纳保证金，将设备运到工厂，待免税审批通过后再退保证金	
2	化工厂将设备留在港口，待办妥免税手续后申报进口	
3	化工厂先将设备存入保税仓库，待办妥免税手续并且等厂房竣工后再申报进口	

选择：

理由：

(2)保税货物有哪些特点？该案例中的产品是否符合保税货物的条件？

(3)保税仓库是什么？保税仓库有哪些分类？

(4)哪些货物可以放进保税仓？

(5)入库报关如何操作？

(6)出库报关如何操作？

(7)有哪些注意事项？

实训习题 5　上海某专营进料加工集成电路块出口的外商投资企业 A 公司是适用海关

B类管理的企业。该企业于2017年3月对外签订了主料硅片(非限制类商品)等原材料的进口合同,按合同企业30%加工成品内销,70%加工成品外销,原料4月底交货。6月份与境外商人订立了集成电路块出口合同,交货期为10月底。9月底产品全部储运。作为A公司的报关员,请完成这个进料加工报关业务。

(1)领取外商投资企业履行产品出口合同登记手册手续是怎样的?

(2)怎样办理主料进口报关手续?

(3)怎样办理成品出口报关手续?

(4)如何办理合同核销手续?

实训习题6 一飞科技(深圳)有限公司是一家深圳特区内港资企业,海关注册代码为4403148026,主要生产计算机周边产品,产品100%外销,香港公司为一飞科技(香港)有限公司。2010年8月2日,一飞科技(香港)有限公司接到美国客户LAKE公司的一批订单,订单内容为LAKE公司向一飞科技(香港)有限公司订购数码相机镜头(计算机用)2000PCS,单价为FOB深圳USD4.00,交货日期最晚不得超过2010年12月31日。一飞科技(香港)有限公司将该订单安排给一飞科技(深圳)有限公司负责生产及出口事宜。

2010年9月7日,一飞科技(深圳)有限公司开始着手该订单的生产,因生产需要,有一部分料件由一飞科技(香港)有限公司进行采购,因数量较少,采用自带的方式从罗湖海关入关。一飞科技(香港)有限公司提供的装箱明细见表。

品名规格	数量	总净重	总毛重	件数
单片数字集成电路/线宽>0.35μm	8000PCS			
单片数字集成电路/0.18μm<线宽<0.35μm	2000PCS			
单层双面空白的印刷电路板	2000PCS			
镜头	2000PCS			
插座/国内购买	2000PCS			
		21.2KG	22.2KG	1件

公司备好其他的料件开始生产,生产完成后,2010年11月3日,一飞科技(深圳)有限公

司请广达运输公司负责将货运至香港。负责运输的汽车车牌为粤 ZH037 港，2 吨散货车。试分析：作为该公司报关员，应如何完成报关业务？

(1)取得数码相机镜头(计算机用)的零件表(BOM-bill of material 表)。

序号	工厂编号	品名规格	单位	单价(元)	产地	单耗	损耗
1	1455	单片数字集成电路/线宽>0.35μm	个	0.36	美国	4	0
2	1466	单片数字集成电路/0.18μm<线宽<0.35μm	个	0.17	印尼	1	0
3	1477	单层双面空白的印刷电路板	块	0.22	中国台湾	1	0
4	1488	镜头	个	0.45	日本	1	0
5	1499	插座/国内购买	个	0.05	/	1	0

(2)正确查找商品编码，填写进口料件申请备案清单和产品出口备案清单，列出进口料件数量计算公式。

进口料件数量＝

进口进料申请备案清单

序号	商品编号	规格	商品名称	单位	单价(元)	产地	数量

出口成品申请备案清单

序号	商品编号	商品名称	规格	数量	单位	单价(美元)	总价(美元)	消费国	征免
1		数码相机镜头	计算机用	2000	个	4	8000	美国	全免

(3)办理合同备案，取得加工贸易登记手册。(预录入编号：275989479，海关编号：422720051275989416，手册编号为 C5305430215，合同号为 2010-01，毛重 22.2 公斤，净重 21.2 公斤)

(4)办理料件进口手续，列出注意事项，填写进口报关单。

手续：

注意：

中华人民共和国海关进口货物报关单

预录入编号：　　　　　　　　　　海关编号：　　　　　　　　　　页码/页数：

<table>
<tr><td>境内发货人</td><td colspan="2">出境关别</td><td colspan="3">出口日期</td><td>申报日期</td><td>备案号</td></tr>
<tr><td>境外收货人</td><td colspan="2">运输方式</td><td colspan="3">运输工具名称及航次号</td><td colspan="2">提运单号</td></tr>
<tr><td>生产销售单位</td><td colspan="2">监管方式</td><td colspan="3">征免性质</td><td colspan="2">许可证号</td></tr>
<tr><td>合同协议号</td><td colspan="2">贸易国(地区)</td><td colspan="3">运抵国(地区)</td><td>指运港</td><td>离境口岸</td></tr>
<tr><td>包装种类</td><td>件数</td><td>毛重(千克)</td><td>净重(千克)</td><td>成交方式</td><td>运费</td><td>保费</td><td>杂费</td></tr>
<tr><td colspan="8">随附单证
随附单证 1：　　　　　　　　　　随附单证 2：</td></tr>
<tr><td colspan="8">标记唛码及备注</td></tr>
<tr><td colspan="8">项号 商品编号 商品名称及规格 型号 数量及单位 单价/总价/币制 原产国(地区) 最终目的国(地区) 境内货源地 征免</td></tr>
<tr><td colspan="8">1</td></tr>
<tr><td colspan="8">2</td></tr>
<tr><td colspan="8">3</td></tr>
<tr><td colspan="8">4</td></tr>
<tr><td colspan="8">5</td></tr>
<tr><td colspan="8">特殊关系确认：　　　　价格影响确认：　　　　支付特许权使用费确认：　　　　自报自缴：</td></tr>
<tr><td colspan="6">报关人员　　　　报关人员证号　　　　电话
兹申明以上内容承担如实申报、依法纳税之法律责任
申报单位
申报单位(签章)</td><td colspan="2">海关批注及签章</td></tr>
</table>

(5)办理成品出口手续，列出注意事项，需要提供的资料。(预录入编号:275989479，海关编号:422720051275989416，车号:粤 B21KH20，批准文号:999061423，毛重 74 公斤，净重 70 公斤)

出口流程：

注意事项：

申报所需要资料：

中华人民共和国海关进口货物报关单

预录入编号：　　　　　　　　　　海关编号：　　　　　　　　　　页码/页数：

<table>
<tr><td>境内发货人</td><td colspan="2">出境关别</td><td colspan="3">出口日期</td><td>申报日期</td><td>备案号</td></tr>
<tr><td>境外收货人</td><td colspan="2">运输方式</td><td colspan="3">运输工具名称及航次号</td><td colspan="2">提运单号</td></tr>
<tr><td>生产销售单位</td><td colspan="2">监管方式</td><td colspan="3">征免性质</td><td colspan="2">许可证号</td></tr>
<tr><td>合同协议号</td><td colspan="2">贸易国(地区)</td><td colspan="3">运抵国(地区)</td><td>指运港</td><td>离境口岸</td></tr>
<tr><td>包装种类</td><td>件数</td><td>毛重(千克)</td><td>净重(千克)</td><td>成交方式</td><td>运费</td><td>保费</td><td>杂费</td></tr>
<tr><td colspan="8">随附单证
随附单证 1：　　　　　　　　随附单证 2：</td></tr>
<tr><td colspan="8">标记唛码及备注</td></tr>
<tr><td colspan="8">项号 商品编号 商品名称及规格 型号 数量及单位 单价/总价/币制 原产国(地区) 最终目的国(地区) 境内货源地 征免</td></tr>
<tr><td colspan="8">1</td></tr>
<tr><td colspan="8">2</td></tr>
<tr><td colspan="8">3</td></tr>
<tr><td colspan="8">4</td></tr>
<tr><td colspan="8">5</td></tr>
<tr><td colspan="8">特殊关系确认：　　　　价格影响确认：　　　　支付特许权使用费确认：　　　　自报自缴：</td></tr>
<tr><td colspan="6">报关人员　　　　报关人员证号　　　　电话
兹申明以上内容承担如实申报、依法纳税之法律责任
申报单位
申报单位(签章)</td><td colspan="2">海关批注及签章</td></tr>
</table>

(6)办理合同核销手续，列出注意事项，填写核销单。(核销单编号:999061423)

合同到期后一个月内，将加工贸易登记手册以及该合同所有进出口单据整理并计算核销表，向主管海关核销。经海关批准予以核销的，凭海关签发的台账核销联系单到指定银行办理台账核销手续。

注意事项：

出口收汇核销单

<table>
<tr><td colspan="2">出口收汇核销单
存根
编号：999061423</td><td colspan="5">编号：999061423</td><td colspan="4">出口收汇核销单
出口退税专用
编号：999061423</td></tr>
<tr><td>出口单位：</td><td rowspan="8">出口单位盖章</td><td colspan="5">出口单位：</td><td rowspan="8">出口单位盖章</td><td colspan="3">出口单位：</td></tr>
<tr><td>单位代码：</td><td colspan="5">单位代码</td><td colspan="3">单位代码：</td></tr>
<tr><td>出口币种</td><td rowspan="3">银行</td><td>类别</td><td>币种金额</td><td>日期</td><td>签章</td><td>货物名称</td><td>数量</td><td>币种总价</td></tr>
<tr><td>收汇方式：</td><td rowspan="2"></td><td rowspan="2"></td><td rowspan="2"></td><td rowspan="2"></td><td rowspan="2"></td><td rowspan="2"></td><td rowspan="2"></td></tr>
<tr><td>预计收款日期</td></tr>
<tr><td>报关日期：</td><td colspan="5">海关签注栏</td><td colspan="3">报关单编号：</td></tr>
<tr><td>备注</td><td colspan="5" rowspan="2">外汇局签章
年 月 日</td><td colspan="3" rowspan="2">外汇局签章
年 月 日</td></tr>
<tr><td></td></tr>
</table>

实训习题 7 宁波阵风服装加工企业属于海关 A 类企业，与韩国某企业签订了一批进料加工合同，2016 年 8 月 2 日，以电子申报方式向宁波海关申报进口服装辅料一批，价值 80000 美元，次日收货人向宁波海关提交了纸质报关单。料件进口后，经过 3 个月的加工，成品于 2016 年 11 月返销出口。企业于当日向海关办理了合同核销手续。

(1)在本例的加工贸易合同中，该企业在进口前需要办理台账吗？需要申领登记手册吗？

(2)填写下列表格。

加工贸易保证金台账分类管理

<table>
<tr><td colspan="2" rowspan="2">台账分类管理内容</td><td colspan="2">禁止类商品</td><td colspan="2">限制类商品</td><td colspan="2">允许类商品</td></tr>
<tr><td>东部</td><td>西部</td><td>东部</td><td>西部</td><td>东部</td><td>西部</td></tr>
<tr><td rowspan="3">AA 类企业</td><td>纸质手册</td><td colspan="2" rowspan="12"></td><td colspan="2" rowspan="6"></td><td colspan="2" rowspan="3"></td></tr>
<tr><td>电子化手册</td></tr>
<tr><td>电子账册</td></tr>
<tr><td rowspan="3">A 类企业</td><td>纸质手册</td><td colspan="2" rowspan="3"></td></tr>
<tr><td>电子化手册</td></tr>
<tr><td>电子账册</td></tr>
<tr><td rowspan="3">B 类企业</td><td>纸质手册</td><td rowspan="3"></td><td colspan="3" rowspan="3"></td></tr>
<tr><td>电子化手册</td></tr>
<tr><td>电子账册</td></tr>
<tr><td rowspan="3">C 类企业</td><td>纸质手册</td><td colspan="4" rowspan="3"></td></tr>
<tr><td>电子化手册</td></tr>
<tr><td>电子账册</td></tr>
<tr><td colspan="2">D 类企业</td><td colspan="6"></td></tr>
</table>

(3)该批货物申报日期应该是哪一天?

(4)该批货物加工装配项下用于加工生产返销出口产品的进料是棉花,必须申领进口许可证吗?

(5)加工贸易合同履行完毕后,经营单位应该拿哪些材料到宁波海关办理核销手续?

第七章
其他进出口货物的报关

知识要求　理解转关运输货物、特定减免税货物、暂准进出境货物以及其他进出口货物的含义和范围；掌握这些类型货物的报关程序。

技能要求　能够为转关运输货物、特定减免税货物、暂准进出境货物以及其他进出口货物进行规范的报关业务流程操作。

关键术语　转关运输；特定减免税；暂准进出境；ATA　货样、广告品；进出境快件

第一部分　基础知识

7-1 转关货物课件

一、海关监管货物转关申报程序

（一）转关概述

1. 转关含义

转关是指海关监管货物在海关监管下，从一个海关运至另一个海关办理某项海关手续的行为，包括货物由进境地入境，向海关申请转关，运往另一个设关地点进口报关；货物在起运地出口报关运往出境地，由出境地海关监管出境；已经办理入境手续的海关监管货物从境内一个设关地点运往境内另一个设关地点报关。

2. 转关条件

(1)申请转关应符合的条件：

①转关的指运地和起运地必须设有海关；

②转关的指运地和起运地应当设有经海关批准的监管场所；

③转关承运人应当在海关注册登记，承运车辆符合海关监管要求，并承诺按海关对转关路线范围和途中运输时间所做的限定将货物运往指定的场所。

(2)不得申请转关的货物：

①进口固体废物(废纸除外)；

②进口易制毒化学品、监控化学品、消耗臭氧层物质；

③进口汽车整车，包括成套散件和二类底盘；

④国家检验检疫部门规定必须在口岸检验检疫的商品。

3.转关方式

(1)提前报关转关。

①进口提前报关转关：指进口货物在指运地先申报，再到进境地办理进口转关手续。

②出口提前报关转关：指出口货物在未运抵起运地监管场所前先申报，货物运抵监管场所后再办理出口转关手续。

(2)直转转关。

①进口直转转关：进口货物在进境地海关直接办理转关手续，货物运抵指运地再在指运地海关办理申报手续。

②出口直转转关：出口货物在运抵起运地海关监管场所申报后，在起运地海关办理出口转关手续再到出境地海关办理出境手续的转关。

(3)中转转关。

①进口中转转关：具有全程提运单，需换装境内运输工具的进口中转货物由收货人或其代理人先向指运地海关办理进口申报手续，再由境内的承运人或其代理人批量向进境地海关办理转关手续的转关。

②出口中转转关：持全程提运单，需要换装境内运输工具的出口中转货物由发货人或其代理人先向起运地海关办理出口申报手续，再由境内承运人或其代理人按出境运输工具分列舱单向起运地海关批量办理转关手续，并到出境地海关办理出境手续的转关。

4.转关管理

(1)转关运输的期限。

①直接方式转关的期限。

直转方式转关的进口货物，应当自运输工具申报进境之日起14天内向进境地海关录入转关申报数据，办理转关手续。在海关规定期限内运抵指运地之日起14日，向指运地海关办理报关手续，逾期缴纳滞报金。

②提前报关方式转关的期限。

a.进口转关货物应在电子数据申报之日起5日内，向进境地海关办理转关手续。

b.出口转关货物应于电子数据申报之日起5日内，运抵起运地海关监管场所，办理转关和验放手续。

(2)转关运输申报单证的法律效力。

转关货物申报的电子数据与书面单证具有同等的法律效力。

(二)申报程序

1.进口货物的转关

(1)提前报关的转关。

进口货物收货人或其代理人在进境地海关办理进口货物转关手续前,在指运地海关传送进口货物报关单电子数据,计算机自动生成进口转关货物申报单,传输至进境地海关。

提前报关的转关货物收发货人或其代理人应向进境地海关提供进口转关货物申报单编号,并提交下列单证:

①进口转关运输货物核放单(广东省内公路运输的,提交进境汽车载物清单);

②汽车载货登记簿或船舶监管簿;

③提货单。

提前报关的进口转关货物,进境地海关因故无法调阅进口转关数据时,可以按直转方式办理海关手续。

(2)直转方式的转关。

货物的收货人或其代理人在进境地海关录入转关申报数据,持有关单证直接办理转关手续。提交申报单据如下:

①进口转关运输货物申报单(广东省内公路运输的,提交进境汽车载物清单);

②汽车载货登记簿或船舶监管簿。

(3)中转方式的转关(中转方式的进口转关一般采用提前报关转关)。

①具有全程提运单,需换装境内运输工具的中转转关货物,其收货人或代理人向指运地海关办理进口报关手续。

②电子数据申报之日起5日内由承运人向进境地海关提交进口转关货物申报单、进口货物中转通知书、运输工具纸质舱单(空运方式提交联程舱单)。

2.出口货物的转关

(1)提前报关的转关。

发货人或代理人在货物运抵起运地海关监管场所前,先向起运地海关传送出口货物报关单电子数据,由起运地海关提前受理电子申报,生成出口转关货物申报单数据,传输至出境地海关。

所需单证:

①出口货物报关单;

②汽车载货登记簿或船舶监管簿;

③广东省内公路运输的,提交出境汽车载货清单。

运抵出境地,办理出境手续,要提交的单证:

①起运地海关签发的出口货物报关单;

②出口转关货物申报单;

③汽车载货登记簿或船舶监管簿。

(2)直转方式的转关。

发货人或代理人在货物运抵起运地海关监管场所后(进入报关程序),向起运地海关申报录入出口货物报关单电子数据,由起运地海关提前受理电子申报,生成出口转关货物申报单数据,传送到出境地海关。

在起运地办理转关手续,所需单证:

①出口货物报关单;

②汽车载货登记簿或船舶监管簿;

③广东省内运输的出境汽车,提交出境汽车载货清单。

货物到达出境地时,办理出境手续所需单证:

①出口货物报关单;

②出口转关货物申报单;

③汽车载货登记簿或船舶监管簿。

(3)中转方式的转关。

具有全程提运单、需换装境内运输工具的出口中转转关货物,其发货人或代理人向起运地海关办理出口报关手续后,由承运人或其代理人向起运地海关传送并提交出口转关货物申报单及其他单证,向起运地海关办理货物出口转关手续。

起运地海关核准后,签发出口货物中转通知书,承运人或其代理人凭此到出境地海关办理中转货物的出境手续。

3.境内监管货物的转关

(1)提前申报转关。

由转入地货物收货人,向转入地海关提前录入进口货物申报单电子数据报关,生成进口转关货物申报单,并将电子数据传输到转出地海关。然后,收货人向转出地海关办理转关手续,所需单据:进口转关货物核放单、汽车载货登记簿或船舶监管簿。

(2)直接转关。

转入地货物收货人在转出地海关录入转关申报数据,直接向转出地海关办理转关手续。

货物运抵转入地后,转入地货物收货人向转入地海关办理货物的报关手续。

7-2 减免税货物报关课件

二、特定减免税货物的报关程序

(一)含义

特定减免税货物是指海关根据国家的政策规定准予减免税进口使用于特定地区、特定企业、特定用途的货物。

特定地区是指我国关境内由行政法规规定的某一特别限定区域,享受减免税优惠的进口货物只能在这一特别限定的区域内使用。

特定企业是指由国务院制定的行政法规专门规定的企业，享受减免税优惠的进口货物只能由这些专门规定的企业使用。

特定用途是指国家规定可以享受减免税优惠的进口货物只能用于行政法规专门规定的用途。

（二）特征

特定减免税货物有以下特征：

1.特定条件下减免进口关税

特定减免税是我国关税优惠政策的重要组成部分，是国家无偿向符合条件的进口货物使用企业提供的关税优惠，其目的是优先发展特定地区的经济，鼓励外商在我国的直接投资，促进国有大中型企业和科学、教育、文化、卫生事业的发展。因而，这种关税优惠具有鲜明的特定性，只能在国家行政法规规定的特定条件下使用。

2.进口申报应当提交进口许可证件

特定减免税货物是实际进口货物。按照国家有关进出境管理的法律法规，凡属于进口需要交验许可证件的货物，收货人或其代理人都应当在进口申报时向海关提交进口许可证件。

3.进口后在特定的海关监管期限内接受海关监管

进口货物享受特定减免税的条件之一就是在规定的期限，使用于规定的地区、企业和用途，并接受海关的监管。特定减免税进口货物的海关监管期限按照货物的种类各有不同。特定减免税货物的海关监管期限：船舶、飞机，8年；机动车辆，6年；其他货物，5年。监管期限自货物进口之日起计算。

（三）报关程序

特定减免税货物的报关程序大体有减免税备案和审批、进口报关、后续处置和解除监管3个阶段。

1.减免税备案和审批

减免税申请人向投资项目所在地海关申请办理减免税备案、审批手续。投资项目所在地涉及多个海关的，可以向其所在地海关或者有关海关的共同上级海关申请办理减免税备案、审批手续。由共同上级海关指定相关海关办理减免税备案、审批手续。

（1）减免税备案。

减免税申请人到主管海关办理减免税备案手续，海关对申请享受减免税优惠政策的减免税申请人进行资格确认，对项目是否符合减免税政策要求进行审核并确定项目的减免税额度等事项。

(2)减免税审批。

减免税备案后,货物进口前,减免税申请人应当持以下单证向主管海关申领减免税证明:

①进出口货物征免税申请表;

②企业营业执照或者事业单位法人证书、国家机关设立文件、社团登记证书、民办非企业单位登记证书、基金会登记证书等证明材料;

③进出口合同、发票及相关货物的产品情况资料;

④相关政策规定的享受进出口税收优惠政策资格的证明材料;

⑤海关认为需要提供的其他材料。

主管海关审核,确定其所申请货物的免税方式,符合的签发进出口货物征免税证明,有效期一般为6个月,如遇情况特殊,可申请延长,延长的最长期限为6个月。征免税证明实行"一份证明只能验放一批货物"的原则,即一份征免税证明上的货物只能在一个进口口岸一次性进口。

2.进口报关

政策性减免税货物进口报关程序,可参见一般进出口货物的报关程序中的有关内容。进口时除了向海关提交报关单及随附单证以外,还应当提交进出口货物征免税证明。填制报关单时,报关单上的备案号一栏要填写进出口货物征免税证明的12位编号。

3.特定减免税货物的后续处置和解除监管

(1)后续处置。

在海关监管年限内,减免税申请人改变了当初的使用用途,这样就存在后续处置,后续处置的具体内容见表7-1。

表7-1 特定减免税货物的后续处置

改变情形	后续处置
变更使用地点	减免税货物需要移出主管海关管辖地使用的,向主管海关申请办理异地监管手续,经主管海关审核同意并通知转入地海关后,才可将减免税货物运至转入地海关管辖地
结转	转出、转入减免税货物的申请人应当分别向各自的主管海关申请办理减免税货物的出口、进口报关手续;先转出,再转入
改变情形	后续处置
转让	应当事先向减免税申请人主管海关申请办理减免税货物补缴税款和解除监管手续
移作他用	应当事先向主管海关提出申请,经海关批准,方可移作他用,减免税申请人应当按照移作他用的时间补缴相应税款
变更	减免税申请人发生分立、合并、股东变更、改制等变更情形的,须自营业执照颁发之日起30日内,向主管海关汇报。可能补征税款,可能继续享受减免税待遇,视情形而定
终止	因破产、改制或者其他情形导致减免税申请人终止,没有承受人的,应当自资产清算之日起30日内向主管海关申请办理减免税货物的补缴税款和解除监管手续
退运境外	需退运出境的货物,应当报主管海关核准;退运出境后,持出口报关单向主管海关办理原进口减免税货物的解除监管手续
贷款抵押	只能向金融机构抵押贷款,须提供担保,并经主管海关同意

(2)解除监管。

解除监管分为自动解除监管、期满申请解除监管和期内申请解除监管三类。

①自动解除监管。减免税货物监管期届满时,减免税申请人不必向海关申请领取减免税进口货物解除监管证明,有关减免税货物自动解除监管,可以自行处置。

②期满申请解除监管。减免税货物监管期届满时,减免税申请人需要海关出具解除监管证明的,可以自监管年限届满之日起 1 年内,持有关单证向海关申请领取《中华人民共和国海关进口减免税进口货物解除监管证明》。

③期内申请解除监管。在海关监管年限内的进口减免税货物,减免税申请人书面申请提前解除监管的,应当向主管海关申请办理补缴税款和解除监管手续。按照国家有关规定在进口时免予提交许可证件的进口减免税货物,减免税申请人还应当补交有关许可证件。

三、暂准进出境货物的报关程序

7-3 暂准进出境货物报关课件

(一)暂准进出境货物概述

1. 概念和范围

暂准进出境货物指为了特定的目的经海关批准,暂时进境或者暂时出境,并在规定的期限内原状复运出境或复运进境的货物。

暂准进出境货物分为两大类。

第一大类:经海关暂时进境或者出境,缴纳保证金,在规定的期限内,复运出境或者复运进境的货物。包括:

①在展览会、交易会、会议及类似活动中展示或者使用的货物;

②文化、体育交流活动中使用的表演、比赛用品;

③进行新闻报道或者摄制电影、电视节目使用的仪器、设备及用品;

④开展科研、教学、医疗活动使用的仪器、设备及用品;

⑤上述 4 项所列活动中使用的交通工具及特种车辆;

⑥货样;

⑦慈善活动使用的仪器、设备及用品;

⑧供安装、调试、检测设备时使用的仪器、工具;

⑨盛装货物的容器;

⑩旅游用自驾交通工具及其用品;

⑪工程施工中使用的设备、仪器及用品;

⑫海关批准的其他暂准进出境货物。

上述 12 项暂准进出境货物按照我国的监管方式可以归类为:

①使用 ATA 单证册报关的暂准进出境货物,主要包括使用 ATA 单证册的上述第 1 项货物;

②不使用ATA单证册报关的展览品，主要是指不使用ATA单证册的上述第1项货物；

③集装箱箱体，主要指上述第9项货物中的暂准进出境集装箱箱体；

④其他暂准进出境货物，主要指上述12项货物中除①②项监管方式外的其他货物。

第二大类：按货物的完税价格和其在境内滞留时间与折旧时间的比例计算，按月或者在规定期限内货物复运出境或者复运进境时征收进出口税的暂准进出境货物。

2.特征

(1)有条件的暂免进出口税费(但须向海关提供担保)。

(2)免于提交许可证件，但涉及公共道德、公共安全、公共卫生的货物提交许可证件的义务不能免除。

(3)货物在规定的期限(6个月)内应原状复运出境。

(4)根据货物实际使用情况向海关办理核销结关手续。

(二)暂准进出境货物报关程序

1.使用ATA单证册报关的暂准进出境货物

(1)ATA单证册概述。

①ATA单证册的含义。ATA单证册是暂准进口单证册的简称(法语为“Admission Temporarire”，英语为“Temporary”)。暂准进口单证册是世界海关组织在有关条约中规定使用的，用于替代各缔约方海关暂准进出口货物报关单和税费担保的国际性通关文件，有效期一年。在我国，使用ATA单证册的范围仅限于展览会、交易会、会议及类似活动项下的货物。

②ATA单证册的格式。一份ATA单证册一般由8页ATA单证组成：一页绿色封面单证、一页黄色出口单证、一页白色进口单证、一页白色复出口单证、两页蓝色过境单证、一页黄色复进口单证、一页绿色封底。

④ATA单证册的管理。ATA单证册的担保协会和出证协会一般是国际商会国际局和各国海关批准的各国国际商会。中国国际商会是ATA单证册的出证和担保机构。海关总署在北京海关设立ATA核销中心，对ATA单证册的进出境凭证进行核销、统计及追索。

⑤ATA单证册的延期审批。使用ATA单证册报关的货物暂准进出境期限为自货物进出境之日起6个月。超过6个月的，ATA单证册持证人可以向海关申请延期。延期最多不超过3次，每次延长期限不超过6个月。延长期届满应当复运出境、进境或者办理进出口手续。

(2)报关程序。

适用ATA单证册的暂准进出境货物的申报：

①进境申报。进境货物收货人或其代理人持ATA单证册向海关申报进境展览品时，先

在海关核准的出证协会即中国国际商会以及其他商会，将ATA单证册上的内容预录入海关与商会联网的ATA单证册电子核销系统，然后向展览会主管海关提交纸质ATA单证册、提货单等单证。

海关在白色进口单证上签注，并留存白色进口单证（正联），退还其存根联和ATA单证册其他各联给货物收货人或其代理人。

②出境申报。出境货物发货人或其代理人持ATA单证册向海关申报出境展览品时，向出境地海关提交国家主管部门的批准文件、纸质ATA单证册、装货单等单证。

海关在绿色封面单证和黄色出口单证上签注，并留存黄色出口单证（正联），退还其存根联和ATA单证册其他各联给出境货物发货人或其代理人。

③过境申报。过境货物承运人或其代理人持ATA单证册向海关申报将货物通过我国转运至第三国参加展览会的，不必填制过境货物报关单。海关在两份蓝色过境单证上分别签注后，留存蓝色过境单证（正联），退还其存根联和ATA单证册其他各联给运输工具承运人或其代理人。

④担保和许可证件。持ATA单证册向海关申报进出境展览品，不需向海关提交进出口许可证件，也不需另外再提供担保。但如果进出境展览品及相关货物受公共道德、公共安全、公共卫生、动植物检疫、濒危野生动植物保护、知识产权保护等限制的，展览品收发货人或其代理人应当向海关提交进出口许可证件。

⑤ATA单证册印刷文字与申报文字。ATA单证册必须使用英语或法语，如果需要，也可以同时使用第三种语言印刷。我国海关接受中文或英文填写的ATA单证册的申报。用英文填写的ATA单证册，海关可要求提供中文译本。用其他文字填写的ATA单证册，则必须提供忠实于原文的中文或英文译本。

⑥使用ATA单证册报关的暂准进出境货物的结关。持证人在规定期限内将进境展览品、出境展览品复运出境、复运进境，海关在白色复出口单证和黄色复进口单证上分别签注，留存单证（正联），退还其存根联和ATA单证册其他各联给持证人，正式核销结关。

持证人不能按规定期限将展览品复运进出境的，我国海关向担保协会即中国国际商会提出追索。

2.不使用ATA单证册的展览品

(1)进出境展览品的范围。

进境展览品包含在展览会中展示或示范用的货物、物品、为示范展出的机器或器具所需用的物品、展览者设置临时展台的建筑材料及装饰材料、供展览品做示范宣传用的电影片、幻灯片、录像带、录音带、说明书、广告、光盘、显示器材等。

特殊规定：

①展览用品中的酒精饮料、烟草制品及燃料不适用有关免税的规定。

②展览会期间出售的小卖品，属于一般进口货物范围；进口时应当缴纳进口关税和进口

环节代征税，属于许可证件管理的商品，应当交验许可证件。

出境展览品包括展览品，以及与展览活动有关的宣传品、布置品、招待品及其他办公用物品。与展览活动有关的小卖品、展卖品，可以按展览品报关出境；不按规定期限复运进境的办理一般出口手续，交验出口许可证件，缴纳出口关税。

(2)展览品的暂准进出境期限。

进口展览品的暂准进境期限是6个月，即自展览品进境之日起6个月内复运出境。如果需要延长复运出境的期限，应当向主管海关提出申请。经批准可以延长，延长期限最长不超过6个月。

出口展览品的暂准出境期限为自展览品出境之日起6个月内复运进境。如果需要延长复运进境的期限，应当向主管海关提出申请。

(3)展览品的进出境申报。

①进境申报。展览品进境之前，展览会主办单位应当将举办展览会的批准文件连同展览品清单一起送展出地海关，办理登记备案手续。

展览品进境申报手续可以在展出地海关办理。从非展出地海关进口的，可以申请在进境地海关办理转关运输手续，将展览品在海关监管下从进境口岸转运至展览会举办地主管海关办理申报手续。

展览会主办单位或其代理人应当向海关提交报关单、展览品清单、提货单、发票、装箱单等。展览品中涉及检验检疫等管制的，还应当向海关提交有关许可证件。

展览会主办单位或其代理人应当向海关提供担保。

海关一般在展览会举办地对展览品开箱查验。

②出境申报。展览品出境申报手续应当在出境地海关办理。在境外举办展览会或参加国外展览会的企业应当向海关提交国家主管部门的批准文件、报关单、展览品清单一式两份单证。

展览品属于应当缴纳出口关税的，向海关缴纳相当于税款的保证金；属于核两用品及相关技术的出口管制商品的，应当提交出口许可证。

海关对展览品开箱查验，核对展览品清单。查验完毕，海关留存一份清单，另一份封入“关封”交还给出口货物发货人或其代理人，凭以办理展览品复运进境申报手续。

(4)进出境展览品的核销结关。

①复运进出境。进境展览品按规定期限复运出境，出境展览品按规定期限复运进境后，海关分别签发报关单证明联，展览品所有人或其代理人凭此向主管海关办理核销结关手续。

展览品未能按规定期限复运进出境的，展览会主办单位或出国举办展览会的单位应当向主管海关申请延期，在延长期内办理复运进出境手续。

②转为正式进出口。进境展览品在展览期间被人购买的，由展览会主办单位或其代理人向海关办理进口申报、纳税手续，其中属于许可证件管理的，还应当提交进口许可证件。

出口展览品在境外参加展览会后被销售的，由海关核对展览品清单后要求企业补办有关正式出口手续。

③展览品放弃或赠送。展览会结束后，进口展览品的所有人决定将展览品放弃，交由海关处理的，由海关变卖后将款项上缴国库。有单位接受放弃的展览品的，应当向海关办理进口申报、纳税手续。

展览品的所有人决定将展览品赠送的，受赠人应当向海关办理进口手续，海关根据进口礼品或经贸往来赠送品的规定办理。

④展览品毁坏、丢失、被窃。展览品因毁坏、丢失、被窃等原因，而不能复运出境的，展览会主办单位或其代理人应当向海关报告。对于毁坏的展览品，海关根据毁坏程度估价征税；对于丢失或被窃的展览品，海关按照进口同类货物征收进口税。

展览品因不可抗力遭受损毁或灭失的，海关根据受损情况，减征或免征进口税。

四、进出口货样、广告品通关程序

(一)概述

1.含义

货样:专供订货参考的进出口货物样品。

广告品:用以宣传有关商品的进出口广告宣传品。

2.分类

(1)货样广告品A:有进出口经营权的企业价购或价售的货样、广告品。

(2)货样广告品B:没有进出口经营权的企业(单位)进出口及免费提供进出口的货样、广告品。

3.免征税范围

进出口无商业价值的货样和广告品准予免征关税和进口环节海关代征税，其他进出口货样和广告品一律照章征税。

(二)报关手续

进出口货样、广告品的报关程序除暂准进出境的货样、广告品外只有进出口报关阶段的4个环节，即申报、配合查验、缴纳税费、提取或装运货物。其要点如下：

1.证件管理

(1)非许可证件管理的货样、广告品。

①有进出口经营权企业，进口属于非许可证件管理的货样、广告品，凭经营权向海关申报。

②没有进出口经营权企业进口数量合理且价值在人民币1000元以下的非许可证件管

理的货样、广告品，凭司局级以上单位证明向海关申报。数量不合理或价值在人民币1000元以上的，凭省级商务主管部门的审批证件向海关申报。

(2)属于许可证件管理的货样、广告品，凭进口许可证向海关申报。

(3)进口货样、广告品属自动进口许可管理的机电产品和一般商品，每批次价值在人民币5000元以下，免领自动进口许可证(旧机电产品除外)。

(4)出口货样每批次货值人民币3万元以下免领出口许可证。两用物项和技术的货样或试验用样品不能免两用物项和技术出口许可证。

(5)列入《法检目录》范围内的进出口货样、广告品，凭货物报关地出入境检验检疫局签发的出入境货物通关单向海关申报。

2.税收管理

进出口货样、广告品经海关审核数量合理且每次总值在人民币400元及以下的，免征关税和进口环节海关代征税。每次总值在人民币400元以上的，征收超出部分的关税和进口环节海关代征税。

五、进出境快件通关程序

(一)快件概述

1.含义

进出境快件：指进出境快件运营人，以向客户承诺的快速的商业运作方式承揽、承运的进出境的货物、物品。

进出境快件运营人：指在中华人民共和国境内依法注册在海关备案登记的从事进出境快件运营业务的国际货物运输代理企业。

2.分类

文件类快件：根据规定予以免税的无商业价值的文件、单证、单据及资料。

个人物品类：法律法规规定自用、合理数量范围内的进出境旅客分离运输行李物品。

货物类：除前两类货物以外的进出境快件。

(二)进出境快件的报关程序

(1)申报时间：海关正常办公时间。

(2)申报方式：采用纸质文件方式和电子数据交换方式向海关办理进出境快件的报关手续。

(3)申报的时间：进境快件应当自运输工具申报进境之日起14日内；出境快件在运输工具离境3小时之前，向海关申报。

(4)申报单证。

①进出境文件类：填写KJ1报关单、总运单副本和海关需要的其他单证。

②进出境个人物品类：填写个人物品报关单、分运单、收发件人身份证影印件。

③进境的货物类快件报关：关税税额在人民币50元以下的货物和海关准予免税的货样、广告品应提交KJ2报关单，每一进出境快件的分运单、发票和海关需要的其他单证；应税货样、广告应提交KJ3报关单、分运单、发票和海关需要的其他单证其他进出境货物类快件，一律按进口货物相应的报关程序提交申报单证。

④出境的货物类快件报关：对货样、广告品应提交KJ2报关单（法律法规规定实行许可证管理的、应征出口关税的、需出口收汇的、需出口退税的除外）。其他出境的货物快件，一律按出口货物相应的报关程序提交申报单证。

六、无代价抵偿货物通关

7-4 无代价抵偿货物报关课件

（一）含义

无代价抵偿货物，是指进出口货物在海关放行后，因残损、缺少、品质不良或规格不符，由进出口货物的发货人、承运人或者保险公司免费补偿或更换的与原货物相同或者与合同规定相符的货物。

（二）特征

（1）免交进出口许可证件。

（2）进口无代价抵偿货物，不征收进口关税和进口代征税；出口无代价抵偿货物，不征收出口关税。如果进出口与原货物或合同规定不完全相符的无代价抵偿货物，应当按规定计算与原进出口货物的税款差额。①高出原征收税款应当征收超出部分的税款。②低于原征收税款，原进口的发货人、承运人或者保险公司同时补偿货款的，应当补偿货款部分的税款，未补偿货款的，不予退还。

（3）现场放行后，海关不再进行监管。

（三）认定无代价抵偿进口货物的资料依据

1.原进口货物报关单

它是被抵偿货物进口时向海关填报的进口货物报关单，它是鉴别是否为抵偿进口货物的主要依据，是反映被抵偿货物进口情况的原始资料。

2.商检证明书或买卖双方会签记录

商检证明书是由商检机构应收货、用货单位检验申请，在复验后出具的证明材料；买卖双方记录是货物放行进口后，经境外来人与我方共同开箱检验或在指导安装、负责调试时发现问题由双方现场代表会签的记录。这两种凭证是鉴别抵偿进口商品原因的必备条件。

3.买卖双方签订的抵偿协议

抵偿协议是买方向卖方提出偿还请求,卖方接受以相当价值货物赔偿或补偿的书面协议。

以上三种资料凭证,它们之间互相联系、相互依存,海关在认定无代价抵偿进口货物的性质时,原则上必须同时收取三种资料进行审查。

(四)报关程序

无代价抵偿大体可分为两种:短少抵偿;残损、品质不良或规格不符抵偿。

1.残损、品质不良抵偿或规格不符引起的无代价抵偿货物进出口海关手续

进出口无代价抵偿货物前应当先办理被更换的原进出口货物中残损、品质不良或规格不符合货物的有关海关手续。

(1)原进口货物退运出境,以及原出口货物退运进境。

被更换的原进口货物退运出境时不征收出口关税;被更换的原出口货物退运出境时不征收进口关税和进口环节代征税。

(2)原进口货物不退运出境,放弃交由海关处理。

海关依法处理并向收货人提供依据,凭以申报进口无代价抵偿货物。

(3)原进口货物不退运出境也不放弃,以及原出口货物不退运进境。

应当按照海关接受无代价抵偿货物申报进出口之日适用的有关规定申报进出口,按海关重新估定的价格计算税额分别缴纳进口税和进口环节海关代征税以及出口关税,属许可证件管理的,交验许可证件。

2.申报期限

向海关申报进出口无代价抵偿货物应当在原进出口合同规定的索赔期限内且不超过原货物进出口之日起3年。

3.报关应提供的单证

(1)进口申报需要提供的单证:①原进口货物报关单;②原进口货物退运出境的出口货物报关单,或者原进口货物交由海关处理的货物放弃处理证明,或者已经办理纳税手续的单证;③原进口货物税款缴纳书或者进出口货物征免税证明;④买卖双方签订的索赔协议。

海关认为需要时,纳税义务人还应当提交具有资质的商品检验机构出具的原进口货物残损、短少、品质不良或者规格不符的检验证明书或者其他有关证明文件。

(2)出口申报需要提供的单证:①原出口货物报关单;②原出口货物退运进境的进口货物报关单,或者已经办理纳税手续的单证(短少抵偿的除外);③原出口货物税款缴纳书;④买卖双方签订的索赔协议。

海关认为需要时,纳税义务人还应当提交具有资质的商品检验机构出具的原出口货物残损、短少、品质不良或者规格不符的检验证明书或者其他有关证明文件。

知识点归纳

1. 转关的含义、条件、方式、管理、报关程序和监管
2. 特定减免税货物的范围、特点、报关程序和手续处理
3. 暂准进出境货物的含义、范围、特点、报关程序和监管
4. 进出口货样、广告品的分类、特点、报关手续和监管
5. 进出境快件分类、特点、报关程序和监管
6. 无代价抵偿货物含义、分类、特点、认定、报关和监管

第二部分 实训习题

7-5 实训习题参考答案

实训习题 1 减免税货物解除监管的三种方式的差异。

监管方式	适用和特点
自动解除监管	
期满申请解除监管	
期内申请解除监管	

实训习题 2 展览品报关和核销操作。

报关程序	操 作
进境申报	
出境申报	
复运进出境	

续表

报关程序	操　作
转为正式进出口	
放弃或赠送	
毁坏、丢失或被窃	

实训习题 3　2017 年 12 月宁波高新区某外商投资企业终止合同或企业宣告破产，清算企业对仍在监管年限内的减免税进口物资决定留给合营中方继续使用。该外商投资企业的处理是否符合海关规定？为什么？请结合减免税货物的相关内容作答。

实训习题 4　杭州某合资企业用自有资金进口企业自用的专用设备 1 台，CIF200 万元人民币，属进口许可证件管理，企业向主管海关办理了减免税备案登记，申领了征免税证明，并向海关申报进口。设备进口后使用了 2 年 6 个月，因产品调整，企业将设备转售给国内另一家企业，价格为 150 万元人民币，请对下列选择做出选择。

1. 外商投资企业向主管海关办理减免税备案登记应提交(　　)。

A. 商务主管部门的批准文件　　B. 营业执照

C. 企业合同及章程　　D. 外商投资企业征免税登记手册

2. 设备进口货物报关单的有关栏目的填制错误的是(　　)。

A. 贸易方式填报：合资合作设备　　B. 征免性质填报：中外合资

C. 用途栏目填报：企业自用　　D. 征免栏目填报：全免

3. 下述不符合进出口货物征免税证明使用有关规定的是(　　)。

A. 有效期为 6 个月，特殊情况可申请延长 6 个月

B. 规定口岸海关使用

C. 实行一份证明只能验收一批货物的原则

D. 年内使用有效

4. 本案例减免税货物在海关监管期内销售，符合规定的是（　　）。

A. 企业应当向海关办理缴纳进口税费的手续

B. 海关以原进口货物成交价格为基础确定完税价格

C. 属进口许可证件管理的免交验许可证件

D. 海关签发解除监管证明，企业即可将原减免税货物在国内销售

5. 本案例减免税货物内销，其完税价格应为（　　）。

A. 200 万元　　B. 150 万元　　C. 135 万元　　D. 120 万元

实训习题 5　广州合平电器公司是一家于 2008 年 10 月成立的外商独资企业，海关注册编码为 4401940032，投资总额为 1000 万美元，其中办公用品、厂房等实物投资为 2856753 美元；截至 2010 年 8 月 15 日已申请进口设备总额为 5864381 美元，均为免税进口。2010 年 8 月 16 日因生产需要，该公司要进口两台台湾原产注塑机（桦钦牌，型号：HC-250/20，规格：非高精密度），此两台注塑机每台净重 8500kg，毛重 10000kg，单价 34647 美元，合同号：SC002，出口人：HANXIN CO，备案号：Z52084A00481，于 2010 年 9 月 26 日从台湾运至香港并委托车牌号为粤 ZAY26 港的货柜车运至广州，集装箱号为 TCKU9194822×40′，当天即向广州黄埔开发区海关申报。

广州合平电器公司委托报关行代为办理。作为该公司报关员，应如何完成报关业务？

任务 1：申请减免税，申领进出口货物减免税证明。

（1）该项目是否符合减免税条件？

（2）计算减税额是多少。

（3）需要办理哪些手续？

（4）需要提供的资料有哪些？

（5）填写免税证明的表格。

进口货物免税证明

<table>
<tr><td colspan="2">申请单位：</td><td colspan="6">征免性质/代码：鼓励项目/789</td><td colspan="3">审批依据：署税〔2010〕1062 号文</td></tr>
<tr><td colspan="2">发证日期：2010 年 5 月 23 日</td><td colspan="9">有效期：至 2010 年 11 月 23 日止</td></tr>
<tr><td colspan="2">到货口岸：黄埔开发区</td><td colspan="9">合同号：</td></tr>
<tr><td rowspan="2">序号</td><td rowspan="2">货名</td><td rowspan="2">规格</td><td rowspan="2">税号</td><td rowspan="2">数量</td><td rowspan="2">单位</td><td rowspan="2">金额</td><td rowspan="2">币制</td><td colspan="3">主管海关审批征免意见</td></tr>
<tr><td>关税</td><td>增值税</td><td>其他</td></tr>
<tr><td>1</td><td></td><td></td><td></td><td></td><td></td><td></td><td></td><td></td><td></td><td></td></tr>
<tr><td>2</td><td></td><td></td><td></td><td></td><td></td><td></td><td></td><td></td><td></td><td></td></tr>
<tr><td>3</td><td></td><td></td><td></td><td></td><td></td><td></td><td></td><td></td><td></td><td></td></tr>
<tr><td>4</td><td></td><td></td><td></td><td></td><td></td><td></td><td></td><td></td><td></td><td></td></tr>
<tr><td>5</td><td></td><td></td><td></td><td></td><td></td><td></td><td></td><td></td><td></td><td></td></tr>
<tr><td>备注</td><td colspan="10"></td></tr>
<tr><td colspan="2">审批海关签章：

黄埔海关(签章)

负责人：
2010 年 5 月 23 日</td><td colspan="2">核放海关批注：

负责人：
年　月　日</td><td colspan="7">注意事项：1. 本表使用一次有效。如同一合同货物分口岸进口，应分别填写，一份合同内货物分批到货的，应向审批海关申明，并按到货期分填此表。
2. 表中“征免性质/代码”栏应按海关 H883(H2000)规范要求正确填写。
3.“审批依据”栏应由主管海关减免税审批部门填明批准减免税所依据的文件号。
4. 货物进口应向海关交验本表，复印件无效。
5. 本表自签发之日起半年内有效，逾期应向原审批海关申请展期或退单。如遇政策调整，有效期应服从有关规定。
6. 经批准进口的货物如拟移作他用、转让或出售，原申请单位应事先报请原批准海关核准，并应按法补税，否则，海关将依法处理。</td></tr>
</table>

任务 2：申领入境货物通关单。

(1)需要办理哪些手续？

(2)填写通关单。

中华人民共和国出入境检验检疫入境货物通关单

<table>
<tr><td colspan="4">1.收货人</td><td rowspan="3">5.标记及号码</td></tr>
<tr><td colspan="4">2.发货人</td></tr>
<tr><td colspan="2">3.合同/提(运)单号 SC002</td><td colspan="2">4.输出国家或地区</td></tr>
<tr><td colspan="2">6.运输工具名称及号码</td><td colspan="2">7.目的地</td><td>8.集装箱规格及数量</td></tr>
<tr><td>9.货物名称及规格</td><td colspan="2">10.H.S.编码</td><td>11.申报总值</td><td>12.数/重量、包装数量及种类</td></tr>
<tr><td colspan="5">13.证明
上述货物业已报检/申报,请海关予以放行。
签字:　　　　　日期:　　年　月　日</td></tr>
<tr><td colspan="5">14.备注
预报,请货到口岸后与入境口岸局联系检疫,与本局联系检验。</td></tr>
</table>

任务3:办理进口转关报关手续。

(1)需要办理哪些手续?

(2)需要准备的资料有哪些?

(3)填写报关单。

中华人民共和国海关进口货物报关单

预录入编号：　　　　　　　　海关编号：　　　　　　　　页码/页数：

<table>
<tr><td>境内发货人</td><td colspan="2">出境关别</td><td colspan="3">出口日期</td><td>申报日期</td><td>备案号</td></tr>
<tr><td>境外收货人</td><td colspan="2">运输方式</td><td colspan="3">运输工具名称及航次号</td><td colspan="2">提运单号</td></tr>
<tr><td>生产销售单位</td><td colspan="2">监管方式</td><td colspan="3">征免性质</td><td colspan="2">许可证号</td></tr>
<tr><td>合同协议号</td><td colspan="2">贸易国(地区)</td><td colspan="3">运抵国(地区)</td><td>指运港</td><td>离境口岸</td></tr>
<tr><td>包装种类</td><td>件数</td><td>毛重(千克)</td><td>净重(千克)</td><td>成交方式</td><td>运费</td><td>保费</td><td>杂费</td></tr>
<tr><td colspan="8">随附单证
随附单证 1：　　　　　　　　随附单证 2：</td></tr>
<tr><td colspan="8">标记唛码及备注</td></tr>
<tr><td colspan="8">项号 商品编号 商品名称及规格 型号 数量及单位 单价/总价/币制 原产国(地区) 最终目的国(地区) 境内货源地 征免</td></tr>
<tr><td colspan="8">1</td></tr>
<tr><td colspan="8">2</td></tr>
<tr><td colspan="8">3</td></tr>
<tr><td colspan="8">4</td></tr>
<tr><td colspan="8">5</td></tr>
<tr><td colspan="8">特殊关系确认：　　　　价格影响确认：　　　　支付特许权使用费确认：　　　　自报自缴：</td></tr>
<tr><td colspan="5">报关人员　　　报关人员证号　　　电话
兹申明以上内容承担如实申报、依法纳税之法律责任
申报单位
申报单位(签章)</td><td colspan="3">海关批注及签章</td></tr>
</table>

任务 4：列出后续设备管理注意事项。

实训习题 6　绍兴盛中科技股份有限公司(以下简称 A 公司)拟实施国内投资项目，其引进英国的设备价值 120 万美元。2017 年 8 月 1 日该批设备提前运抵上海港，货物为 3 个 12 米的框架箱。而此时该批设备的进出口货物征免税证明(以下简称免税证明)尚在审批中。因此，A 公司拟将货物滞留在港区或者先转关至当地海关转入保税仓库，待免税证明批准后再报关。

由于A公司没有操作进口商务的经验，一时不知选择何种方式为宜，于是向专业外贸公司咨询，请其提供最佳的解决方案。

【问题】

计算以上两种报关方式的各项成本，选出最佳的报关方式，并说明有哪些注意事项。

【案例分析与解决方案】

方案一：将货物滞留在港区，待免税证明批准后再报关。

主要费用如下：

框架箱滞箱费：前7日内免费；第8～15日，16元/天；第16～30日，30元/天。

疏港费：共疏港两次，每次600元/箱（一般货物在港区滞留，港区将做二次疏港，之后货物就会被疏进堆场，产生堆存费）。

堆存费：每5天计100元/箱。

内运费：4000元/车，共计12000元。

随时间变化的费用

单位：元

天数	滞箱费	堆存费	疏港费	运费	滞报金	总成本
5天						
10天						
15天						
20天						
25天						
30天						

方案二：将货物从上海港转关运输转入绍兴海关的保税仓库，待免税证明批准后再向绍兴海关申报。

主要费用如下：

保税仓库入库手续费：300元。

保税仓库入库报关费：500元。

场站服务费、制单费：400元。

仓储费：120元/天/箱×3箱＝360元/天。

海关监管车运输费：5000元/箱×3箱＝15000元。

保税仓库至工厂短途运输费：800元/箱×3箱＝2400元。

上下装卸费：2800元。

随时间变化的费用

单位：元

天数	入库手续费和报关费	制单费	监管车运费	上下装卸费	仓储费	短途运输费	总成本
5天							
10天							
15天							
20天							
25天							
30天							

比较上述两个方案：

注意事项：

实训习题7 上海某公安分局邀请国外一无线传输设备供应商(以下简称A公司)参加上海国际展览中心电子展，展出价值80万美元的新型无线传输设备，并委托上海某会议展览公司(以下简称B公司)办理相关手续。

因该设备在展会上展出效果很好，A公司决定将其中价值60万美元的设备运到杭州某展会上展出。设备在杭州展出后又被运返上海准备报关出境。此时，上海某公安分局决定购买其中25万美元的设备，A公司又无偿赠送5万美元设备给该分局，其余50万美元的设备报关出境。

(1) 暂准进口货物有什么特点？具体包括哪些？

(2)进口展览品包括哪些？

(3)B公司应如何办理展览品进出关的相关手续？

①进口审批手续如何办理？

②上海展出手续应该如何办理？

③杭州展出手续如何办理？

④杭州展出的商品拉回上海手续应该如何办理？

⑤25 万美元展品的留购手续应该如何办理？

⑥5 万美元展品的赠送手续如何办理？

⑦剩余 50 万美元的展品复运出境手续如何办理？

(4)有哪些注意事项？

实训习题 8 浙江达信电子科技有限公司(以下简称达信公司)以 CIF 上海价免税进口香港某公司全自动银浆固晶机 1 台，全自动金丝球焊机 2 台。三台设备分别用木箱包装，并装在 1 个 6 米集装箱内。货物于 2018 年 3 月 10 日到达上海港后转关报关，转关前已经办理货物内运保险，转关到属地海关后，根据海关要求进行开箱查验。开箱时发现 1 台全自动银浆固晶机(AD809HS—S)倾倒于集装箱内，木箱损坏，受损比较严重，其余货物完好。达信公司得知设备受损后要求退运，但不知如何操作受损货物的换货手续。

(1)该进口设备受损退运更换手续应如何操作？货物退运出境，应以何种监管方式出口？

(2)从中得到什么教训？

(3)请替贸易双方草拟一份退运换货协议书。

退运换货协议书

买方：浙江达信电子科技有限公司　签订日期：2018年3月15日

卖方：香港××公司　协议号：ZXD-08116-1

退运设备清单

序号	设备名称	技术规格	金额(美元)	数量	总价(美元)	退运地
1	全自动银浆固晶机	AD809 HS-S	55000	1	55000	中国香港
总计				1	55000	

买方：浙江达信电子科技有限公司　卖方：香港××公司

实训习题9　浙江东诚塑胶模具有限公司(以下简称东诚公司)系内资民营企业。2008年2月，东诚公司为了加快发展，扩大企业规模，增加企业效益，拟从美国进口5台数控立式镗铣加工中心，并配套数十台国产设备，利用现有厂房和设施进行技术改造，形成年产150套高精度塑胶模具的生产能力。项目总投资900万元，其中用汇98万美元，预计项目投产后，可新增销售收入2000万元，利润400万元。

对外签订的合同号：HNIX-007；目的港：中国上海；进口设备HS编码：8457101000。主要技术参数如下：

名称及型号	定位精度	重复定位精度	联动轴数	主轴转速	快移进给速度
数控立式镗铣加工中心 CF-1	0.009mm	0.004mm	4轴	≥1500r/min	≥22.5m/min

(1)东诚公司为什么能获得进口设备免税待遇？目的何在？依据是什么？范围是什么？

(2)东诚公司进口设备关税和进口增值税减免手续如何办理？

(3)注意事项有哪些？

(4)替浙江东诚塑胶模具有限公司填写《国家鼓励发展的内资项目免税申请表》。

国家鼓励发展的内资项目免税申请表

项目单位			
项目名称			
项目性质	E. 国内投资农、林、水利项目 F. 国内投资能源、运输、城建项目 G. 国内投资通信、冶金、机械、电子项目 H. 国内投资商业及服务业项目 I. 国内投资其他项目		
项目内容(产品方案、生产能力等)			
项目审批、核准或备案文号	永经技备〔2008〕006 号	项目审批、核准或备案日期	2008 年 2 月
项目产业政策审批条目	本项目符合第一类鼓励类第十六条“轻工”中的第 3 条“非金属制品模具设计、加工、制造”,按照国家有关政策规定,引进设备可以免征进口关税和进口环节增值税。		
项目执行年限	起:2008 年 2 月/止:2009 年 1 月		
项目总投资			
项目用汇额		来源	口 1. 购汇　口 2. 贷款　口 3. 其他
企业类型	口 A. 国有　口 B. 集体　口 C. 私营　口 D. 股份制　口中外合资　口 F. 中外合作　口 G. 外商独资　口 H 其他		
项目所属行业	口 A. 农林牧渔业及相关工业　口 B. 轻工业　口 C. 纺织　口 D. 交通运输　口 E. 邮电通信　口 F. 电力　口 G. 冶金　口 H. 石化　口 I. 机械　口 J. 电子　口 K. 建材　口 L. 医药　口 M. 新兴行业　口 N. 服务业　口 O. 其他		
法人代表及联系电话		项目联系人及电话	略
企业详细地址	略		

(5)替浙江东诚塑胶模具有限公司填写《减免税项目备案申请表》。

减免税项目备案申请表

1. 项目统一编号	C29920100001	2. 项目内容			
3. 企业代码	略	4. 企业名称			
5. 企业种类/代码	略	6. 合营外方	略		
7. 外方国别/代码	略	8. 投资比例	略	9. 合同协议号	略
10. 征免性质/代码	789	11. 项目批文号	永经技备〔2008〕006 号		
12. 立项日期	2008 年 2 月	13. 开始日期	2008 年 2 月	14. 结束日期	2009 年 1 月
15. 审批部门/代码	C299	16. 项目性质/代码			
17. 项目产业政策审批条目/代码	第一类鼓励类第十六条“轻工”中的第 3 条“非金属制品模具设计、加工、制造”/I 1603				

18.投资总额		19.币制/代码		20.用汇额度(美元)	
21.减免税额度(美元)					
22.减免税额度(数量)		23.计量单位/代码			
24.联系人及电话	略				
25.备注	略				

(6)替浙江东诚塑胶模具有限公司填写《进出口货物征免税申请表》。

进出口货物征免税申请表

<table>
<tr><td>企业代码</td><td colspan="2">略</td><td colspan="2">企业名称</td><td colspan="2"></td><td>征免性质/代码</td><td>789</td></tr>
<tr><td>项目统一编号</td><td colspan="2">C29920100001</td><td colspan="2">产业政策审批条目/代码</td><td colspan="4">第一类鼓励类第十六条“轻工”中的第 3 条“非金属制品模具设计、加工、制造”/I 1603</td></tr>
<tr><td>审批部</td><td colspan="3">项目性质/代码</td><td>C299</td><td colspan="2">许可证号</td><td colspan="2">略</td></tr>
<tr><td colspan="4">对外签约单位注册号</td><td>略</td><td colspan="2">对外签约单位</td><td colspan="2">略</td></tr>
<tr><td>合同号</td><td colspan="2">HNDC-007</td><td colspan="2">项目性质/代码</td><td colspan="2">国内投资鼓励项目</td><td>进出口岸</td><td></td></tr>
<tr><td>备注</td><td colspan="8"></td></tr>
<tr><td>序号</td><td>税则号列</td><td>商品名称</td><td>规格型号</td><td>数量</td><td>单位</td><td>总价</td><td>币制</td><td>原产国</td></tr>
<tr><td></td><td></td><td></td><td></td><td></td><td></td><td></td><td></td><td></td></tr>
<tr><td></td><td></td><td></td><td></td><td></td><td></td><td></td><td></td><td></td></tr>
<tr><td colspan="3">申请单位签章
年　月　日</td><td colspan="3">主管部门签章
年　月　日</td><td colspan="3">联系人：
电话：</td></tr>
</table>

实训习题 10 安徽 A 汽车发动机有限公司(以下简称 A 公司)拟向德国 B 精密仪器制造公司(以下简称 B 公司)订购两台卧式加工中心,用于对发动机缸体进行精加工。A 公司委托合肥 C 机械进出口公司(以下简称 C 公司)代理进口,三方签订了进口合同。根据合同约定:在该卧式加工中心制成后,安徽 A 公司将通过 C 公司向德国 B 公司提供两批发动机缸体进行试加工,以便确认订购设备的加工精度和性能。发动机缸体试加工完成后返回国内,由 A 公司对该批加工发动机缸体进行检验确认,若符合要求,A 公司将签发预验收合格证书,德国 B 公司凭此证书发货。根据此合同安排,试加工发动机缸体以暂时出口的方式交给德方,在试加工完成后再全部运回国内。合同还规定:试加工发动机缸体分两批出口到德

方，第一批出口日期在2010年3月31日，拟在2010年9月底前返回国内；第二批出口日期在2010年8月31日，预计2011年2月底返回国内；在试加工完成后由C公司负责租船订舱，办理清关手续，将试加工1/9发动机缸体运回安徽A公司。由于德方B公司在第一批发动机缸体的加工过程中出现不可预见的因素，未能如期进行，直到2010年9月才开始进行试加工。因此，两批试加工发动机缸体将在2011年2月底一起返运安徽A公司。

(1)案例中的发动机缸体是否属于暂准出入境货物？

(2)第一批发动机缸体是否超过规定的时间，该如何办理？第二批呢？

(3)该批货物入境是否需要办理许可证？

(4)该批货物是否需要交纳关税和增值税？

(5)该批货物海关监管的前期阶段、现场阶段和后续阶段分别需要怎么操作？

实训习题11 深圳联合公司要从国外运入一批车辆以参加在珠海举行的车展，该批车辆属于《ATA单证册》项下的货物，属于许可证件管理。除了展览品以外，还需要运入一些为展览品做宣传用的印刷品等。展览会结束以后，深圳联合公司又将该批货物运输出境。

(1)题中所说的展览品在进出境过程中的特点有(　　)。

A. 免予缴纳税费　　B. 规定期限内按原状复运进出境

C. 按货物实际使用情况办结海关手续　　D. 除另有规定外，免于提交进出口许可证件

(2)题中所说的展览品属于(　　)。

A. 转运货物　　B. 暂准进境货物

C. 进出境快件　　D. 转关运输货物

(3)在展览会结束后，该车辆如果由境内人员购买，下列说法中正确的是(　　)。

A. 应当由展览会的主办方单位向海关办理进口申报、纳税手续

B. 应当由实际购买的企业自行办理进口申报、纳税手续

C. 如果购买的企业属于特定企业，可以免交相关证件

(4)关于为展览品做宣传用的印刷品，下列说法中正确的是(　　)。

A. 可使用ATA单证册向海关申报

B. 可按展览品向海关申报进境

C. 进境申报手续可以在展出地海关办理

D. 深圳联合公司采用ATA单证册项向海关申报，申报时应向海关提交进口许可证件，并提供担保

(5)使用ATA单证册报关的展览品，暂准进出境期限为自进出境之日起(　　)。超过

期限的，ATA 单证册持证人可以向海关申请延期。参加展期的 24 个月以上展览会的展览品，在 18 个月延长期届满后仍需要延期的，由（　　）审批。

A. 6 个月；主管地直属海关　　B. 6 个月；海关总署

C. 12 个月；主管地直属海关　　D. 12 个月；海关总署

第八章
出口检验检疫业务

8-1 出境检验检疫课件

知识要求 出境报检时间的规定；检验检疫机构；出境货物报检的地点选择；出境货物报检单的填写；出境货物报检的业务流程。

技能要求 了解商检备案制度和操作方法，熟悉出境检验的时间和地点；熟悉出境检验检疫工作的流程；掌握出境报检单的填写技能等。学生通过完成实训习题来掌握以上技能和操作方法。

关键术语 检验检疫机构；检验检疫单据；出境检验检疫业务流程

第一部分　基础知识

8-2 检验常识视频

一、出境检验货物的分类（见表 8-1）

出境货物报检可分为以下四类：

1. 出境货物一般报检

出境货物报检是指法定检验检疫出境货物的货主或其代理人，持有关单证向产地检验检疫机构申请检验检疫，以取得出境放行证明及其他单证的报检。有下列情况，需要重新报检，也归为一般报检：

(1)超过检验检疫有效期限的；

(2)变更输往国家或地区，并有不同检验检疫要求的；

(3)改换包装或重新拼装的；

(4)已撤销报检的。

2. 出境货物换证报检

出境换证报检，也称为核查货证，是指经产地检验检疫机构检验检疫合格的法定检验检疫出境货物的货主或其代理人，持产地检验检疫机构签发的出境货物换证凭单或换证凭条向报关地检验检疫机构申请换发出境货物通关单的报检。

出境货物换证报检包括以下几种情况：

(1)产地预检的；

(2)按规定比例对验证货物进行抽检；

(3)产地进行品质检验，口岸进行检疫或鉴重的货物；

(4)在口岸重新进行拼批的；

(5)在口岸拼柜的；

(6)在口岸加换木质包装，出具通关单的；

(7)出口活动物；

(8)重点核查名单内的企业申报的货物；

(9)国家质检总局确定其他口岸查验换证的货物；

(10)超过单证有效期需要重新报检但不需要重新检验检疫的。

3. 出境货物预检报检

出境货物预检报检是指货主或其代理人持有关单证向产地检验检疫机构申请对暂时还不能出口的货物预先实施检验检疫的报检。在产地预检合格后，报检人会取得出境货物换证凭单。报检人必须在出境货物换证凭单有效期内办理查验换证放行手续。超过有效期的，须重新报检。经产地检验检疫机构预检的货物正式出口时，必须报经口岸检验检疫机构查验换证，经查验符合有关要求、标准的，给予签证或换证放行。办理出境查验换证时，必须提交出境货物检验检疫换证凭单正本，方可办理。预检只能出具换证凭单而不能电子转单。

4. 验证

验证是指凭出境货物换证凭单或出境货物换证凭条申报，无须经口岸检验检疫部门查验，直接换发通关单的报检行为。按规定无须实施检验检疫而出具出境货物通关单的情况，如根据出口加工区办法，区外入区材料免于品质检验，但仍需出具通关单供企业通关的情况等。

表 8-1　报检货物分类

出境检验货物的分类	目的	需要检验与否
出境货物一般报检	取得出境放行证明书或其他单证	检验
出境货物换证报检	换发出境货物通关单	可能检验
出境货物预检报检	预报检，赶时间	检验
验证	不用检验，换发通关单	能用检验

二、出境货物检验检疫工作的一般流程

出境货物的检验检疫工作是先检验检疫，后通关放行，即出境货物的发货人或代理人向

检验检疫机构报检，检验检疫机构受理报检和计算计费后，转检验检疫部门实施检验检疫。对产地和报关地相同的出境货物，经检验检疫合格的，检验检疫部门出具换证凭单，由报关地检验检疫机构换发出境通关单。出境货物经检验检疫不合格的，出具检验货物不合格通知单。

出境货物检验检疫流程如图 8-1 所示。

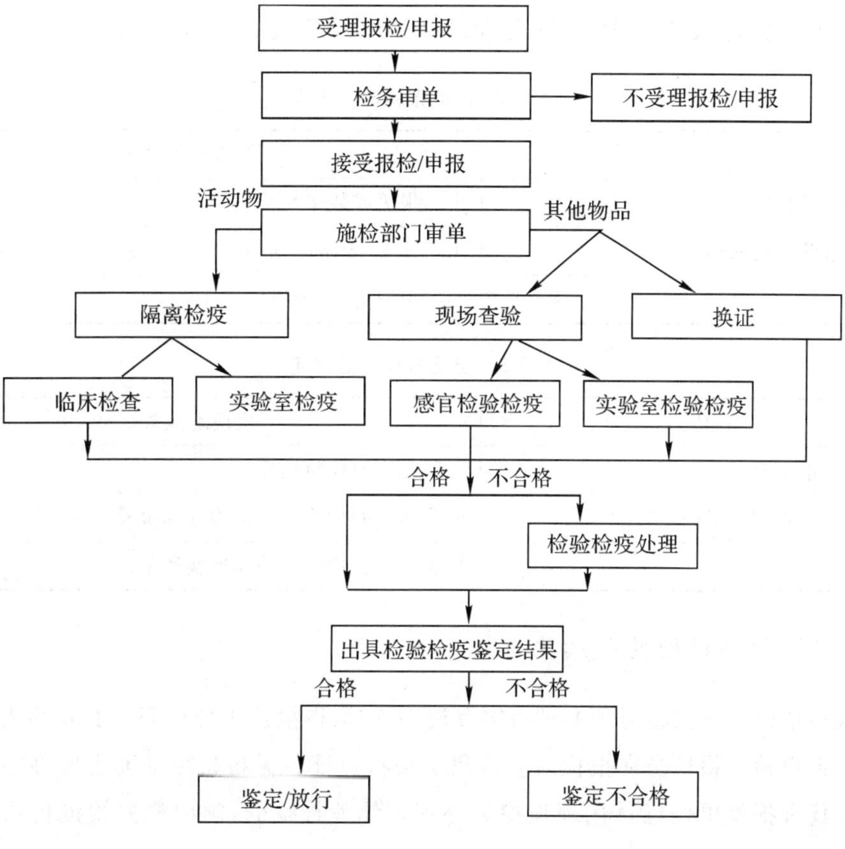

图 8-1　出境货物检验检疫流程图

三、出境货物报检的一般要求

出境货物报检是指出口方在货物备妥后，根据合同约定或国家规定，向出入境检验检疫机构申请对出境货物进行检验的工作。

（一）出境货物报检必须要具备的条件

(1)和外商已签订合同，凭信用证结算的交易，已经收到国外开来的信用证，明确转运条件和检验依据。

(2)出口货物已经备齐,除散装货和裸装货外,已成箱成件包装完毕,包装状况符合出口要求。

(3)除合同、信用证规定外的中性包装,外包装上应刷好相应的标志,尤其是运输标志。

(4)整批商品堆码整齐,便于检验人员查看商品外包装和相应的标记,便于抽样和开展现场检验。

(二)出境货物报检的时间规定和地点要求(见表 8-2 和 8-3)

表 8-2　出境报检时间规定

情况	报检时间规定
出境货物一般报检	出口报关或装运前 7 天报检
需要隔离检验检疫的动物报检	出境前 60 天预报,隔离前 7 天报检
观赏动物出境	动物出境前 30 天报检

表 8-3　出境报检地点规定

情况	报检地点规定
出境货物一般报检	一般是产地检验检疫
法律法规允许在市场采购的货物	向采购地的检验检疫机构办理报检手续
异地报关的货物	报关地检验检疫机构办理换证报检

(三)出境货物报检的手续要求

(1)报检单位首次报检时须办理备案登记手续,取得报检单位代码。其报检人员取得报检员证,凭证报检。报检员在报检时应该出示报检员证。无报检员证而需要办理报检业务的,应委托代理报检单位以及代理报检员办理。代理报检的,须向检验检疫机构提供委托书。委托书由委托人按检验检疫规定的格式填写。

(2)在申请报检时,应填制出境报检申请单,向检验检疫机构申请报检。每份报检单限填一批货物。特殊情况下,对批量小、使用同一运输工具、运往同一地点、有同一收货人与发货人、使用同一报关单的同类货物,可填写一份报检单。

(3)应附资料包括合同、信用证、厂检单或检验检疫机构出具的换证凭单(正本)、包装性能合格单、发票、装箱单等。随附单据必须真实、合法、有效。随附单据为复印件的,应加盖货主单位的公章或报检专用章;属货代报检的,也可加盖代理报检单位的公章或报检专用章。法定的商品检验的出境货物,应由生产单位或货主检验(或验收)合格,并出具有效厂检合格单或验收单。

(4)以下特殊情况需要提供相应的文件:

①实施卫生注册及质量许可证管理的货物,应提供出入境检验检疫机构签发的卫生注

册/质量许可证副本，并在报检单上注明卫生证号或质量许可证号，同时提供厂检合格证。

②法定检验检疫的出境货物，其运输包装属国家明确规定的15类（即钢桶、铝桶、镀锌桶、钢塑复合桶、纸板桶、塑料桶/罐、纸箱、集装袋、塑料编织袋、麻袋、纸塑复合袋、钙塑瓦楞箱、木箱、胶合板箱/桶、纤维纸板/桶）和塑料筐、泡沫箱的，应提交与实际包装容器（包括种类、规格、包装编号）相符合的包装性能检验结果单。

③出境货物须经生产者或经营者检验合格并加附检验合格证或检测报告；申请重量鉴定的，应加附重量明细单或磅码单。

④凭样品成交的货物，应提供经买卖双方确认的样品。

⑤生产出境危险货物的包装容器的企业，必须向检验检疫机构申请包装容器的性能鉴定。生产出境危险货物的企业，必须向检验检疫机构申请危险货物包装容器的使用鉴定。

⑥报检出境危险货物时，必须提供危险货物包装容器性能鉴定结果单。

⑦申请原产地证明书和普惠制原产地证明书的，应提供商业发票等资料。

⑧出境特殊物品的，应根据法律、法规规定提供有关的审批文件。

⑨经预验的货物，在向检验检疫机构办理换证放行手续时，应提供该检验检疫机构签发的出境货物换证凭单（正本）。

⑩产地与报关地不一致的出境货物，在向报关地检验检疫机构申请出境货物通关单时，应提交产地检验检疫机构签发的出境货物换证凭单（正本）。

（四）出境货物报检的变更与撤销（见表8-4和8-5）

表8-4　出境报检变更的内容与操作

内容	国外开来信用证修改函，凡涉及与检验检疫有关条款的
	由于生产、运输等原因造成数、重量变化的
	经检验检疫合格的货物，已签发检验检疫证书，需做改动的
操作方法	并退回原签发的证书、通关单等，再经检验检疫机构审核同意后，方可变更；经审核不符合规定的，不准变更，可重新报检
提交材料	更改申请单；申请更改已发证单的，应交附有关函电等证明单据，更改后与原所附单据不符的，还应提供更改后的单据，同时应收回原发证单正副本。申请补充证单的，应交附有关函电等证明单据。申请重发证单的，应收回原发证单正副本，不能退回的，要求申请人书面说明理由，由法定代表人签字、加盖公章，并在指定的报纸上声明作废

表8-5　出境报检撤销

撤销条件	报检人因正当理由要求撤销报检的，由报检人提交更改申请书，未经施检部门接单的，检务部门审核同意进行撤销；已经施检部门接单的，应交施检部门审核同意后，由检务部门予以撤销
操作方法	申请撤销报检的，要求申请人书面说明原因。以上提交材料均应加盖申请单位公章或报检专用章

四、出境货物的放行

(一)出境货物的放行的两种情况

1.产地检验检疫,产地放行

放行时,放行人员需审核的内容包括:检验检疫所需的对外贸易合同、信用证、发票、装箱单等是否齐全;出境货物通关单上的发货人与对外贸易合同的卖方是否一致,与信用证上的受益人是否相符;合同号、信用证号是否与所附的合同号、信用证号相符;金额、唛头、输出国家(地区)是否与所附单据相符。并且,需仔细核对品名、规格、HS 编码、数/重量、包装是否与施检部门出具的检验检疫结果报告单或有关证书相一致,最后签发出境货物通关单。

2.产地检验检疫,口岸查验放行

口岸查验放行时,放行人员审核检验检疫查验所需的对外贸易合同、信用证、发票、箱单、产地检验检疫机构出具的出境货物换证凭单等单据是否齐全。经口岸查验无问题的货物,放行人员仔细核对所出具的出境货物通关单上的发货人、合同、信用证、金额、输出国家(地区)、品名、数/重量、包装、HS 编码等是否与出境货物换证凭单及其他单据相一致,不一致的不予放行。出境货物换证凭单可以并批和分批使用。涉及两个或两个以上部门施检的货物,放行人员凭检验检疫结果或证书和本局指定施检部门负责人的签字签发出境货物通关单。

(二)出境货物的放行的基本做法

(1)"一般报检"的出境货物经检验检疫合格的,按以下情况办理:在本地报关的,签发出境货物通关单和有关证书;在异地报关的,签发有关证书,并出具注明"一般报检"的出境货物换证凭单;实施电子转单的,出具出境货物转单凭条。报关地检验检疫机构凭出境货物换证凭单正本或电子转单信息受理换证申请,按规定对货物进行口岸查验,查验合格的出具出境货物通关单。

(2)受理出口预验申请,须出具标明"预验"字样的出境货物换证凭单。预验货物不得实施电子转单,须在本机构或直属检验检疫局范围内授权的机构办理一般报检手续后方可实施电子转单。检验检疫机构不得凭标明"预验"字样的出境货物换证凭单换发通关单。根据工作需要,可以使用换证凭单作为生产原料的检验检测报告,但须注明"原料供应"字样,并不得实施电子转单或凭以直接签发通关单。

(3)分批出境的货物,经核准在出境货物换证凭单正本上核销本批出境货物的数量并留下复印件存档,换证凭单正本退回报检人。检务部门办理分批手续,分批核销次数不得超过换证凭单栏目数量。整批货物全部出境后收回换证凭单正本存档。电子转单一次有效,不得分批核销。

(4)出境货物经检验检疫或口岸核查货证不合格的，签发出境货物不合格通知单。口岸验证不合格，属于检验检疫机构证单信息错漏造成的，口岸检验检疫机构应及时与产地检验检疫机构联系解决；其他情况按有关规定办理。

(5)实施电子监管等方式监管并符合快速核放条件的出境货物，可由检务部门直接签发通关单或实施电子转单。

(6)对实施绿色通道、直通放行等通关便利措施的货物，按有关规定办理放行手续。

知识点归纳

1. 出境检验货物的分类(出境货物一般报检、出境货物换证报检、出境货物预检报检和验证)，出境业务的业务流程

2. 出境货物报检的时间规定、地点要求、手续要求、出境货物报检的变更与撤销

3. 出境货物报检单的内容、基本要求和填写要求

4. 出境货物放行分类和基本做法

第二部分 实训习题

8-3 实训习题参考答案

实训习题 1 2017 年 8 月 21 日，辽宁××国际物流有限公司代理向辽宁检验检疫局报检了一批市场采购的出口到德国的浴霸 28 台，电子热水器 30 台，货值 3472 欧元。辽宁局在对货物存放地进行检验中发现，虽然该批货物通过了“3C”认证，并且是国内知名品牌，但是没有加贴“CE”认证标志，也没有进行欧盟 ROHS 指令中 6 种限用物质的检测。“CE”认证标志是欧盟市场准入的通行证，而 ROHS 指令则要求输入欧盟的电子电器产品必须保证限用物质的含量在规定的限值内。上述产品没有经过“CE”认证和 ROHS 指令要求的限用物质检测，到达欧洲后会面临退运和违反欧盟技术法规遭受起诉的危险。

辽宁局告知德国收货人派驻我国的代表，并且对该货物不予放行出口，随后德方代表与其本部取得了联系，针对该批货物的状况进行了欧盟技术层面的核实。事实证明，辽宁局对欧盟技术法规的掌握是正确的。

请结合备案(注册)登记制度、登记审批的相关规定，分析本案。

实训习题 2 杭州 A 厂以进料加工方式从韩国的 B 公司采购了一批 DVD(检验检疫类别 LM/N),共 510 台,51000 美元,货物从宁波口岸报关进口。A 厂使用该批货物生产了 500 台 DVD 的液晶电视机(检验检疫类别 LM/N),货值 150000 美元,在工厂装 1 个 12 米的集装箱后,从上海口岸报关出口埃及。根据业务背景资料,结合本章内容进行综合分析,并对下列选项做出选择。

(1)A 厂应根据有关规定事先办理(　　)。

A. 自理报检单位备案登记　　B. 出口小家电生产企业登记

C. 出口商品质量许可　　D. 进出口商品免验

(2)关于该批 DVD,以下表述正确的有(　　)。

A. 无须办理强制性产品认证　　B. 可免于办理强制性产品认证

C. 应实施监督装载　　D. 应实施进口商品检验

(3)以下表述正确的有(　　)。

A. 该批 DVD 应在宁波申请入境一般报检　　B. 该批 DVD 应在杭州申请检验

C. 该批液晶电视机应在杭州申请出境预检　　D. 该批液晶电视机应在上海申请检验

(4)以下单据在报检液晶电视机时必须提供的有(　　)。

A. 合同　　B. 装箱单　　C. 强制性产品认证证书　　D. 型式试验确认书

(5)A 厂在杭州报检液晶电视机时,应申请出具(　　)。

A. 换证凭单或电子转单　B. 通关单　　C. 装运前检验证书　　D. 品质证书

实训习题 3 根据材料完成报检。

北京龙口工贸灯具厂是天津灯具进出口的供应商,天津灯具进出口公司和德国进口商达成协议,出口北京龙口工贸灯具生产的一批落地灯具。合同信息如下:

SC NO: RT14342

THE SELLER: TIANJING LIGHTING IMPORT AND EXPORT COMPANY

ADD: NO 12, FENGXIAN ROAD, TIANJIN CHINA

BUYER: CHR TRADING COMPANY

ADD: LERCHENWEG 10 SAND GERMANY

MARKS	DESCRIPTIONS OF GOODS	QUANTITY	UNIT PRICE	AMOUNT
CHR HAMBURG NO. 1-UP	FLOOR STTANDING LAMP CH-1 CH-2	 3000PCS 3000PCS	CFR HAMBURG EUR 0.33 EUR 0.33	 EUR 990 EUR 990

LOADING PORT: TIANJIN

DESTINATION: HAMBURG

PAYMENT: L/C SIGHT

其他信息:

信用证编号:140804,船名:GOLDEN GATE V.10W,提单号:COSU66119808,B/L DATE:JUNE 01 2014,

PACKING	GW	NW	MEAS
FLOOR STANDING LAMP			
CHR 1300PCS/CTN	1380KG/CTN	1370KG/CTN	$4M^3$/CTN
CHR 2300PCS/CTN	1380KG/CTN	1370KG/CTN	$4M^3$/CTN

天津灯具进出口公司将货物存放在北京龙口工贸灯具厂的仓库(北京大兴黄庄路368号),天津灯具进出口公司委托供应商在北京进行产地检验,具体由小丽负责。请列出小丽的报检工作步骤和工作内容。

实训习题 4 上海新星有限责任公司(自理报检单位备案号3100600759)与日本(HAMOJIKA)公司签订外贸合同出口冷冻蔬菜,合同号LV201102FM,信用证结汇,货物生产商为四川绿田蔬菜公司(自理报检单位备案号5100600335)。请根据所提供的材料判断填制出境货物报检单有关内容的正误。

FORM OF DOCUMENTAPY CREDIT:
IRREVOCABLE
DOCUMENTARY CREDITNUMBER
CJ20110326
DATE OF ISSUE
20110120
DATE AND PLACE OF EXPIRY
20110501CHINA
APPLICANT:
HAMOJIKA CO. LTD
NO.1 KOMEIROAD,TOKYO,JAPAN
BENEFICIARY.
SHANGHAI NEW STAR CO. LTD.
NO.3 CHANGNING ROAD SHANGHAI,CHINA
CURRENCY CODE,AMOUNT
CURRENCY: USD(US DOLLOR)
AMOUNT: $98.000
AVAILABLE WITH...BY
ANY BANK IN CHINA ON SIGHT BASIS BY NEGOTIATION
PARTIAL SHIPMENT:

ALLOWED

TRANSSHIPMENT：
PROHIBITED
PORT OF LOADING
ANY MAIN PORT OF CHINA

PORT OF DISCHARGE
ANY MAIN PORT OF JAPAN

LATEST DATE OF SHIPMENT
20110218
DESCRIPTION OF GOODS AND/OF SERVICES：
FROZEN POTATO 1000PACKAGES/10000KGS
USD9.8 PER KG
PACKING IN CARTON INNER PLASTIC BAG
ACCORDING TO SALES CONTRACT NO. LV201102FM
TRADE TERMS：C AND F OSAKA

DOCUMENTS REQUIRED
1. SIGNED COMMERCIAL INVOICE IN ONE ORIGINAL AND TWO COPIES
2. PACKING LIST IN ONE ORIGINAL SHOWING WEIGHT AND MEASUREMENT PER PACKAGE
3. ORIGINAL CLEAN ON BOARD OCEAN BILLS OF LADING MADE OUT TO ORDER OF HAMOOJIKA CO. LTD. MARKED "FREIGHT COLLLECT"
4. INSPECTION CERTIFICATE ISSUED AND SIGNED BY HEAD OF SHANGHAI REPRESENTATIVE OFFICE OF HAMOJIKA CO. LYD.
5. QUALITY CERTIFICATE AND PHYTOSANITARY CERTIFICATE ISSUED BY CIQ（THE CONSIGNEE MUST BE HAMOJIKA CO. LTD.）

ADDITIONAL CONDITIONS：
+INSURANCE TO BE COVERED BY ULTIMATE BUYER
+BILLS OF LADING MUST NOT SHOW THIS L/C NO.

中华人民共和国出入境检验检疫出境货物报检单

(116)报检(加盖公章):四川绿田蔬菜有限公司　＊编 号____________

报检单位登记号:5100600333　联系人:宋新平　电话:35797563　报检时间:2011年2月14日

(117)发货人	(中文)四川绿田蔬菜有限公司				
	(外文)LV. Tian Vegetable Corp SiChuan China				
收货人	(中文)日本禾木佳公司				
	(外文)HAMOJIKACO,LTD				
(118)货物名称(中/外文)	H. S. 编码	(119)产地	(120)数/重量	货物总值	(121)包装种类及数量
冷冻蔬菜 FEOZEN POTATO	0710100000	四川	1000件	USD98,000	1000纸箱

运输工具名称号码	船舶	贸易方式	一般贸易	货物存放地点	工厂仓库
合同号	LV201102FM	(122)信用证号	C120110326	用途	食用
发货日期	2011.02	输往国家(地区)	日本	(123)许可证/审批号	***
起运地	上海	(124)到达口岸	日本大阪	生产单位注册号	5100600335

集装箱规格、数量及号码		***	
合同、信用证订立的检验检疫条款或特殊要求	标记及号码	随附单据(画"√"或补填)	
***	NewStar/HAMOJIKA	• 合同 • 信用证 • 发票 • 换证凭证 • 装箱单 • 厂检单	• 包装性能结果 • 许可/审批文件 • • • •

(125)需要单证名称(画"√"或补填)		＊检验检疫费	
• 品质证书 __正__副 • 质量证书 __正__副 • 数量证书 __正__副 • 兽医卫生证书__正__副 • 健康证书 __正__副 • 卫生证书 __正__副 • 动物卫生证书__正__副	植物检验证书 __正__副 熏蒸消毒证书 __正__副 出境货物换证凭单 __正__副 出境货物通关单 __正__副	总金额(人民币元)	
		计费人	
		收费人	

1. 本人被授权报检 2. 上列填写内容正确属实,货物无伪造或冒用他人的厂名、标志、认证标志,并承担货物质量责任。 签名____________	领取证单	
	日期	
	签名	

第九章
进口检验检疫业务

9-1 检验常识视频

知识要求 入境报检时间的规定；检验检疫机构；入境货物报检的地点选择；入境货物报检单的填写；入境货物报检的业务流程等。

技能要求 了解商检备案制度和操作方法，熟悉入境检验的时间和地点；熟悉入境检验检疫工作的流程；掌握入境报检单的填写技能等。学生通过完成实训习题来掌握以上技能和操作方法。

关键术语 检验检疫机构；检验检疫单据；入境检验检疫业务流程

9-2 入境检验检疫课件

第一部分 基础知识

9-3 检验条款视频

一、法定检验和商业检验

根据《中华人民共和国进出口商品检验法》规定，法定检验只能由出入境检验检疫机构实施。属于法定检验的进口商品，未经检验的，不准销售、使用。实施法定检验的范围是指列入必须实施检验的进出口商品目录（以下简称目录）的进出口商品的检验和法律、行政法规规定实施检验的进出口商品或者检验项目。目录由国家商检部门制定和调整，并公布实施。法定检验的内容是指确定列入目录的进出口商品是否符合国家技术规范的强制性要求的合格评定活动。商业检验，是买卖双方商定的、由双方认可的、第三方公正检验机构对商品的检验。二者的差别：法定检验是由一个国家的官方检验检疫机构实施的强制性检验；商业检验是由民间的检验机构实施的检验。

进口商品法定检验的范围：

(1)列入《种类表》的进口商品；

(2)有关国际条约、协议规定须经商检机构检验的进口商品；

(3)其他法律、行政法规规定须经商检机构检验的进口商品。

二、企业报检备案操作

(一)企业范围

1. 自理报检企业

向检验检疫部门办理本企业报检业务的进出口货物收发货人和出口货物的生产、加工单位。

2. 代理报检企业

接受进出口货物收发货人委托，为委托人向检验检疫部门办理报检业务的境内企业。

(二)网上申请

(1)登录 www.eciq.cn 中国电子检验检疫业务网；

(2)选择“报检企业备案登记”，登入“报检企业管理系统”办理网上备案申请(操作要求详见中国电子检验检疫业务网上的“报检企业报检员管理系统”用户手册)；

(3)打印报检企业备案表。

(三)现场备案

1. 申请材料

(1)报检企业备案表；

(2)营业执照复印件；

(3)组织机构代码证书复印件；

(4)报检人员备案表及报检人员的身份证复印件(如不涉及报检人员备案，可不提供)；

(5)企业的公章印模；

(6)使用报检专用章的，应当提交报检专用章印模；

(7)出入境快件运营企业应当提交国际快递业务经营许可证复印件。

以上材料应当加盖企业公章，提交复印件的应当同时交验原件。

2. 受理程序

材料齐全、符合要求的，备案受理机构在 5 个工作日内为企业办理备案手续，核发报检企业及报检人员备案号。

三、入境货物报检的时间规定(见表 9-1)

表 9-1　入境货物报检的时间规定

	检验商品	检验时间规定
法定检验	货物品质检验和鉴定	索赔有效期到期前不少于 20 天内报检
	其他动物	进境前 15 天报检
	输入植物、种子、种苗及其他繁殖材料	进境前 7 天报检
	动植物性包装物、铺垫材料	应当及时报检
	运输动植物、动植物产品和其他检疫物过境	在进境时报检
	入境的集装箱货物、废旧物品在到达口岸时	必须向检验检疫机构报检并接受检疫,经检疫或实施消毒、除鼠、除虫或其他必要的卫生处理后合格的,方准入境
	输入微生物,人体组织,生物制品、血液及其制品或种畜、禽及其精液、胚胎、受精卵	入境前 30 天报检
非法检	非法定检验检疫	进出口双方按照合同规定或者自愿选择时间进行检验

四、入境货物检验检疫机构

9-4 检验机构视频

根据我国《进出口商品检验法》(以下简称《商检法》)及其实施条例、《进出境动植物检疫法》及其实施条例、《国境卫生检疫法》及其实施细则、《食品安全法》等有关法律、行政法规的规定,列入法定检验范围的进口商品必须按照有关规定向合格的出入境检验检疫机构(国家质检总局或其指定的检验机构)报检。

目前,我国法定的进境货物检验检疫机构一般为各省、自治区、直辖市检验检疫局及其分支机构。自理报检单位应当在其工商注册所在地辖区的检验检疫机构办理备案登记手续。已经办理过备案登记手续的自理报检单位,去往其他口岸出入境检验检疫机构报检时,无须重新备案登记,但需要履行异地备案手续。代理报检单位在报检时,应当向检验检疫机构提交报检委托书。

除出入境检验检疫机构外,我国还有专业部门负责的检验检疫。此外,我国也有为进口贸易提供检验服务的中介组织,如中国进出口商品检验总公司及其分支机构(见表 9-2)。

非法定检验检疫由进出口双方按照合同规定或者自愿选择检验机构进行检验。

表 9-2　法定检验检疫机构

分类	机构名称	负责范围
法检	国家质检总局	一般商品法定检验和鉴定
特种检验	卫生部指定的药品检验部门	进口药品
	国家计量部门	进口计量器
	锅炉压力容器安全监察机构	进口锅炉及压力容器的安全监督
	船舶检验检疫机构	进口船舶、主要船用设备和材料、集装箱的船舶规范检验
	民航部门的专门机构	进口飞机，包括飞机发动机、机载设备等的适航检验

五、入境货物报检的地点(见表 9-3)

表 9-3　法定检验检疫地点规定

进口情况	检验检疫地点
法定检验范围内的进口商品到货	报关地检验检疫机构报检
审批、许可证等有关政府批文中规定了检验检疫地点	在规定的地点报检
大宗、散装进口货物的鉴重，及合同规定以卸货口岸检验检疫机构的品质、重量检验证书作为计算价格结算货款的货物	卸货口岸报检
进口粮食、原糖、化肥、硫黄、矿砂等散装货物	卸货口岸报检
进口化工原料和化工产品	卸货口岸
在国内转运过程中，容易造成水分挥发、散失或易腐易变的货物	卸货口岸
在卸货时，发现货物残损或短少时	卸货口岸或到达站检验检疫机构
需要结合安装调试进行检验的成套设备、机电仪器产品以及在卸货口岸开箱检验难以恢复包装的货物	收、用货人所在地检验检疫机构
输入动植物、动植物产品和其他检疫物	进境口岸检验检疫机构
进境后需办理转关手续的检疫物	指定检验检疫机构报检
空的集装箱，或者装的是非法检货物的集装箱	进境口岸检验检疫机构

9-5 检验证书视频

六、入境货物报检环节

入境货物报检程序一般包括准备报检单证、电子报检数据录入和现场递交单证几个环节。

(一)需要准备的入境货物报检单证(见表 9-4)

表 9-4　入境报检需要提供的单证

进口情况	需要提供单证
法定检验范围内的进口商品	入境货物报检单,外贸合同、发票、提(运)单、装箱单等以及其他相关特殊证单等
凡实施安全质量许可、卫生注册或其他需审批审核的货物	提供有关审批文件证明,并在报检单上注明文件号
申请品质检验	国外品质证书或质量保证书、产品使用说明书,及有关标准和技术资料;凭样成交的,须加附成交样品;以品级或公量计价结算的,应同时申请重量鉴定
报检入境废物	国家环保部门签发的进口废物批准证书、废物利用风险报告和经认可的检验检疫机构签发的装运前检验合格证书
报检入境旧机电	与进口旧机电产品相符的进口许可证明
残损鉴定	理货残损单、铁路商务记录、空运事故记录或海事报告等证明货损情况的有关单证
数/重量鉴定	数/重量明细单、磅码单、理货清单
经收、用货部门验收或其他单位检测	验收报告或检测结果以及数/重量明细单
入境的动植物及其产品	产地证、输出国家或地区官方的检疫证书;需办理入境检疫审批手续的,还应提供入境动植物检疫许可证
进境后需办理转关手续的检疫物	指定检验检疫机构报检
过境动植物及其产品报检	检疫证书;运输动物过境的,还应提交国家质检总局签发的动植物过境许可证
入境旅客、交通员工携带伴侣动物	入境动物检疫证书及预防接种证明
因科研等特殊需要,输入禁止入境物	国家质检总局签发的特许审批证明
微生物	应提供菌、毒株的学名、株名、来源、特性、用途、批号、数量及国家级鉴定书
人体组织、器官	有关捐献者的健康状况和无污染病(包括艾滋病检验阴性)的证明
血液及其制品	用途及实验室检验证书
生物制品	该制品的成分、生产工艺、使用说明、批号、有效期及检验证明

(二)电子报检数据录入(电子报检)

对于电子报检,要求如下:

(1)使用经国家质检总局评测合格并认可的电子报检软件进行电子报检;

(2)须在规定的报检时限内将相关出入境货物的报检数据发送至报检地检验检疫机构;

(3)对合同或信用证中涉及检验检疫特殊条款和特殊要求的,应在电子报检中同时提出;

(4)对经审核不符合要求的电子报检数据，报检人员可按照检验检疫机构的有关要求对报检数据修改后，再次报检；

(5)报检人员收到受理报检的反馈信息后打印出符合规范的纸质货物报检单；

(6)需要对已发送的电子报检数据进行更改或撤销报检时，报检人员应发送更改或撤销申请。

（三）现场递交单证

电子报检受理后，报检人员应当在检验检疫机构规定的地点和期限内，持本人报检员证到现场递交纸质报检单、随附单证等有关资料。

对于经检验检疫机构工作人员审核认为不符合规定的报检单证，或需要报检单位做出解析、说明的，报检人员应当及时修改、补充或更换报检单证，或者及时解析、说明情况。

（四）检验检疫机构受理报检

检验检疫机构审核有关资料，符合要求的，受理报检并计收费用，转施检部门签署意见，计收费。报检人员应当在检验检疫机构开具收费通知单之日起 20 日内足额缴纳检验检疫费用。对来自疫区的、可能传播传染病、动植物疫情及可能夹带有害物质的入境货物的交通工具或运输包装实施必要的检疫、消毒、卫生除害处理后，签发入境货物通关单（入境废物、活动物等除外）供报检人办理海关的通关手续。

出入境检验检疫机构对列入《出入境检验检疫机构实施检验检疫的进出境商品目录》的入境货物在入境口岸本地实施检验检疫的，签发入境货物通关单（三联）；需先在口岸放行、异地实施检验检疫的，签发入境货物通关单（四联）。同时，检验检疫机构将通关单电子数据传输至海关，海关凭以验放法检商品，办结海关手续后将通关单使用情况反馈检验检疫机构。

（五）货物通关

（六）检验检疫机构实施检验检疫

货物通关后，报检人员应当在检验检疫机构规定的时间和地点主动与指定的检验检疫机构联系，配合检验检疫机构对入境货物实施检验检疫。

（七）签证放行或做出处理通知

经检验检疫合格的入境货物，检验检疫机构签发入境货物检验检疫证明放行；经检验检疫不合格的货物，检验检疫机构签发检验检疫处理通知书；需要索赔的入境货物，检验检疫机构签发检验检疫证书。

报检人在领取检验检疫机构出具的有关检验检疫证单时应当如实签署姓名和领证时

间,并妥善保管。

(八)入境货物报检时的其他注意事项

(1)列入《实施质量许可制度的进口商品目录》内的货物,必须取得国家检验检疫部门颁发的质量许可证并加贴“安全标志”方可申请报检。强制性认证商品目录内的货物,应取得证书并加贴“CCC”标志。

(2)下列入境货物须经国家检验检疫部门审批后方可报检:

①来自疫区的动植物、动植物产品和其他检疫物;

②国家禁止进境的需特许审批的检疫物;

③进境后不在入境口岸检验检疫机构管辖范围内进行加工、使用、销售的,或者仅由入境口岸动植物检疫机构和外包装消毒后,再运往目的地口岸检验检疫机构进行进一步检疫监管的动物、动物产品;

④进境猪的产品等。

(3)已实施装运前检验的入境货物到达口岸后,仍然要按有关规定进行检验,以口岸检验检疫机构的检验结果为最终结果。对经检验检疫不合格的货物,按规定办理对外索赔。

知识点归纳

1. 检验的分类(法定检验和商业检验)、报检备案操作、入境货物报检、时间规定和入境货物检验检疫机构

2. 入境货物报检单的基本要求、填写要求和特殊要求与入境货物报检的单据要求

3. 入境货物报检时的注意事项

第二部分　实训习题

9-6 实训习题参考答案

实训习题 1　贵州一饮料生产厂从英国进口两批设备零配件(检验检疫类别为 R/),一批在上海入境通关后运至贵州,另一批从深圳入境后转关至贵州,全部进齐后组装成饮料生产线,投入使用后发现部分零件存在质量问题。根据业务背景资料,结合出入境检验检疫的基本工作内容、工作程序,对下列选项做出选择。

(1) 如果进口的是旧设备,该厂在进口前应事先申请办理(　　)。

A. 动植物检疫审批　　　　B. 卫生注册登记

C. 强制性产品认证人　　　D. 旧机电产品备案

(2)对于从上海口岸入境的货物,如果在口岸发现部分包装破损,该饮料厂就向(　　)

检验检疫机构申请残损鉴定。

A. 上海　　B. 贵州　　C. 上海和贵州　　D. 上海或贵州

(3)对于从深圳口岸入境的货物,该饮料厂应向(　　)检验检疫机构报检,申请入境货物通关单。

A. 上海　　B. 广州　　C. 深圳　　D. 贵州

(4)该生产线必须由检验检疫机构实施(　　)。

A. 品质检验和卫生除害处理　　B. 食品设备卫生检验和卫生除害处理

C. 品质检验和食品设备卫生检验　　D. 品质检验和民用商品入境验证

(5)经该饮料厂索赔,卖方将出现质量问题的零件的赔付品空运到贵州,以下关于赔付的零件表述正确的是(　　)。

A. 该饮料厂无须办理报检手续

B. 该饮料厂应向贵州检验检疫机构申请入境验证

C. 该饮料厂应向贵州检验检疫机构报检,申请入境货物通关单

D. 该饮料厂应向贵州检验检疫机构报检,申请入境货物调离通知单

实训习题2　安徽黄山振华制造公司对原有汽车配件生产线进行技术改造,从德国进口一批机电设备和汽车用监视器。合同签订日期是2009年4月1日,合同约定进口设备索赔期为到港后45天。货物6月2日到达上海口岸,6月4日从上海报关进口,6月8日运至安徽黄山。货物清单如下:

序号	货物名称	检验检疫类别	数量	包装种类及数量,备注
①	机械压力机	N	1台	1木托;未经使用,但已过质量保证期
②	金属研磨机床	M/N	2台	裸装,垫木固定;已使用三年
③	立式加工中心	M	2台	2木托;部分为旧部件
④	监视器	L. M/N	2台	2纸箱,内有木刨花;汽车配件
⑤	电焊机	L	2台	2胶合纸箱;维修工具

请结合相关内容回答下列问题。

(1)须实施进口商品检验的是:

(2)须事先办理进口旧机电产品备案的是:

(3)可以不提供强制性产品证书的是:

(4)上述货物包装在德国进行除害处理并加施相关标识的是:

(5)振华公司在什么日期向黄山检验检疫机构申请检验符合报检时限规定?

实训习题3 北京K制造公司委托上海X机械设备进出口公司与美国M贸易公司签订贸易合同，从香港进口一台美国产数控机床（检验检疫类别为M/N）。货物从天津口岸入境，X公司委托天津Y代理报检公司办理报检手续。

(1)以下表述正确的有(　　)。

A. X公司应在天津办理自理报检单位备案

B. X公司应在上海办理自理报检单位备案

C. Y公司应在天津办理代理报检企业注册登记，在上海办理异地备案

D. M公司应向国家质检总局办理注册登记

(2)以下表述正确的有(　　)。

A. 应在天津申请签发入境货物检验检疫证明

B. 应在北京申请签发入境货物检验检疫证明

C. 领取入境货物检验检疫证明后，不能再申请其他检验检疫单

D. 领取入境货物通关单后，K公司即可安装使用该设备

(3)以下表述正确的有(　　)。

A. 该货物应在天津申请入境货物通关单

B. 该批货物应在北京申请检验

C. 该批货物应在美国实施装运前检验

D. 该批货物应在香港实施装运前检验

(4)关于入境货物报检单的填制，正确的有(　　)。

A. 收货人填写K公司

B. 收货人填写Y公司

C. 发货人填写X公司

D. 报检单位填写Y公司

(5)关于入境货物报检单的填制，正确的有(　　)。

A. 原产国(地区)填写美国

B. 起运国家(地区)填写中国香港

C. 贸易国别(地区)填写美国

D. 目的地填写天津

实训习题4 入境货物报检的时间规定。

<table>
<tr><th></th><th>检验商品</th><th>检验时间规定</th></tr>
<tr><td rowspan="7">法定检验</td><td>货物品质检验和鉴定</td><td></td></tr>
<tr><td>其他动物</td><td></td></tr>
<tr><td>输入植物、种子、种苗及其他繁殖材料</td><td></td></tr>
<tr><td>动植物性包装物、铺垫材料</td><td></td></tr>
<tr><td>运输动植物、动植物产品和其他检疫物过境</td><td></td></tr>
<tr><td>入境的集装箱货物、废旧物品在到达口岸时</td><td></td></tr>
<tr><td>输入微生物，人体组织，生物制品、血液及其制品或种畜、禽及其精液、胚胎、受精卵</td><td></td></tr>
<tr><td>非法检</td><td colspan="2"></td></tr>
</table>

实训习题 5 检验检疫机构。

	机构名称	负责范围
法检特种检验	国家质检总局	
	卫生部指定的药品检验部门	
	国家计量部门	
	锅炉压力容器安全监察机构	
	船舶检验检疫机构	
	民航部门的专门机构	

实训习题 6 法定检验检疫地点规定。

进口情况	检验检疫地点
法定检验范围内的进口商品到货	
审批、许可证等有关政府批文中规定了检验检疫地点	
大宗、散装进口货物的鉴重，及合同规定以卸货口岸检验检疫机构的品质、重量检验证书作为计算价格结算货款的货物	
进口粮食、原糖、化肥、硫黄、矿砂等散装货物	
进口化工原料和化工产品	
在国内转运过程中，容易造成水分挥发、散失或易腐易变的货物	
在卸货时，发现货物残损或短少时	
需要结合安装调试进行检验的成套设备、机电仪器产品以及在卸货口岸开箱检验难以恢复包装的货物	
输入动植物、动植物产品和其他检疫物	
进境后需办理转关手续的检疫物	
空的集装箱，或者装的是非法检货物的集装箱	

实训习题 7 入境报检需要提供的单据。

进口情况	需要提供单据
法定检验范围内的进口商品	
凡实施安全质量许可、卫生注册或其他需审批审核的货物	
申请品质检验	
报检入境废物	
报检入境旧机电	
残损鉴定	

续表

进口情况	需要提供单据
数/重量鉴定	
经收、用货部门验收或其他单位检测	
入境的动植物及其产品	
进境后需办理转关手续的检疫物	
过境动植物及其产品报检	
入境旅客、交通员工携带伴侣动物	
因科研等特殊需要,输入禁止入境物	
微生物	
人体组织、器官	
血液及其制品	
生物制品	

第十章
各类货物出入境检验与检疫

知识要求 掌握出入境各类货物、动物及其产品、植物及其产品的出入境卫生的检验检疫基础知识。

技能要求 了解出入境各类货物、动物及其产品、植物及其产品报检的基本要求；掌握出入境各类货物、动物及其产品、植物及其产品报检操作技能。

关键术语 机电产品；化妆品；玩具；动物产品；植物产品；危险品

第一部分 基础知识

一、入境货物检验检疫

（一）入境机电产品检验检疫

10-1 3C产品清关课件

有特殊报检要求的入境机电产品主要有以下几类。

1.强制性产品认证

国家对涉及人类健康和动植物生命与健康以及环境保护和公共安全的产品实行强制性认证制度。自2002年5月1日起，列入《中华人民共和国实施强制性产品认证的产品目录》内的商品，必须经过指定的认证机构认证合格、取得指定认证机构颁发的认证证书、并加施认证标志后，方可进口。实施强制性产品认证的机电产品的收货人或其代理人在报检时除填写入境货物报检单并随附有关的外贸证单外，还应提供认证证书，并在机电产品上加施认证标志。

2.旧机电产品

（1）报检范围。

所谓“旧机电产品”，是指已经使用过（包括翻新）的机电产品，如旧压力容器类、旧工程机械类、旧电器类、旧车船类、旧印刷机械类、旧食品机械类、旧农业机械类等。进口旧机电产品，进口单位需向国家质检总局或其授权机构申请办理进口检验。根据《国务院关于取消和调整一批行政审批项目等事项的决定》（国发〔2014〕50号）的要求，质检总局已取消进口旧机电产品备案行政审批。

(2)报检时注意事项。

①保留对国家允许进口的旧机电产品实施检验监管的相关措施，包括装运前检验、口岸查验、到货检验以及监督管理，检验检疫机构在对符合条件的产品出具入境货物通关单时，备注栏内标注“旧机电产品”字样。

②根据《机电产品进口自动许可实施办法》(商务部、海关总署令2008年第6号)第六条第(四)款，“进口旧机电产品的，应提供国家质检总局授权或许可的检验检疫机构出具的进口产品的预检验报告”。

③纳入《应逐批实施现场检验的旧机电产品目录》(见表10-1)的旧机电产品(原生产厂售后服务维修除外)，由口岸检验检疫机构逐批依据相关产品国家技术规范的强制性要求实施现场检验。经检验，凡不符合安全、卫生、环境保护要求的，由检验检疫机构责令收货人销毁，或出具退货处理通知单并书面告知海关，海关凭退货处理通知单办理退运手续。监管要求大大提高，体现了我国在环保上的重视在提高，客观上也提高了进口企业的成本。

表10-1 应逐批实施现场检验的旧机电产品目录

序号	商品编码	商品名称
1	8415.1010-8415.9090	空调
2	8418.1010-8418.9999	电冰箱
3	8471.3010-8471.5090	计算机类设备
4	8528.4100-8528.5990	显示器
5	8443.3211-8443.3219	打印机
6	8471.6040-8471.9000	其他计算机输入输出部件及自动数据处理设备的其他部件
7	8516.5	微波炉
8	8516.603	电饭锅
9	8517.1100-8517.6990	电话机及移动通信设备
10	8443.3110-8443.3190,8443.3290	传真机
11	8469.0011-8469.0030	打字机
12	8521.1011-8521.9019	录像机、放像机及激光视盘机
13	8525.8011-8525.8039	摄像机、摄录一体机及数字相机
14	8528.7110-8528.7300	电视机

续表

序号	商品编码	商品名称
15	8534.0010-8534.0090	印刷电路
16	8540.1100-8540.9990	热电子管、冷阴极管或光阴极管等
17	8542.3100-8542.9000	集成电路及微电子组件
18	8443.3911-8443.3924	复印机

3.CCC 产品认证制度

(1)CCC 认证目录外商品的含义。

“CCC 认证目录外商品”是指海关 HS 编码归入“CCC 强制性认证目录”,但本身不属于强制性认证范围的进口商品。

(2)办理“免办 CCC 认证”申请。

申请人须提供办理人员介绍信(如为代理机构则需提供正式委托书),申请商品的进口外贸合同、发票和提单的复印件及表 10-2 中相应的文件,完成网上申请,并打印有关申请表后,至受理机构办理审批。

表 10-2　网上申请 CCC 免办的情况表

类别	受理机构	申办时所需资料
为科研、测试所需进口的产品(不包括科研器材和设备)	1. 科研、测试企业为上海地区的,由科研、测试企业所在地检验检疫机构受理 2.非上海地区的,依据所在地直属检验检疫局规定办理	1. 加盖企业公章的营业执照复印件(经营范围必须包括生产、研究或测试此类商品) 2. 研发、测试企业申请书(包括商品明细、情况说明、科研测试后产品处理方式、不用于销售和对该产品在研发或测试过程中的安全问题负责的承诺等内容) 3. 提供本次研究、开发、测试计划书/项目书
为考核技术引进生产线所需的零部件	1.生产线所在地为上海地区的,由生产线所在地检验检疫机构受理 2.非上海地区的,依据所在地直属检验检疫局规定办理	1. 加盖企业公章的营业执照复印件 2. 生产线所在企业申请书(包括商品明细、情况说明、不用于销售和对该产品在生产或使用过程中的安全问题负责的承诺等内容) 3. 生产线引进时的报关单、机电证明等文件
直接为最终用户维修目的所需的产品	1. 维修单位或分拨单位(部门)为上海地区的,由维修单位或分拨单位(部门)所在地检验检疫机构受理 2.非上海地区的,依据所在地直属检验检疫局规定办理	1.加盖企业公章的营业执照复印件 2.维修单位申请书(包括商品明细、被维修方及待维修整机情况、维修授权情况、不用于销售和对该产品在维修和使用过程中的安全问题负责的承诺等内容) 3.对于经销单位维修需提供维修合同(或协议)的复印件(需加盖公章),如销售合同中含售后服务条款,则提供合同和使用单位的报修单 4.分拨单位(部门)须建立电子信息管理系统,能够提供仓储和使用信息

续表

类别	受理机构	申办时所需资料
工厂生产线配套所需的设备/部件（不包括办公用品）	1. 生产线所在地为上海地区的，由生产企业所在地检验检疫机构受理 2. 非上海地区的，依据所在地直属检验检疫局规定办理	1. 加盖企业公章的营业执照复印件 2、使用设备的企业申请书（包括商品明细、情况说明、不用于销售和对该产品在使用过程中的安全问题负责的承诺等内容） 3. 符合性证明或产品型式试验报告 4. 生产线明细清单、图纸等资料（申请检验检疫机构现场检查的除外）
仅用于商业展示，但不销售的产品	1. 展示地点在上海地区的，由企业所在地或商业展示地检验检疫机构受理 2. 非上海地区的，依据所在地直属检验检疫局规定办理	1. 加盖企业公章的营业执照复印件 2. 产品型式试验报告及符合性证明等 3. 商业展示企业申请书[包括商品明细、序列号、展示具体地点、展示时间（原则不超过 2 年）、展示后产品处理方式，承诺不改变用途、不用于销售或提供给普通消费者使用的承诺和对该产品在展示中的安全问题负责的承诺等内容]
以整机全数出口为目的而用一般贸易方式进口的零部件	1. 整机生产企业在上海地区的，由整机生产企业所在地检验检疫局受理 2. 非上海地区的，依据所在地直属检验检疫局规定办理	1. 加盖企业公章的营业执照复印件 2. 整机生产企业申请书（包括商品明细、出口期限、加工地点、货物全部用于出口的承诺、在出口后凭出口正本报关单和外汇核销单到检验检疫机构进行核销的承诺） 3. 与外方签署的加工合同、出口合同，成品图纸，或成品实物

（3）非一般贸易进口等 13 种不需办理 CCC 认证的情况。（见表 10-3）

表 10-3 不需办理 CCC 认证的情况表

特殊情况类别	报检时需提交的资料	在电子报检许可证栏目输入内容
外国驻华使、领馆和国际组织驻华机构及其外交人员自用物品	外国驻华使、领馆或国际组织驻华机构的正式公函或证明材料	不需 CCC 认证
香港、澳门特区政府驻内地官方机构及其工作人员自用物品	香港、澳门特区政府驻内地官方机构正式公函或证明材料	
入境人员从境外带入境内的自用物品	1. 入境人员自我声明 2. 有海关相关批复的进境行李物品申报单	
政府间援助/赠送的物品	1. 进口单位自我声明 2. 县级以上政府机构公函或证明材料	
有权/无权军事装备	军事单位证明材料；出示海关关封	
国际展会不用于销售的展览品	进口单位自我声明	

续表

特殊情况类别	报检时需提交的资料	在电子报检许可证栏目输入内容
收货地为上海的暂时进口后需退运出关的(包括暂时进出货物、进境修理物品等)	1.进口单位自我声明; 2.进口单位保证书(必须明确出口退运出关的日期,并承诺在退运出关2周内至检验检疫局进行核销)。有关进口车辆需向上海局办理免办CCC审批申请	不需CCC认证
出口退货(包括退运货物、出境维修物品、进/来料成品退换等)	1. 进口单位自我声明 2. 原出口时海关盖章验放的报关单复印件或原出口时的检验检疫单证复印件	
外高桥保税区企业自用进口商品	1. 进口单位自我声明 2. 有海关批复的外高桥自用设备进出口货物征免税证明复印件	
进行CCC认证试验的样品	1. 进口单位自我声明 2. CCC指定认证机构出具的送样通知书原件(含申请人、进口商、样品名称、商标、规格型号、数量等信息)	
无代价抵偿	检验检疫证书(数量证、质量证等)	
不用于销售或租赁目的而进口的旧机电产品	1. 进口单位自我声明 2. 相关旧机电备案书/证明书	旧机电
进口成套设备夹带商品	经收货地检验检疫机构检验监管部门认定并加盖公章的进口单位自我声明	成套夹带

(4)CCC认证资料鉴定所需资料:

①办理人员介绍信或委托书;

②情况说明,包括品名、型号、用途等,需加盖公章;

③技术资料,包括产品基本技术参数、工作原理、型号,或符合的IEC标准等,原件或加盖公章的复印件;

④如果商品已经到港,需携带相关报关单证或自行预录的3C目录外咨询修改提交申请表。

4.进口电池检验检疫

(1)检验依据。

2001年,国家出入境检验检疫局为加强电池产品汞污染的防治工作,保护和改善我国生态环境,根据《中华人民共和国进出口商品检验法》及其实施条例和有关规定,制定《进出口电池产品汞含量检验监管办法》。据此规定,国家质检总局主管全国进出口电池汞含量的检验监管工作。国家质检总局设在各地的出入境检验检疫机构(以下简称检验检疫机构)分工负责所辖地区进出口电池产品的备案及日常检验监管工作。进口电池产品的备案申请人在电池产品进口前应当向有关检验检疫机构申请备案。进口电池产品,由进口备案申请人送样到受理备案申请的检验检疫机构。送样数量为:同一品牌、同一规格型号、同一产地的样品不少于 30 个。进口含汞电池产品汞含量检测和检测结果的判定按有关规定和标准执行。样本经检测合格,由汞含量检测实验室出具电池产品汞含量检测合格确认书(以下简称确认书)。样本经检测,其中有一个样品的汞含量不合格,则认定该品牌、规格型号、产地的电池产量汞含量不合格,由汞含量检测实验室签发电池产品汞含量检测不合格通知单。受理备案申请的检验检疫机构凭汞含量检测实验室出具的确认书(正本)审核并签发含汞电池产品进出口电池产品备案书。进出口电池产品备案书有效期为一年。

2015 年国家质量监督检验检疫总局发布《质检总局关于停止实施进口电池产品汞含量备案工作的公告》(2015 年第 163 号)指出,电池进口清关方面已经大大简化了进口手续,但是电池进口依然是法检产品,电池的检验工作将交由口岸商检部门实施检验,对于外观等方面不符合我国标准的,依然要做退运或者销毁处理。

电池进口报检报关所需的文件:提单、箱单、发票、合同、报关报检委托书、电池有害物质声明、中文 MSDS、中文标示和其他商检海关认为需要的文件。

(2)报检注意事项。

①废电池属于禁止进口固体废物目录,不允许进口。

②进出口电池产品备案书的有效期为一年。

③随整机进口的电池产品可不单独报检。

10-2 化妆品检验检疫课件

(二)进口化妆品检验检疫

1. 报检范围

化妆品是指以涂、擦散布于人体表面任何部位(皮肤、毛发、指甲、口唇等)或口腔黏膜,以达到清洁、护肤、美容和修饰目的的产品。化妆品是和人体直接接触的物质,对安全和卫生要求很高。国际上许多国家对它进行立法管理,自 1990 年起我国对进出口化妆品实施法定检验。

2. 报检程序以及单据要求

(1)首次进口化妆品(未获得 IC 系统产品正式备案号的)报检时,收货人或其代理人应当提供以下文件:

①产品配方(应与申请办理卫生许可批件或备案凭证时相同);

②货物清单(注明产品临时备案号);

③进口化妆品企业责任承诺书;

④国家实施卫生许可或备案的进口化妆品成品(包括销售包装成品及非销售包装成品)应当提交国家相关主管部门批准的在有效期内的进口化妆品卫生许可批件或者备案凭证,上述文件提供复印件加盖企业公章的,应当同时交验正本。

⑤国家没有实施卫生许可或备案的产品应当提交产品安全性承诺、化妆品安全性风险

物质危害识别表;在国外允许生产或销售的相关证明材料或原产地证等。

⑥销售包装化妆品成品还应当提交中文标签样张和外文标签翻译件(非卖品可提供正品外文标签翻译件)。

(2)非首次进口的化妆品(已获得IC系统产品正式备案号的)报检时,收货人或其代理人应当提供以下文件:

①货物清单(注明产品正式备案号)。

②进口化妆品企业责任承诺书。

(三)进口玩具检验检疫

玩具是促进儿童增长知识,发展智力的益智产品。一般是为特定年龄组的儿童设计和制造的。玩具的种类很多,按加工工艺的不同分为:布绒玩具、塑料玩具、电子玩具、电动玩具和机械玩具等。

1.报检范围

国家对进口玩具实行加施检验检疫标志的管理。范围是:玩偶、玩具电动火车、填充的玩具动物、玩具乐器、智力玩具、缩小的全套模型组件、组装成套的其他玩具、其他带动力装置的玩具及模型、其他未列明玩具等。

2.报检程序

入境玩具的收货人或者代理人应按规定到检验检疫机构报检,报检后由施检部门对进口玩具进行检验。经检验合格的,由检验检疫机构签发入境货物检验检疫证明,并在玩具上加贴检验检疫安全标志,准许在市场上销售。

3.报检单据

报检时应填写入境货物报检单并提供有关的外贸单据:合同、发票、提单、集装箱等。

4.报检地点

进口玩具的收货人或者其代理人应在入境前或入境时向报关地检验检疫机构报检。

(四)进口石材、涂料检验检疫

1.石材。

(1)报检范围

进口石材包括《商品名称及编码协调制度》中编码为2515、2516、6801、6802项下的商品。

(2)报检程序。

货主或者其代理人应在货物入境前按《出入境检验检疫报检规定》,到入境口岸检验检疫机构办理报检。

(3)报检单据。

除提供合同、发票、装箱单、提单和集装箱等资料外,还应提供符合 GE6566-2001 规定的最严格限量要求进行验收。

2. 涂料

(1)报检范围。

进口涂料包括《商品名称及编码协调制度》中编码为 3208、3209 项下的商品。

(2)登记备案。

国家质检总局对进口涂料的检验采取登记备案、专项检测制度。进口涂料的生产商、进口商和进口代理商根据需要,可以向备案机构申请进口涂料备案。备案申请应在涂料进口之前至少 2 个月向备案机构申请。

(3)报检程序。

货主或者其代理人应当在进口涂料入境前按照《出入境检验检疫报检规定》,到入境口岸检验检疫机构办理报检。

(4)报检单据。

除提供合同、发票、提单和装箱单等资料外,已经备案的涂料应同时提交进口涂料备案书或其复印件。

(五)入境展览物品检验检疫

1. 报检范围

参加国际展览的入境展览物品及其包装材料、运输工具均应实施检验检疫。

2. 报检程序

展览物品入境前、入境时,货主应持有关证单向出入境检验检疫机构报检,出入境检验检疫机构根据有关规定出具入境货物报检单。入境展览物品运抵存放地后,检验检疫人员实施现场检验检疫,对入境的集装箱进行检疫处理,并按有关规定对入境物进行取样。经现场检验检疫合格或经检疫处理合格的展览物品,可以进入展馆展出,展览期间接受检验检疫机构的监管。经检疫不合格又无有效处理方法的做退运或销毁处理。

3. 报检单据

报检人应填写入境货物报检单并提供外贸合同、发票、提(运)单等有关证单。来自美国、日本、欧盟国家和韩国的展览物品入境时,报检人需按有关规定提交相应证书或声明。入境展览物为旧机电产品的,应按旧机电产品备案手续办理相关证明。

4. 监督管理

入境展览物品在展览期间必须接受检验检疫人员的监督管理,仅供展览,未经许可不得改作他用。展览结束后,所有入境展览物品须在检验检疫人员监督下由货主或其代理人做退运、留购或销毁处理。留购的展览物品,报检人应重新办理有关检验检疫手续,退运的展览物品，需出具官方检疫证书的，应在出境前向出入境检验检疫机构报检。

二、出境货物检验检疫

一般来说，出境货物最迟应在出口报关或装运前 7 天报检。对于个别检验检疫周期较长的货物，应留有相应的检验检疫时间；法定检验检疫货物，除活动物须由口岸检验检疫机构检验检疫外，原则上应坚持产地检验检疫。

（一）出境货物的木质包装检验检疫

10-3 木质包装检验检疫课件

1. 报检范围

出境货物木质包装（以下简称木质包装）指用于承载、包装、铺垫、支撑、加固货物的木质材料，如木箱、木板条箱、木托盘、木框、木桶、木轴、木楔、垫木、衬木等。经人工合成的材料或经深度加工的包装用木质材料，如胶合板、纤维板等不在此列。根据《中华人民共和国进出境动植物检疫法》及《中华人民共和国进出境动植物检疫法实施条例》，对出境植物、植物产品及其他检疫物的装载容器、包装物及铺垫材料依照规定实施检疫。

2. 检疫规定

输往美国、加拿大的货物木质包装应符合下列检疫规定：美国、加拿大从 1998 年 12 月 17 日起先后对从中国输往美国的货物木质包装实施新的检疫规定，要求对所有木质包装进行热处理、熏蒸或防腐处理，并由检验检疫机构出具熏蒸/消毒证书。无木质包装的货物，由出口商出具无木质包装的声明。

输往巴西的货物木质包装应符合下列检疫规定：巴西自 2000 年 1 月 3 日起对来自中国（包括香港特别行政区）等多个国家和地区的木质包装实施新的检疫措施，要求对木质包装进行热处理、熏蒸处理或其他巴方检疫机构认可的防虫处理，并提供国家（地区）官方检疫部门出具的检疫证书。

输往欧盟的货物木质包装应符合下列检疫规定：欧盟自 2001 年 10 月起对来自包括中国在内的多个国家和地区的针叶木质包装采取紧急检疫措施，以防止松材线虫传入欧盟。对于不符合规定的木质包装，欧方将在入境口岸采取除害处理、销毁、拒绝入境等措施。

3. 报检程序

对目的地为美国、加拿大的出口货物的木质包装（含途经中国香港出口美国的），出口企业在木质包装盛装货物前，须持有关证单向当地检验检疫机构报检，取得检验检疫机构签发的熏蒸/消毒证书。企业凭检验检疫机构签发的出境货物通关单向海关办理出口手续。美国、加拿大凭我国检验检疫机构签发的熏蒸/消毒证书验放货物。

对输往巴西的带有木质包装的货物，应尽量避免使用木质包装。如确需使用木质包装的货物，在货物出口前，出口企业必须向当地检验检疫机构报检，取得检验检疫机构签发的熏蒸/消毒证书，企业凭检验检疫机构签发的出境货物通关单向海关办理出口手续。巴西检疫部门凭我国检验检疫机构签发的熏蒸/消毒证书验放货物，如不能提供检疫证书的，该批货物将在巴方检疫部门的监督下，拆除木质包装，做焚烧、熏蒸等除害处理，费用由进口商承担。

对输往欧盟的货物木质包装，在货物出口前，出口企业须向当地检验检疫机构报检，按以下办法办理：对使用松材线虫疫区针叶树木质包装的，在出口前必须进行除害处理，处理合格的木质包装上须有标记，在标记上注明处理方法、地点及实施处理的单位，并由检验检疫机构出具植物检疫证书。对使用松材线虫非疫区针叶树木质包装的，由检验检疫机构实施检疫并出具植物检疫证书，证明木质包装来自非疫区；对使用非针叶树木质包装的，如进口企业提出要求或合同、信用证中有规定，需要检验检疫出具除害处理证书的，可向检验检疫机构报检，经对木质包装除害处理，处理合格的出具熏蒸/消毒证书。

10-4 旧机电产品检验检疫课件

（二）出口机电产品检验检疫

1.出口电池报检

国家对出口电池产品实行备案和汞含量专项检测制度，未经备案或汞含量检测不合格的电池产品不准出口。电池产品的范围是编码 8506、8507 品目下的所有子目商品（含专用电器具配置的电池）。

出口电池产品必须经过审核，取得进出口电池产品备案书后方可报检。进出口电池产品备案书向所在地检验检疫机构申请。申请通过后，按规定填写出境货物报检单并提供相关外贸单据：合同或销售确认书、发票、装箱单等；出境货物运输包装性能检验结果单（正本）；进出口电池产品备案书（正本）或其复印件（进出口电池产品备案书有效期为一年）。

未列入《出入境检验检疫机构实施检验检疫的进出境商品目录》的、不含汞的出口电池产品可凭进出口电池产品备案书（正本）或复印件申报放行，不实施检验。

2.出口小家电产品报检

（1）报检范围。

小家电产品指需要外接电源的家庭日常生活使用或类似用途、具有独立功能的并与人身有直接或间接的接触，将电能转化为功能或热能，涉及人身的安全、卫生、健康的小型电器产品。

（2）报检程序。

第一，出口小家电产品的生产企业实行登记制度。登记时应提交出口小家电生产企业登记表，并提供相应的出口产品质量技术文件，如产品企业标准、国内外认证证书、出口质量许可证书、型式试验报告及其他产品获证文件。检验检疫机构对出口小家电产品的企业的质量保证体系进行书面审核和现场验证，重点审查其是否具备必需的安全项目（如抗电强度、接地电池、绝缘电阻、泄漏电流及特定产品特殊项目）的检测仪器和相应资格的检测人员。

第二，小家电产品取得型式试验报告。首次登记的企业，由当地的检验检疫机构派员从生产批次中随机抽取并封存样品,由企业送至国家质检总局指定的实验室进行型式试验。凡型式试验不合格的产品,一律不准出口。

(3)报检单据。

出境货物报检单;相关外贸单据,如合同或销售确认书、发票、装箱单等;检验检疫机构签发的证明产品合格的有效的型式试验报告(正本)。列入强制产品认证的,还应提供强制认证证书和认证标志。

(三)出口化妆品检验检疫

1.报检程序

出口化妆品必须经过标签审核,取得进出口化妆品标签审核证书或标签审核受理证明方可报检。检验检疫机构对出口化妆品实施检验的项目,包括化妆品的标签、数量、重量、规格、包装、标记以及品质卫生等;检验检疫机构还应检验化妆品包装容器是否符合产品性能及安全卫生的要求。出口化妆品经检验合格的,由检验检疫机构出具合格证单;经检验不合格的,由检验检疫机构出具不合格证单。其中安全卫生指标不合格的,应在检验检疫机构监督下进行销毁或退货;其他项目不合格的,必须在检验检疫机构监督下进行技术处理,经重新检验合格后方可销售或出口;不能进行技术处理或者经技术处理后重新检验仍不合格的,不准出口。

2.报检单据

出口企业按规定填写出境货物报检单,并提供进出口化妆品标签审核证书(原件或复印件)或标签审核受理证明、相关外贸单据(合同或销售确认书、发票、装箱单)等。首次出口的化妆品必须提供生产、卫生许可证,安全性评价资料和产品成分表(包括特殊化妆品),以供检验检疫机构备案。

(四)出口玩具检验检疫

由于儿童受智力发育的自然限制不能识别玩具在正常使用中或滥用后的潜在危险,不懂得如何保护自己免受伤害,因此,国际上对玩具的安全、卫生性能要求很高,许多国家制定了严格的玩具安全标准,并实施严格的检验管制。我国对出口玩具及其生产企业实行质量许可制度,生产出口玩具的企业必须按《出口玩具质量许可证管理办法》建立质量保证体系,并取得出口玩具质量许可证,检验检疫机构必须凭出口玩具质量许可证方可接受报检。

1.报检程序

生产出口玩具的企业根据《出口玩具质量许可证管理办法》的要求,向检验检疫机构申请出口玩具质量许可证,申请出口玩具质量许可证必须符合下列要求:出口玩具样品必须按照《出口玩具型式试验规则》试验合格;出口玩具的生产企业按照 ISO9000 标准系列和出口玩具生产企业质量体系评审表建立质量体系。在资料审查、型式试验和生产企业现场评审合格后，由国家质检总局统一颁发出口质量许可证，证书有效期为5年；检验检疫机构凭出口玩具质量许可证受理报检；出口玩具的发货人应在货物装运前7天向检验检疫机构报检，出口玩具必须逐批实施检验，检验不合格的不准出口。

2.报检单据

生产出口玩具的企业按规定填写出境货物报检单，并提供相关外贸单据，如合同或销售确认书、发票、装箱单等，以及出口玩具质量许可证。

（五）出口烟花爆竹检验检疫

烟花爆竹是我国传统的大宗出口商品，属于易燃易爆的危险品。生产烟花爆竹的企业应当按照《联合国危险货物建议书规章范本》和有关法律、法规的规定生产、储存出口烟花爆竹。

1.报检范围

HS编码为36041000的烟花爆竹。

2.报检要求

出口烟花爆竹的企业应向所在地检验检疫机构正式提交书面登记申请。生产企业应提供有关生产、质量安全等方面的资料，由检验检疫机构对申请登记企业进行考核。考核合格的企业，由检验检疫机构授予专用代码，方可从事烟花爆竹的出口。生产烟花爆竹的企业应当按照《联合国危险货物建议书规章范本》和有关法律、法规的规定生产、储存出口烟花爆竹；检验应当严格执行国家法律、法规规定的标准；对进口国以及贸易合同高于我国法律、法规规定标准的，按其标准检验。检验检疫机构对首次出口或者原材料、配方发生变化的烟花爆竹应当实施烟火药剂安全稳定性能的检验。盛装出口烟花爆竹的运输包装，应当标有联合国规定的危险货物包装标记和出口烟花爆竹生产企业的登记代码标记。凡经检验合格的出口烟花爆竹，由检验检疫机构在其运输包装的明显部位加贴验讫标志。

3.报检单据

出口烟花爆竹的企业按规定填写出境货物报检单，并提供相应外贸单据（合同或销售确认书、发票、装箱单等）。生产烟花爆竹的企业在申请出口烟花爆竹的检验时，应当向检验检疫机构提交出口烟花爆竹生产企业声明。出口组合类烟花爆竹（即不同花色品种的烟花爆竹混装于一个销售包装内），在组合前，每种出口烟花爆竹必须经产地检验检疫机构检验合格，并出具出境货物换证凭单。组合烟花爆竹的企业在出口时，凭出境货物换证凭单（正本）向口岸检验检疫机构申请核查，经查验合格后，方可出口。

（六）出口打火机、点火枪类商品检验检疫

打火机、点火枪类商品是涉及运输及消费者人身安全的危险品。美国、加拿大及欧盟等已陆续对该类产品强制性地执行国际安全质量标准。我国是打火机、点火枪类商品的生产和出口大国。近年来，我国出口该类商品因质量不符合国际标准被进口国查禁、销毁、退货

的情况时有发生，甚至出现了在运输过程中爆炸及烧伤儿童的安全质量事故，直接影响我国产品的信誉和出口。为提高我国该类商品的质量，促进贸易发展，保障运输及消费者人身安全，我国自2001年6月1日起，对出口打火机、点火枪类商品实施法定检验。

1. 报检程序

各直属检验检疫机构对出口打火机、点火枪类商品的企业实施登记管理制度，申请程序见出口危险品生产企业登记申请。经审查合格的企业，由各直属局颁发出口打火机、点火枪类商品生产企业登记证并取得规定的代码和批次号。企业应当按照《联合国危险货物建议书规章范本》和有关法律法规的规定进行出口打火机、点火枪类商品的生产、包装、储存。出口打火机、点火枪类商品检验应当严格执行国家法律法规标准，对进口国高于我国法律法规规定标准的，按进口国标准进行检验。对于我国与进口国政府间有危险品检验备忘录或协议的，应符合备忘录或协议的要求。出口的打火机、点火枪类商品上应铸有检验检疫机构颁发的登记代码，其外包装上须印有登记代码和批次，在外包装的明显部位上须贴有检验检疫机构的验讫标志，否则不予放行。

2. 报检单据

出口打火机、点火枪类商品的企业按规定填写出境货物报检单并提供相关外贸单据：出口打火机、点火枪类商品生产企业自我声明；出口打火机、点火枪类商品生产企业登记证；出口打火机、点火枪类商品的型式试验报告。

（七）出口小型气体容器包装检验检疫

检验检疫机构根据《中华人民共和国进出口商品检验法》和《国际海运危险货物规则》的有关规定对海运出口危险货物小型气体容器包装实施检验和管理，有关生产企业应向检验检疫机构申请海运出口危险货物小型气体容器包装检验。

1. 检验范围

实施检验的海运出口危险货物小型容器，指充灌有易燃气体的气体充灌容器，容量不超过1000cm^3，工作压力大于0.1MPa小于100kPa的气体喷雾器及其他充灌有气体的容器。

2. 报检程序

生产出口危险货物小型气体容器的生产企业应事先向当地检验检疫机构办理注册登记，经检验检疫机构按国家商检局制定的《出口商品质量许可证管理办法》考核合格并获得出口商品质量许可证，取得出口商品质量体系（ISO9000）合格证书的企业方准予从事出口危险货物小型气体容器的生产；已获准生产出口危险货物小型气体容器的生产企业在对企业产品检验合格后，向检验检疫机构申请海运出口危险货物小型气体容器的包装检验。报检时填写出境货物申请单并提供小型气体容器的生产标准、性能实验报告、厂检结果单；检验检疫机构依照《海运出口危险货物小型气体容器包装检验规程》及《国际海运危险货物规则》，对海运出口危险货物小型气体容器包装进行性能检验，经检验鉴定合格的签发出境货物运输包装性能检验结果单；申请人领取出境货物运输包装性能检验结果单。

3.出境货物运输包装性能检验结果单的使用

申请人可凭该检验结果单申请检验检疫机构签发出境危险货物运输包装使用鉴定结果单以及相应的检验证书；各地港务部门必须凭检验检疫机构出具的出境危险货物运输包装使用鉴定结果单或相应的检验证书对包装进行查验，经查验合格货物给予装卸或承运。

（八）出境普通货物运输包装容器检验检疫

1.报检范围

出境货物运输包装容器的检验，指列入《出入境检验检疫机构实施检验检疫的进出境商品目录》及其他法律、行政法规规定须经检验检疫机构检验检疫的出口货物的运输包装容器，必须申请检验检疫机构检验，经检验检疫机构检验合格后方准盛装出口货物。

2.出口货物运输包装容器的报检

出口货物运输包装容器的企业按规定填写出境货物运输包装检验申请单，并提供证单与资料，包括出口运输包装容器生产质量许可证，生产单位的本批包装容器检验结果单，包装容器规格清单，客户订单，该批包装容器的技术工艺、材料检验标准等技术资料。

3.出境货物运输包装性能检验结果单的使用

出口货物生产企业或经营单位向生产单位购买包装容器时，生产包装容器的单位应提供检验检疫机构签发的出口货物运输包装性能检验结果单（正本）；出口货物生产企业或经营单位申请出口货物检验检疫时，应向检验检疫机构提供出口货物运输包装性能检验结果单（正本），以便检验检疫机构实施出具运输包装容器的使用鉴定；合同规定或客户要求出具包装检验证书时，可凭出境货物运输包装性能检验结果单正本，向出口所在地检验检疫机构换发包装检验证书；对于同一批号不同单位使用的或同一批号多次装运出口货物的运输包装容器，在性能结果单有效期内可以凭此单向检验检疫机构报检，申请分单。

（九）出口危险货物包装容器检验检疫

出口危险货物包装容器的企业，必须申请检验检疫机构进行包装容器的性能检验，包装容器经检验检疫机构检验合格并取得性能检验合格单的，方可用于包装危险货物。生产出口危险货物的企业，必须申请检验检疫机构进行危险货物包装容器的使用鉴定。危险货物包装容器经检验检疫机构鉴定合格并取得使用鉴定结果单的，方可包装危险货物出口。

1.出口危险货物包装容器性能检验的报检

（1）出口危险货物包装容器的企业，应申请并填写出境货物运输包装检验申请单，并提供随附单据及资料，包括生产包装容器的生产标准、生产包装容器的工艺规程及有关资料。

（2）检验检疫机构实施性能检验。

（3）领取检验检疫证单。经检验检疫机构对空运、海运出口危险货物包装容器性能检验合格的，申请人领取出境货物运输包装性能检验结果单。经检验检疫机构检验不合格的，申请人领取出境货物不合格通知单。

2.出口危险货物包装容器使用鉴定报检

(1)出口危险货物包装容器的企业，按规定填写出境货物运输包装检验申请表，并提供随附单证和资料，包括出境货物运输包装性能检验结果单、其他有关资料。

(2)检验检疫机构实施使用鉴定。

(3)领取检验检疫证单。经检验检疫机构对出口危险货物包装容器使用鉴定合格的，申请人领取出境危险货物运输包装使用鉴定结果单；经检验检疫机构鉴定不合格的，申请人领取出境货物不合格通知单。

(十)出口纺织品标志检验检疫

检验检疫机构对出口纺织品的包装唛头内容和标签、吊牌进行核查。符合规定的，如产地与报关地一致的，检验检疫机构出具出境货物通关单并在通关单上注明纺织品标识查验合格；如产地与报关地不一致的，出具出境货物换证凭单并注明纺织品标识查验合格。

1.报检范围

凡列入商务部公布的需经检验检疫机构进行查验的出口纺织品目录内的纺织品。

2.报检时应提供的资料

报检时应提供的资料包括：出境货物报检单以及相关外贸单据，全套标签、吊牌等实物和包装唛头内容。

3.报检时间

报检时间与报检纺织品的品质检验时间相同。

4.出口纺织品标志的查验和放行

根据《出口纺织品标识查验管理规定》：

(1)出口纺织品必须在内外包装上有“中国制造”字样的标识，如果采用中性包装出口时，必须向当地省级外经贸主管部门申请批准，出入境检验检疫机构可凭中性包装批件验放。

(2)凡在我国生产包括来料加工的出口纺织品，如不能提供有效证明文件，均不得在标签、挂牌和包装上标示他国或地区的产地。

(3)报验时申请人须填写出口商品报验申请单，提供出口合同等必要的单证，同时提供有关商品的全套标签.挂牌等实物和包装唛头内容。

(4)在制成品上标示他国(或地区)制造产地标识的，出口企业必须提交以下证明文件：①半成品的进口报关单。②国外有关当局出具的半成品有效原产地证明。③详细的国内外加工工序和加工合同等文件。④从中国直销美国的，出口企业除提供上述证明文件外，还需提供美国海关的确认书。

(5)出入境检验检疫机构接到出口企业的报验后,应按时组织查验,具体规定包括:①以同一出口合同、信用证和同一品种的一次发运量为一查验批;②查验时,在总箱数内随机抽取应抽箱数,应抽箱数等于总箱数的平方根乘以0.6(取整数),每箱随机抽取二件以上,所抽样品应包括所有货款号;③查验的内容包括全套标签、挂牌和包装唛头内容,《检验检疫商品目录》内产品,标识查验与品质检验同时进行。

(6)出入境检验检疫机构对标识查验合格的商品,出具出口纺织品标识查验放行单;查验时发现一件不符合该规定,即判全批不合格,对标识查验不合格的商品,视情况处理。

(7)各地出入境检验检疫机构要建立标识查验原始记录档案,妥善保管申请人提供的标签、挂牌等实物,保存期为2年。

(十一)出口食品检验检疫

1.报检范围

出口食品报检范围包括:一切出口食品(包括各种供人食用、饮用的成品和原料以及按照传统习惯加入药物的食品)以及用于出口食品的食品添加剂等。《中华人民共和国食品安全法》将食品和食品添加剂定义为:食品是指各种供人食用或者饮用的成品和原料以及按照传统既是食品又是药品的物品,但是不包括以治疗为目的的物品。食品添加剂是指为改善食品品质和色、香、味以及为防腐和加工工艺的需要而加入食品中的化学合成物或者天然物质。

2.报检程序

出口食品的生产、加工、储存企业实施卫生注册和登记制度。货主或其代理人向检验检疫机构报检的出口食品,须产自或储存于经卫生注册或登记的企业或仓库,未经卫生注册或登记的企业和仓库所生产或储存的出口食品,不予受理报检。

出口预包装食品的经营者或其代理人在出口食品前,应当向指定的检验检疫机构提出食品标签审核申请。

(十二)市场采购出口货物及援外物资检验检疫

1.市场采购出口货物

市场采购出口货物指由报检单位直接从市场、商店等批发或零售部门购买的货物。市场采购出口货物报检时应注意如下问题:市场采购出口货物报检和检验检疫程序与大货贸易相同;报检时如不具备厂检单的,可由出口单位提供经该单位检验合格的品质证明;市场采购出口货物必须取得检验检疫机构签发的出境货物运输包装性能检验结果单,否则对货物的包装需进行包装性能检验检疫;市场采购出口货物的报检和检验检疫工作在货物采购地进行;凡实施出口质量许可制度(如机电产品、化工品)和卫生注册登记制度的产品(如食品、畜产品),必须向获证企业采购,禁止在市场上采购。

2. 援外物资

援外物资指在我国政府提供的无息贷款、低息贷款和无偿援助项下购置并用于援外项目建设或交付给受援国政府的一切生产和生活物资。根据现行的《对外援助物资检验管理办法(试行)》的规定，援外物资未经检验检疫机构产地检验、口岸查验合格的，不准起运出境。

(1)报检单据。

报检单据包括：援外承包总合同或项目总承包企业与生产企业签订的内部购销合同，内部购销合同中必须有“援×国×项目的内部购销合同”字样；厂检合格单、总承包企业验收合格证；商务部和国家质检总局的批文；出境货物运输包装容器性能检验结果单；货物清单。

(2)报检程序。

报检人填写出境货物报检单；提供相关随附单据；施检部门实施检验检疫；产地检验检疫机构出具出境货物换证凭单；口岸检验检疫机构对货物进行查验；查验合格的货物出具检验检疫证书；不合格的出具出境货物不合格通知单；援外物资项目的总承包企业凭各口岸检验检疫机构出具的检验证书向商务部办理结算。

(3)对援外物资的一些特殊规定。

①对于援外物资供货厂商资质的审定：凡实施出口质量许可制度(如机电产品、化工品)和卫生注册登记制度的产品(如食品、畜产品)必须向获证企业采购，禁止在市场上采购；未实施出口质量许可制度的产品，必须优先选用获得中国国家进出口企业认证机构认可委员会(CNAB)认证企业的产品，其次可选用获得国际质量体系认证企业的产品。

②对于批量小、品种繁杂的援外物资，凡符合下列规定之一的允许总承包企业在市场采购：由国家经贸管理部门委托总承包企业向已经建成成套项目提供的零部件；某一品种采购总价不超过 10 万元人民币的物资，但招(议)标文件规定的特殊情况除外。

③对于法律、行政法规规定由其他检验机构实施检验的援外物资(西药、飞机、船舶等)，报检单位应持其他检验机构签发的有效合格证单到口岸检验检疫机构申请查验，经查验无误后换发检验证书。

三、出境动物及动物产品检验检疫

10-5 动物产品检验检疫课件

1. 报检范围

根据《中华人民共和国进出境动植物检疫法》的规定，“动物”是指饲养、野生的活动物，如畜、禽、兽、蛇、龟、鱼、虾、蟹、贝、蚕、蜂等。“动物产品”是指来源于动物未经加工或者虽然加工但仍有可能传播疫病的产品，如生皮张、毛类、脏器、油脂、动物水产品、奶制品、蛋类、血液、精液、胚胎、骨、蹄、角等。“其他检疫物”是指动物疫苗、血清、诊断液、动植物废弃物等。

2. 报检程序

生产出境动物产品的企业(包括加工厂、屠宰厂、冷库、仓库)实施卫生注册登记制度。货主或其代理人向检验检疫机构报检的出境动物产品，必须是产自经注册登记的生产企业的产品，并存放于注册登记的冷库或仓库中。

3.报检时间

报检人在办理海关手续前应向检验检疫机构报检。出境动物产品，应在出境前7天报检；需做熏蒸消毒处理的，应在15天前报检。

4.报检应提供随附证单

(1)按规定填写的出境货物报检单，相应的外贸单据：合同或经销确认书或信用证、发票、装箱单等。

(2)出境动物产品生产企业(包括加工厂、屠宰厂、冷库、仓库)的卫生注册登记号码。

(3)特殊证单：如果出境动物产品来源于国内某种属于国家级保护或濒危物种的动物、濒危野生动植物种国际贸易公约中的中国物种的动物，报检时必须递交国家濒危物种进出口管理办公室出具的允许出口证明书。

四、入境动物及动物产品检验检疫

1.报检范围

入境动物及动物产品报检范围包括入境动物、动物产品及其他检疫物。

2.审批原则

(1)在签订外贸合同前应到检验检疫机构办理检疫审批手续，取得准许入境的中华人民共和国进境动植物检疫许可证后再签订外贸合同。

(2)应当在外贸合同或协议中订明中国法定检疫要求，并订明必须附有输出国家或者地区政府动植物检疫机关出具的检疫证书。

(3)输入国家规定禁止或限制入境的动植物、动植物产品及其他检疫物单，还须持特许审批单报检。

(4)输入动物产品进行加工的货主或者代理人需申请办理注册登记。

3.报检地点

输入动物、动物产品及其他检疫物，向入境口岸检验检疫机构报检，由口岸检验检疫机构实施检疫；入境后需办理转关手续的检疫物，除活动物和来自动植物疫情流行国家或地区的检疫物由入境口岸检疫外，其他均在指运地检验检疫机构报检点实施检疫。

4.报检单证

报检单证包括：输出国家或地区政府出具的检疫证书(正本)；中华人民共和国进境动植物检疫许可证，分批进口的还需提供许可证复印件；外贸合同、发票、装箱单、海运提单或空运单、产地证等；输入活动物的应提供隔离场审批证明；输入动物产品的应提供加工厂注册登记证书；以一般货物方式进境的肉鸡产品，需提供由国家经贸管理部门签发的自动登记进口证明；输入以外商投资企业进境的肉鸡产品，需提供国家经贸管理部门或省级外资管理部门签发的外商投资企业特定商品进口登记证明复印件；输入以加工贸易方式进境的肉鸡产品，应提供外贸部门签发的加工贸易业务批准证；输入来自美国、日本、韩国以及欧盟（15个国家和地区）的检疫物，应按规定提供有关包装情况的证书和声明。

五、植物及植物产品检验检疫

应检植物检疫物主要包括植物、植物产品和其他检疫物。植物是指栽培植物、野生植物及其种子、种苗及其他繁殖材料等。植物产品是指来源于植物未经加工或者虽经加工但仍有可能传播病虫害的产品。其他检疫物包括植物性有机肥料、植物性废弃物、植物产品加工后产生的下脚料和其他可能传带植物有害生物的检疫物。

判断入境物属植物还是植物产品的范畴：一是根据进境物的用途。例如，入境玉米籽粒，生产加工使用的以植物产品对待，种植用的以种子对待。二是根据进境物的形态。例如，入境观赏植物，虽然没有繁殖的目的，但以活体进境并在入境后的使用过程中，仍以活体植物形态长期存在，并且其携带和传播有害生物的能力和机会区别于植物产品，所以，归在“植物”的范畴内。

出境植物检疫是指对贸易性和非贸易性的出境植物、植物产品及其他检疫物（统称出境检疫物）实施的检疫，出境检疫物在离境前由出入境检验检疫机关依据《中华人民共和国进出境动植物检疫法》实施检验检疫，使其符合我国参加的国际公约组织的要求，符合进境国家的植物检疫规定，符合双边植物检疫协定的有关条款，以维护我国对外贸易信誉。出入境检验检疫机关对出境检疫物的生产、加工、存放过程实施检疫监督管理制度。对生产、加工、存放出境检疫物的场所实施注册、登记管理。对经检疫合格的出境检疫物在出境口岸实行监督装运。

凡是出入境的植物、植物产品及其他检疫物，装载植物、植物产品和其他检疫物的装载容器、包装物，以及来自植物疫区的运输工具，均属实施检疫的范围。检疫程序一般依次为报检、检疫、签证、其他检疫。输入植物种子、种苗及其他繁殖材料的，必须事先提出申请，办理检疫审批手续。

出入境植物及其产品的检验检疫业务种类包括出境检验检疫、进境检验检疫、过境检验检疫、运输工具检疫、国际邮包检疫、旅客检疫等。

六、入境植物及植物产品检验检疫

（一）种子、苗木

1. 检疫审批

入境植物种子、种苗货主或者其代理人应当按照我国引进种子的审批规定，事先向农业部，国家林业局，各省植物保护站、林业局等有关部门申请引进种子、苗木检疫审批单。入境后需要进行隔离检疫的，还要向出入境检验检疫机构申请隔离场或临时隔离场。带介质土的还需办理特许审批。

2. 报检程序

在植物种子、种苗入境前，货主或其代理人应持有关资料向出入境检验检疫机构报检，预约检疫时间。经出入境检验检疫机构实施现场检疫或处理合格的，签发入境货物通关单。

3. 报检应提供的单证

货主或其代理人报检时应填写入境货物报检单并随附合同、发票、提单、引进种子、苗木检疫审批单及输出国官方植物检疫证书、产地证等有关文件。需调往货物目的地检验检疫的，还需提供目的地检验检疫机构出具的准许调入函。来自美国、日本、韩国以及欧盟(15个国家和地区)的货物，应按规定提供有关包装情况的证书和声明。

(二)水果、烟叶和茄科蔬菜

1. 检疫审批

进口水果、烟叶和茄科蔬菜(主要有番茄、辣椒、茄子等)需事先提出申请，办理检疫审批手续，取得中华人民共和国进境动植物检疫许可证。

2. 报检程序

在入境前货主或其代理人应持有关资料向口岸出入境检验检疫机构报检，约定检疫时间，入境果蔬经口岸出入境检验检疫机构检疫合格的，签发入境货物通关单准予入境。

3. 报检应提供的单证

报检应提供的单据包括：货主或其代理人报检时应填写入境货物报检单并随附合同、发票、提单、进境动植物产品检疫许可证及输出国官方植物检疫证书、产地证等有关文件。

(三)粮食和饲料

1. 报检范围

粮食和饲料报检范围包括：入境的粮食和饲料。“粮食”指禾谷类、豆类、薯类等粮食作物的籽实及其加工产品；“饲料”指粮食、油料经加工后的副产品。

2. 检疫审批

国家质检总局对入境粮食和饲料实行检疫审批制度。货主或其代理人应在签订贸易合同前在直属出入境检验检疫局办理初审后送国家质检总局办理检疫审批手续。货主或者其代理人应提交中华人民共和国进境动植物检疫许可证，贸易文件(合同、信用证等)约定的检验方法标准或成交样品，输出国官方植物检疫证书、发票、提单、产地证及其他有关文件。

(四)其他植物产品

1.原木

货主或其代理人需附有输出国家或地区官方检验部门出具的植物检疫证书，证明不带有中国关注的检疫性有害生物或双边植物检验协定中规定的有害生物和土壤。进口原木带有树皮的，应在植物检疫证书中注明除害处理方法，使用药剂、剂量，处理时间和温度；进口原木不带树皮应在植物检疫证书中做出声明。

2.进口干果、干菜、原糖、天然树脂、土产类等

货主或其代理人应当根据这些货物的不同种类，对于那些需要办理检疫审批的，如辣椒等，在货物入境前事先提出申请，办理检疫审批手续，取得许可证。在进口上述货物前应当持合同输出国官方出具的植物检疫证书，向有关出入境检验检疫机构报检，约定检疫时间。经出入境检验检疫机构实施现场检疫、实验室检疫合格或经检疫处理合格的，签发入境货物通关单，准予入境。

3.进口植物性油类及植物性饲料

包括草料、颗粒状或粉状成品饲料的原料和配料以及随动物出入境的饲料货主或其代理人在进口上述货物前持合同、发票、输出国官方植物检疫证书等有关资料向出入境检验检疫机构报检，约定检验检疫时间。经检验检疫机构实施现场和实验室检疫合格的，签发入境货物通关单，准予入境。

七、出境植物及植物产品检验检疫

1.报检范围

贸易性出境植物、植物产品及其他检疫物(商品)；作为展出、援助、交换、赠送等非贸易性出境的植物、植物产品及其他检疫物(非商品)；进口国家(或地区)有植物检疫要求的出境植物产品。

2.报检单据

报检人应按规定填写出境货物报检单，并提供相关外贸单据，包括合同、发票、装箱单等。出口食品需提供生产企业(包括加工厂、冷库、仓库)的卫生注册或登记号码。预包装食品应提供进出口食品标签审核证书或标签审核受理证明。

特殊证单包括：濒危和野生动植物资源须出具国家濒危物种进出口管理办公室或其授权的办事机构签发的允许出境证明文件。输往欧盟、美国、加拿大等国家或地区的出境盆景，应提供出境盆景场/苗木种植场检疫注册证。

知识点归纳

1.出入境机电产品检验与报检主要包括3C类产品和旧机电产品、化妆品、玩具、石材、

涂料、展览品等产品的检验和检疫操作

2. 动物产品的出入境报检范围、报检程序、检验时间和单据

3. 植物产品的出入境报检范围、报检程序、检验时间和单据

10-6 实训习题
参考答案

第二部分 实训习题

实训习题 1 宁波龙华进出口公司从美国进口化妆品一批，货物准备从宁波港入境，目的地为杭州，作为该公司的报检员，他应如何办理货物的进境报检手续？

实训习题 2 某跨国企业拟到杭州参加展览会，需经过宁波口岸进口部分物品，物品清单如下：

序号	商品名称	HS CODE	检验检疫	原产国	数量
1	展览用鲜百合花种球	0601109099	P/Q	荷兰	100 粒
2	展览用老式收音机	8527990000	L/N	美国	5 台
3	宣传用印刷品	4905990000		美国	1000 册
4	宴会用红酒	2204210000	R/S	法国	10 只
5	宴会用大米	1006309090	M. P. R/Q. S	泰国	10 公斤
6	宴会用金枪鱼鱼子	0303800090	P. R/Q. S	日本	10 公斤
7	办公纸张	4801000000	M/	英国	10 公斤
8	展览用老式家具	9403300090	P/Q	德国	5 套

(1)上述物品中，须事先办理检疫审批手续的有：

(2)上述物品中，须办理旧机电产品备案手续的有：

(3)上述物品对应的检验检疫类别中，含有表示“进口商品检验”的代码的有：

(4)上述物品中,进口时需要报检的有:

实训习题 3 国内某食品进出口公司进口一批食品,下面是该批食品的提单以及入境货物报检单。请根据资料判断出境货物报检单下列栏目内容的填制正确与否:①原产国(地区);②贸易国别(地区);③起运国家(地区);④经停口岸;⑤运输工具名称及号码;⑥集装箱规格、数量及号码;⑦收货人;⑧提单/运单号;⑨包装种类及数量。

BILL OF LADING

<table>
<tr><td colspan="3">CONSIGNOR
PB I/E CORPORATION
BUSAN KOREA</td><td>OUR BOOK NO. :
GY771126</td><td>B/L NO. :
QJ760125</td></tr>
<tr><td colspan="3">CONSIGNEE
SHANXI FOOD STUFFS IMP. &EXP. CO. ,LTD.
NO. 345 ZHONGSHAN RD. TAIYUAN,CHINA</td><td colspan="2" rowspan="2">REMARKS:</td></tr>
<tr><td colspan="3">NOTIFY PARTY
TIANJIN WUHE COMMERCIAL&TRADE CO. ,LTD.
NO. 34 SHANGDONG RD. ,TIANJIN,CHINA</td></tr>
<tr><td colspan="2">PORT OF LOADING:
SAN FRANCISCO</td><td>VESSEL
SUN SEA</td><td>VOYAGE NO.
407E</td><td>FLAG
CANADA</td></tr>
<tr><td colspan="3">PORT OF DISCHARGE:
TIANJIN CHINA VIA YOKOHAMA</td><td colspan="2">PLACE OF DELIVERY:</td></tr>
<tr><td>MARK</td><td>NO. OF PKGS</td><td>DESCRIPTION OF GOODS</td><td>GROSS WEIGHT</td><td>MEASUREMENT</td></tr>
<tr><td>N/M</td><td>280BAGS</td><td></td><td>14000KGS</td><td>10.600CBM</td></tr>
<tr><td colspan="5">GREEN BEAN (RETURN CARGO)
PACKING: IN 20 WOODEN PALLETS
CONTRACT NO. :RE01
1×20′ CONTAINER PCIU4873009/981236</td></tr>
<tr><td colspan="3">DATE: MAR 25,2011
BY</td><td colspan="2">MASTER CO. ,LTD.
BY</td></tr>
</table>

中华人民共和国出入境检验检疫入境货物报检单

报检单位(加盖公章):

报检单位登记号:　联系人:　电话:　报检日期:　年　月　日

<table>
<tr><td rowspan="2">发货人</td><td colspan="4">(中文)</td><td colspan="4">企业性质(画"√")　口合资　口合作　口外资</td></tr>
<tr><td colspan="4">(外文) PB I/E CORPORATION</td><td colspan="4"></td></tr>
<tr><td rowspan="2">收货人</td><td colspan="8">(中文)山西食品进出口公司</td></tr>
<tr><td colspan="8">(外文)SHANXI FOOD STUFFS IMP. & EXP. CO.,LTD.</td></tr>
<tr><td colspan="2">货物名称(中/外文)</td><td>H.S.编码</td><td>产地(地区)</td><td>数/重量</td><td>货物总值</td><td colspan="3">包装种类及数量</td></tr>
<tr><td colspan="2">绿豆</td><td></td><td>美国</td><td>14000KGS</td><td>5600美元</td><td colspan="3">280袋/20木托盘</td></tr>
<tr><td colspan="2">运输工具名称号码</td><td colspan="3">SUN SEA/407E</td><td colspan="2">合同号</td><td colspan="2">RE01</td></tr>
<tr><td>贸易方式</td><td colspan="2"></td><td>贸易国别(地区)</td><td>加拿大</td><td colspan="2">提单/运单号</td><td colspan="2">QJ760125</td></tr>
<tr><td>到货日期</td><td colspan="2"></td><td>起运国家(地区)</td><td>日本</td><td colspan="2">许可证/审批号</td><td colspan="2"></td></tr>
<tr><td>卸毕日期</td><td colspan="2"></td><td>起运口岸</td><td>旧金山</td><td colspan="2">入境口岸</td><td colspan="2">天津</td></tr>
<tr><td>索赔有效期至</td><td colspan="2"></td><td>经停口岸</td><td>横滨</td><td colspan="2">目的地</td><td colspan="2"></td></tr>
<tr><td colspan="3">集装箱规格、数量及号码</td><td colspan="6">1×20′ PCIU4873009/981236</td></tr>
<tr><td colspan="3" rowspan="2">合同订立的特殊条款以及其他要求</td><td rowspan="2"></td><td colspan="2">货物存放地点</td><td colspan="3"></td></tr>
<tr><td colspan="2">用途</td><td colspan="3"></td></tr>
<tr><td colspan="3">随附单据(画"√"或补填)</td><td>标记及号码</td><td colspan="2">*外商投资财产(画"√"或补填)</td><td colspan="3">口是　口否</td></tr>
<tr><td colspan="2" rowspan="4">口合同
口发票
口提单/运单
口兽医卫生证书
口植物检疫证书
口动物检疫证书
口卫生证书
口许可/审批</td><td rowspan="4">口到货通知
口装箱单
口质保证书
口理货清单
口磅码单
口验收报告
口原产地证
口</td><td rowspan="4"></td><td colspan="5">*检验检疫费</td></tr>
<tr><td colspan="2">总金额
(人民币)</td><td colspan="3"></td></tr>
<tr><td colspan="2">计费人</td><td colspan="3"></td></tr>
<tr><td colspan="2">收费人</td><td colspan="3"></td></tr>
<tr><td colspan="5" rowspan="3">报检人郑重声明:
1.本人被授权报检。
2.上列填写内容正确属实。
签名</td><td colspan="4">领取证单</td></tr>
<tr><td>日期</td><td colspan="3"></td></tr>
<tr><td>签名</td><td colspan="3"></td></tr>
</table>

实训习题4 宁波丽华公司在2015年12月从国外进口了2000台旧打印机，货值50000美元。货物到港口前向宁波检验检疫局提交了进口旧机电产品备案申请和相关备案资料，同时提供了该产品的强制性产品认证证明。宁波检验检疫局经审查后给予备案，签发了进口旧机电产品免装运前预检验证明书。到货后宁波丽华公司持进口旧机电产品免装运前预检验证明书和备案手续向入境口岸检验检疫机构报检，取得了入境货物通关单，将该批旧打印机提到其公司仓库。检验人员实施检验时，发现货物规格、型号与备案申请、强制性产品认证证明不符，经查该批旧打印机没有获得强制性产品认证。本案例中宁波丽华公司有哪些违法行为？检验检疫机构怎样追究宁波丽华公司的法律责任？

实训习题5 浙江某公司拟从比利时进口一批花卉苗木，根据我国有关检疫法规，某公司需要在何时申请国外引种检疫审批手续？办理引种审批手续时需要提交哪些单据？审批单有效期过了如何处理？报检时需要提供哪些单据？

(1)某公司需要在何时申请国外引种检疫审批手续？

(2)办理引种审批手续时需要提交哪些单据？

(3)经检疫审批机关审批同意后、由审批机关发给引种种子、苗木检疫审批单，审批单有效期一般多长？

(4)报检时需要提供哪些单据？

实训习题6 贵州一个制药生产厂从德国进口两批设备零配件(检验建议类别为R)，一批在上海入境通关后运到贵州，另一批从宁波入境后转关到贵州，全部进齐后组装成制药生产线，投入使用后，发现部分零部件存在质量问题。请根据以下描述完成相应的操作。

(1)如果进口的是旧设备，该厂在进口前应事先申请办理何种手续？

(2)对于从上海口岸入境的货物，如果在口岸发现部分包装破损，该制药厂应向何处的检验检疫机构申请残损鉴定？

(3)对于从宁波入境的货物，该制药厂应该向何处的检验检疫机构报检，申请入境货物通关单？

(4)该制药厂索赔，卖方将出现质量问题的零件的赔付品空运到贵州，应向何处检验机构申请？

实训习题 7 浙江 A 公司向日本 B 公司进口一台软件测试用个人计算机，合同规定以空运方式运达上海港。2017 年 8 月，货物按合同规定到港。当 A 公司委托货代公司报关提货时，得知个人计算机属于国家强制性认证(以下简称 3C 认证)商品，必须经国家指定的认证机构认证合格并施加认证标志后方可进口。但是办理 3C 认证步骤多，时间长，到港货物将产生滞报金等费用。而用于测试所需的商品通过评估可申请办理免于办理强制性产品认证证明(以下简称免 3C 证明)，这样可以节省时间尽快报关，减少不必要的损失。于是，A 公司向当地检验检疫机构提出申请。

(1) 什么是 3C 证明?

(2)哪些商品可以申请免 3C 证明?

(3)A 公司进口的测试用个人计算机是否可申办免 3C 证明？如果可以，请简述申办免 3C 证明的流程。

(4)有哪些注意事项?

实训习题 8 某公司进口一批冻猪肉(检验检疫类别 P. R/Q. S)，货物在香港转船。请根据所提供的单据完成相关判断题。

BILL OF LADING

<table>
<tr><td colspan="2">CONSIGNOR
ABC TRADING CO. LTD
LONG BEACH USA</td><td>OUR BOOING NO. :
ABC 123456</td><td>B/L No. :
Q123456</td></tr>
<tr><td colspan="2">CONSIGNEE
DDE SHIPPING CO. LTD
233 QUEEN AVENUE, HONGKONG CHINA</td><td colspan="2" rowspan="2">REMRKS</td></tr>
<tr><td colspan="2">POTIFT PARTY:
AS CONSIGNEE</td></tr>
<tr><td>FORT OF LOADING
SAN FRANCISCO</td><td>VESSEL
NEW START</td><td>VOYAGE No. :
407E</td><td>FLAG
CANADA</td></tr>
<tr><td colspan="2">PORT OF DISCHARGE:
HONGKONG</td><td colspan="2">PLACE OF DELIVERY
SHANGHAI, CHINA</td></tr>
</table>

MARK	NO. OF PKGS	DESCRIPTION OF GOODS	GIOSS WEIGHT	MEASUREMENT
N/M	100CARTONS	FROZEN PORK H. S. 020321 25KGS NET PER CARTON－18℃ CONTRACT NO. RE010203 1×40′CONTAINER ONLY COSU2376567/981263	26000KGS	30.600CBM
FREIGHT PAID			NO. OF ORIGINAL(3)	
PLACE AND DATE OF ISSUE: SAN FRANCISCO OCT. 10,2011 MASTER FORWARD(CHINA)CO.,LTD. LADEN ON BOARD: OCT. 10,2011				

BILL OF LADING

CONSIGNOR DDE SHIPPING CO. LTD 233QUEEN AVENUE,HONG KONG,CHINA		OUR BOOING NO.: 6	B/L No.: YLDO3898980
CONSIGNEE FFG FOODSTUFF IMP &EXP (BEIJING)CO.,LTD 175 CHANG AN STREET,BEIJING CHINA		REMRKS	
NOTIFT PARTY: HHI FOODSTUFF CO.,LTD TEL: 021-85607878 FAX: 021-85607979			
FORT OF LOADING HONG KONG	VESSEL SEA EXPRESS	VOYAGE No.: 230E	FLAG CHINA
PORT OF DISCHARGE: SHANGHAI,CHINA		PLACE OF DELIVERY SHANGHAI,CHINA	

MARK	No. OF PKGS	DESCRIPTION OF GOODS	GIOSS WEIGHT	MEASUREMENT
N/M 1×40′CONTAINER ONLY COSU2376567 356338	100CARTONS	FROZEN PORE 25KGS NET PER CARTON －18℃	26000KGS	30.600CBM
FREIGHT PAID		NO. OF ORIGINAL(3)		
PLACE AND DATE OF ISSUE: HONG KONG NOV. 15,2011 MASTER FORWARD(CHINA)CO.,LTD. LADEN ON BOARD: NOV. 15,2011				

(1)入境货物报检单的“起运国家”一栏应填写为“美国”。(　　)

(2)报检时,无须提交第一份单据。(　　)

(3)入境货物报检单的“集装箱规格、数量及号码”一栏应填写“1×40’冷藏集装箱COSU2376567”。(　　)

(4)入境货物报检单的“H.S编码”一栏应填写“020321”。(　　)

(5)报检时,应提交国家质检总局认可的公司出具的预检证书。(　　)

(6)从单据有关内容来看,该批货物的总值不是FOB价。(　　)

(7)该批货物须在2011年10月10日至2011年11月15日质检办妥检验检疫审批手续。(　　)

(8)办理检验检疫审批申请时,入境口岸应填写为“香港”。(　　)

(9)检疫审批的申请人应为“ABC TRADING CO. LTD(发货人)”。(　　)

(10)入境货物报检单的发货人一栏应填写为“DDE SHIPPING CO., LTD”。(　　)

0-3 报关实务课程教学大纲

0-4 报关实务课程教学大纲

参考文献

1. 海关总署报关员资格考试教材编写委员会. 报关员资格全国统一考试教材. 北京：中国海关出版社，2013.

2. 海关总署报关员资格考试教材编写委员会. 报关员资格全国统一考试历年试题标准答案及详解. 北京：中国海关出版社，2013.

3. 中国海关报关使用手册编写组. 中国海关报关实用手册. 北京：中国海关出版社，2013.

4. 海关总署关税征管司. 中华人民共和国进出口税则. 北京：中国海关出版社，2012.

5. 海关总署关税征管司. 中华人民共和国进出口商品规范申报目录. 北京：中国海关出版社，2012.

6. 报关水平测试教材编写委员会编. 报关业务技能. 北京：中国海关出版社，2014.

7. “关务通·加贸系列”编写委编著.《中华人民共和国海关审定内销保税货物完税价格办法》实用指南. 北京：中国海关出版社，2014.

8. “关务通·监管通关系列”编写委编著. 通关典型案例启示录. 北京：中国海关出版社，2013.

9. 段从军. 进出口税收和出口退税实务与案例. 北京：中国市场出版社，2016.

10. 高彩云. 外贸商检实务. 北京：机械工业出版社，2007.

11. 顾永才 . 报检与报关实务 . 北京：首都经济贸易大学出版社，2011.

12. 李爱红. 报关实务实训教程. 北京：经济管理出版社，2016.

13. 张云，于家臻. 模拟报关实训. 北京：高等教育出版社，2006.

14. 季琼. 报关与报检实务(第三版). 北京：高等教育出版社，2014.

15. 孙跃兰. 海关报关实务. 北京：机械工业出版社，2009.

16. 中华人民共和国海关总署网站，www. customs. gov. cn

17. 中国电子口岸网，www. chinaport. gov. cn

18. 中华人民共和国商务部网站，www. mofcom. gov. cn

19. 中国海关律师网，www. customslawyer. cn.